westermann

NATUR Plus 8/8 M

Ein Lehr- und Arbeitsbuch

8. Schuljahr

NATUR *Plus* 8/8 M

Bearbeitet von:

Tina Acham
Corinna Hauck
Irina Meitner
Franz Morawietz
Walfred Schlicker
Kathrin Simbürger
Florian Stief

Beraterin:

Tina Acham

unter Mitarbeit der Verlagsredaktion

mit Beiträgen von:

Clemens Berthold, Dr. Bernd Grunwald, Waltraud Müller, Dr. Karl-Heinz Scharf

Inhalte speziell für Schülerinnen und Schüler von M-Klassen sind mit einem Symbol gekennzeichnet: ◐

Grundlayout und Umschlaggestaltung:

LIO Designagentur, Braunschweig

Grafik:

BC GmbH Verlags- und Medien-, Forschungs- und Beratungsgesellschaft, Matthias Berghahn, Birgitt Biermann-Schickling, Jan Bintakies, deckermedia GbR, diGraph Medien-Service, Franz Domke, Julius Ecke, Eike Gall, Wolfgang Herzig, Helmut Holtermann, Franziska Kalch, Brigitte Karnath, Heike Keis, Silke Leisse, Lithos, Liselotte Lüddecke, Karin Mall, Tom Menzel, newVISION! GmbH, Thilo Pustlauk, Volkmar Rinke, Michael Rössler, Salomea, Atelier Krülls, Birgit und Olaf Schlierf, Ingrid Schobel, Thies Schwarz, Hannes von Goessel, Werner Wildermuth, Winfried Zemann

© 2020 Bildungshaus Schulbuchverlage Westermann Schroedel Diesterweg Schöningh Winklers GmbH, Georg-Westermann-Allee 66, 38104 Braunschweig
www.westermann.de

Druck A² / Jahr 2023
Alle Drucke der Serie A sind inhaltlich unverändert.

Druck und Bindung: Westermann Druck GmbH, Georg-Westermann-Allee 66, 38104 Braunschweig

ISBN 978-3-507-**76578**-8

INHALT

INHALT

Saure und basische Lösungen

Salze

Fachräume für die Naturwisschenschaften haben viele Besonderheiten. In diesen Räumen gibt es Anschlüsse für Wasser, Strom und Gas. Zudem finden sich hier einige Einrichtungen, die der **Sicherheit beim Experimentieren** dienen.

Notruf-Telefon
112 Feuerwehr, Rettungsdienst, Notarzt
110 Polizei (Notruf)

NOT-AUS-Schalter
Den gelben NOT-AUS-Schalter mit rotem Knopf findest du neben den Türen und am Lehrerpult. Drückt man den roten Knopf, werden alle Gas- und Stromleitungen im Raum unterbrochen.

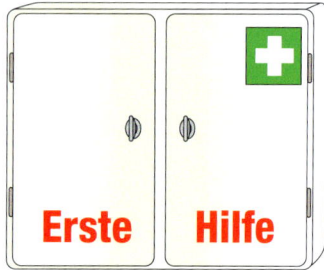

Erste-Hilfe-Kasten
In diesem Kasten findest du Verbandsmaterial für kleinere Verletzungen.

Fluchtweg
Dieses Hinweisschild zeigt den Fluchtweg ins Freie.

Löschsand, Feuerlöscher und Löschdecke
Einen kleinen Brand löscht die Lehrkraft mit Löschsand, Löschdecke oder Feuerlöscher. Bei größeren Bränden muss in jedem Fall rasch die Feuerwehr verständigt werden.

Gefahrensymbole
Auf manchen Chemikaliengefäßen sind Symbole für gefährliche Inhaltsstoffe abgebildet. Diese Hinweise müssen unbedingt beachtet werden.

Symbol	Bedeutung	Symbol	Bedeutung	Symbol	Bedeutung
1	Explosiv	2	Entzündbar	3	Brandfördernd
4	Gase unter Druck	5	Ätzend	6	Giftig
7	Reizwirkung	8	Gesundheitsgefahr	9	Umweltgefährdend

1 Fachräume für Naturwissenschaften dürfen nur in Gegenwart einer Aufsichtsperson betreten werden. Dort darf nicht gegessen und getrunken werden.

2 **Experimente dürfen grundsätzlich nur mit Schutzbrille ausgeführt werden!** Beim Umgang mit offenen Flammen sind die Haare so zu tragen, dass sie nicht in die Flammen geraten; aufpassen bei Tüchern und Schals! Schnüre an der Kleidung müssen eingesteckt werden.

3 Die Versuchsanleitung muss vor Beginn eines Versuches sorgfältig gelesen oder besprochen werden. Sie muss genau befolgt werden. **LV bedeutet: Versuch f. Lehrkräfte.**

4 Alle benötigten Geräte und Chemikalien werden vor der Durchführung des Versuches bereitgestellt. Ohne Genehmigung der Lehrkraft dürfen diese nicht berührt werden.

5 Die Geräte müssen in sicherer Entfernung von der Tischkante standfest aufgebaut werden. Der Arbeitsplatz soll sauber und aufgeräumt sein. Die Geräte werden nach dem Versuch gereinigt und wieder weggeräumt.

6 Geschmacksproben dürfen im Fachraum nicht durchgeführt werden. Den Geruch stellt man nur auf besondere Weise durch vorsichtiges Zufächeln fest. Chemikalien fasst man nicht mit den Fingern an.

7 Chemikalien dürfen nur in Gefäßen aufbewahrt werden, die eindeutig und dauerhaft beschriftet sind und die vorgeschriebenen Gefahrensymbole aufweisen. Gefäße, die zur Aufnahme von Speisen oder Getränken bestimmt sind, dürfen auf keinen Fall für Chemikalien verwendet werden.

8 Bei chemischen Versuchen arbeitet man mit möglichst wenig Chemikalien, so wie es in der Versuchsanleitung angegeben ist. Nach dem Gebrauch werden Chemikaliengefäße sofort wieder verschlossen.

9 Chemikalienreste gibt man nicht in die Vorratsgefäße zurück. Sie werden in Abfallbehältern gesammelt. Reste dürfen nur auf Hinweis der Lehrkraft in den Papierkorb oder Ausguss gegeben werden.

Jedes Kapitel besteht aus mehreren **Info-Seiten** (unten) und den **Sonderseiten** (rechts).
Die Info-Seiten sind besonders dazu geeignet, Wissen aufzubauen und Kompetenzen zu vermitteln.

Info-Seiten bestehen immer aus
– Aufgaben vor dem Info-Text
– Info-Text
– Zusammenfassung
– Fragen zum Text und oft auch weiteren Aufgaben

Aufgaben　　　　　　　**Info-Text**

Aufgaben <u>vor</u> dem Info-Text:　　　　　　　**Zusammenfassung**
Sie dienen dazu, ein Thema zu erarbeiten.
Dafür wird der Info-Text **nicht** vorausgesetzt.

Sonderseiten

Methoden-Seiten: Hier kannst du Arbeitsmethoden kennenlernen und einüben.

METHODE

Extra-Seiten zeigen Anwendungsbeispiele oder vertiefen ein spezielles Thema.

EXTRA

Auf einen Blick: Diese Seiten fassen das Wichtigste zusammen. Das hilft beim Lernen und Wiederholen.

AUF EINEN BLICK

Trainer-Seiten: Hier kannst du das Gelernte anwenden. Dabei merkst du, ob du alles verstanden hast.

TRAINER

Fragen zum Text:
Einfache Fragen zum jeweiligen Thema

Weitere Aufgaben:
Sie führen das Thema weiter oder fragen etwas ab.

Aufgaben <u>nach</u> dem Info-Text
setzen voraus, dass der Info-Text gelesen oder das Thema behandelt worden ist.

Hilfe 1

Schlag nach auf Seite ...: Wenn du eine **Trainer-Aufgabe** nicht gleich lösen kannst, solltest du im Buch nochmal nachlesen. Die passenden **Seitenzahlen** findest du in der **Tabelle** am Ende einer Trainer-Seite. Beispiel:

Aufgabe	Hilfe	Aufgabe	Hilfe
1 a, b	S. 44-46	5, 6	S. 53-55
1 c	S. 50	7 a	S. 61
2 a	S. 49	7 b	S. 59
2 b	S. 46	8	S. 62, 63
3	S. 48, 49	9	S. 64, 65

Hilfe 2

Lösungen zum Trainer: Lösungsvorschläge zu den **Trainer-Aufgaben** findest du am Ende des Buches ab S. 208.

Lösungsvorschläge

Magnetismus und Elektromagnetismus

Solche beeindruckenden Polarlichter entstehen durch das Zusammenspiel von Sonnenteilchen mit dem Magnetfeld der Erde. Das Magnetfeld lenkt die Teilchen zu den magnetischen Polen. Wenn die Teilchen von der Sonne dann auf die Lufthülle der Erde treffen, kommt es zu diesen Leuchterscheinungen.

Elektromagnete sind als Bestandteile von Motoren in jedem Haushalt vorhanden. Ohne diese nützlichen Helfer gäbe es keine Küchenmaschinen, keine Waschmaschine und keine Elektroautos.

Lebens-grundlage Energie

Energie

Ohne Energie würden unsere technischen Geräte nicht funktionieren und wir Menschen könnten ohne Energie nicht leben.

Elektrische Geräte bekommen ihre Energie von Kraftwerken. Wir Menschen nutzen die chemische Energie, die in den Lebensmitteln steckt.

Kraftwerke

Damit Lampen leuchten und Computer arbeiten können, brauchen wir Kraftwerke, die dafür elektrische Energie zur Verfügung stellen. Dabei werden unterschiedliche Energieformen umgewandelt. Wichtig sind in diesem Zusammenhang vor allem die Wirtschaftlichkeit, der Wirkungsgrad und die Umweltverträglichkeit.

ENTDECKE...

- ▶ den Magnetismus von Dauermagneten und Elektromagneten
- ▶ die Wirkung von Magneten auf Stoffe und andere Magneten
- ▶ die magnetische Wirkung des elektrischen Stroms (die Lorentz-Kraft und die Drei-Finger-Regel)
- ▶ den Aufbau und die Funktion von Motoren und Generatoren
- ▶ verschiedene Formen der Energie und deren Umwandlung
- ▶ Funktionsweise eines Viertaktmotors
- ▶ die elektrische Leistung und die elektrische Energie
- ▶ Energiebetrachtungen bei chemischen Reaktionen
- ▶ exotherme und endotherme
- ▶ Reaktionen
- ▶ Analyse und Synthese von Wasser
- ▶ umkehrbare Reaktionen

Energie bei chemischen Reaktionen

Bei einer chemischen Reaktion wird Energie entweder abgegeben (exotherme Reaktion) oder aufgenommen (endotherme Reaktion). Dabei können Licht und Wärme frei werden.

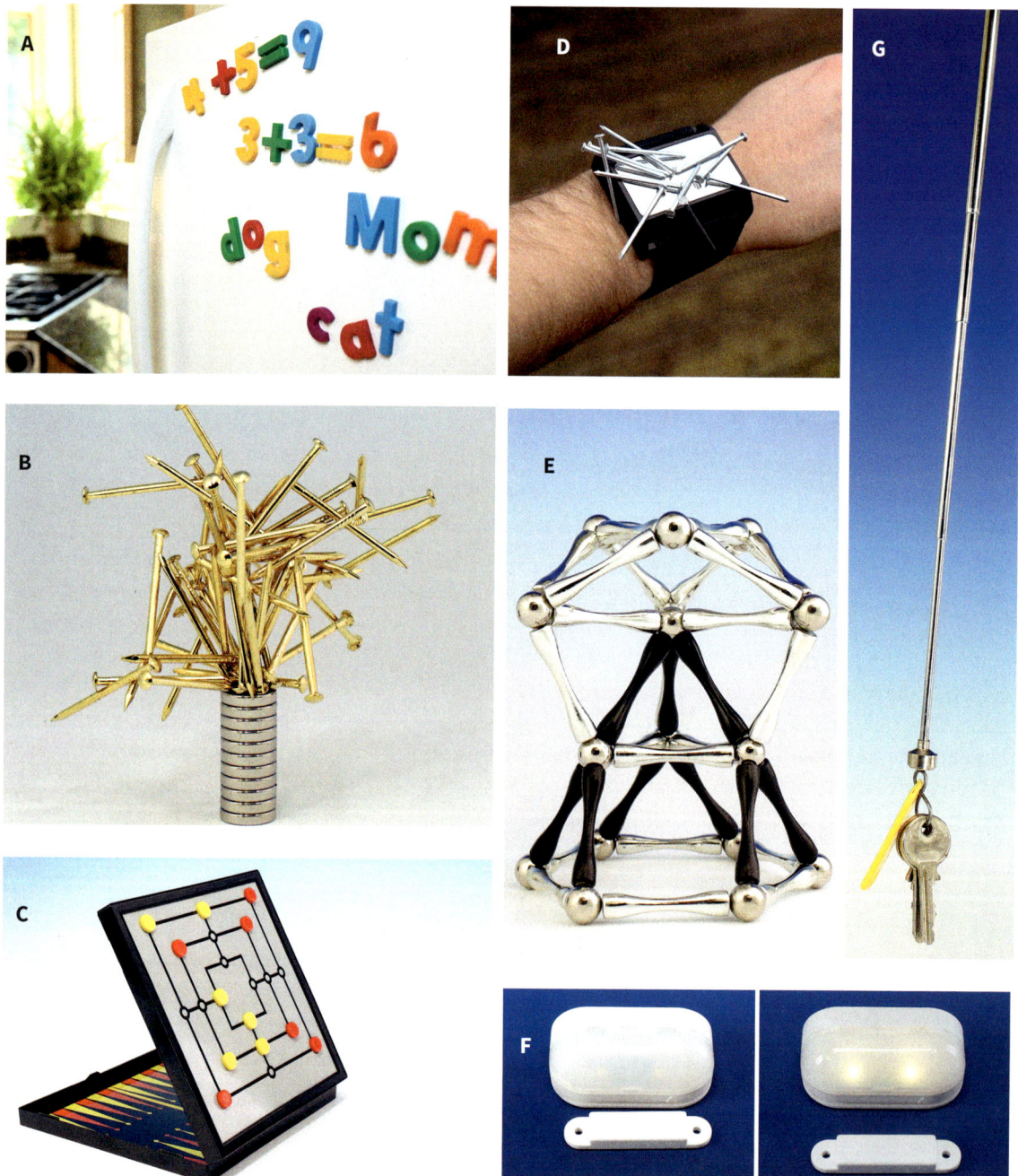

1 An vielen Stellen in einem Haushalt kann man Magnete einsetzen

1 Magnete im Alltag

a) Beschreibe, was alle Dinge in den Bildern gemeinsam haben.

b) Die Magnete in Abb. B sind sehr klein, aber ziemlich stark. Weißt du, wie man sie nennt?

c) Überlege, welchen Vorteil es hat, dass bei dem Spiel (C) die Figuren magnetisch sind.

d) Für Heimwerker ist es praktisch, das magnetische Armband (D). Erkläre seine Funktion.

e) Bei F kommt ein magnetischer Schalter zum Einsatz, ein Reed-Relais. Finde eine Erklärung, wie das Licht hier funktioniert.

f) Was lernt man beim Spielen mit Magneten (E)?

g) Wofür ist dieser Gegenstand (G) sehr nützlich?

Max wundert sich: Kronkorken von Flaschen und Büroklammern kann er leicht mit einem Magneten herausholen; doch bei anderen Gegenständen klappt es nicht. Selbst Münzen kann er nicht alle herausfischen.

Magnetische Wirkung. Ein Magnet zieht nur Gegenstände an, die die Metalle Eisen, Cobalt oder Nickel enthalten. Gegenstände aus Holz, Kork, Glas und Kunststoff oder Gummi kann ein Magnet nicht anziehen.

Viele Münzen werden von Magneten angezogen, weil sie Eisen oder Nickel enthalten. Einige Münzen sind aber nicht magnetisch, weil sie aus Metallen wie Kupfer, Aluminium oder Zink bestehen.

1 Mit einem Magneten kann man „angeln" gehen ...

MERKE

▶ **Magnete ziehen Gegenstände aus Eisen, Cobalt oder Nickel an.**

2 Magnetische Anziehung

Nicht alle Stoffe reagieren auf Magnete.

a) Vermutet zunächst, welche Gegenstände im Bild unten magnetisch sind. Besprecht euch miteinander und begründet eure Meinung.

b) Prüft eure Vermutungen selbst nach. Ihr könnt auch andere Gegenstände testen. Schreibt in Form einer Tabelle auf, welche Gegenstände magnetisch sind und welche nicht.

3 Fragen zum Text

a) Erkläre, welche Metalle magnetisch sind.

b) Begründe, weshalb manche Münzen magnetisch sind, andere aber nicht.

c) Begründe, weshalb ein Magnet Gegenstände aus Holz, Kunststoff oder Kupfer nicht anzieht.

2 Was ist alles magnetisch?

1 Magnete beeinflussen sich gegenseitig

Bringt man mehrere kleine Magnete zusammen, bemerkt man, dass manche sofort aneinanderhaften. Sie ziehen sich an. Andere stoßen sich gegenseitig ab.

Anziehung und Abstoßung. Bewegt man zwei Stabmagnete mit **gleicher** Farbmarkierung aufeinader zu, stoßen sie sich ab.
Nähern sich aber zwei Stabmagnete mit **unterschiedlicher** Farbmarkierung, so ziehen sie sich an. Diese Beobachtung kann man bei allen Magneten machen.

Nordpol und Südpol. Die beiden Enden eines Magneten heißen **Pole**. Ein Magnet hat immer zwei unterschiedliche Pole, einen **Nordpol** und einen **Südpol**. Man kennzeichnet sie meistens farbig.
Ungleichnamige Pole ziehen sich an, **gleichnamige** Pole stoßen sich ab.

1 Magnete

a) Lege einen Stabmagneten auf zwei runde Stifte. Bewege dann einen zweiten Stabmagneten auf den anderen zu. Beschreibe, was geschieht, wenn sich zwei gleichfarbige Magnete annähern.
b) Was geschieht, wenn ein rot und ein grün markierter Magnet sich nahekommen?

2 Magnetspiel

MERKE
▶ Jeder Magnet besitzt zwei Pole: einen Nordpol und einen Südpol.
▶ Gleichnamige Pole stoßen sich ab, ungleichnamige Pole ziehen sich an.

3 Fragen zum Text

a) Unter welchen Bedingungen stoßen sich Magnete ab? Wann ziehen sie sich an?
b) Nenne die Namen für die Enden eines Magneten.
c) Erkläre, was Abbildung 3 zeigt.

In der Abbildung oben siehst du Kugeln mit eingebauten Magneten. Sie sind auf auf eine ganz bestimmte Weise angeordnet.
a) Beschreibe die Lage einiger Kugeln zueinander.
b) Erkläre, welcher „Regel" die Kugeln dabei folgen.

3 Schwebender Magnet

Magnetisieren

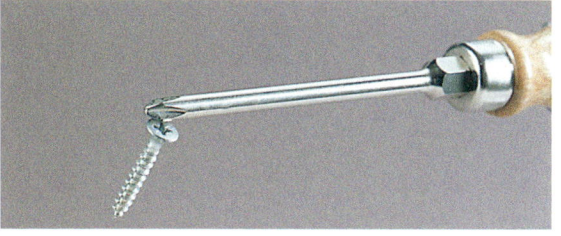

Alltagsgegenstände wie Schlüssel oder Schraubenzieher werden manchmal selbst zu Magneten. Das passiert dann, wenn sie zuvor mit einem Magneten Kontakt hatten.

Der Gegenstand ist dann durch die Berührung mit dem Magneten selbst zu einem Magneten geworden. Man nennt diesen Vorgang **Magnetisierung.**

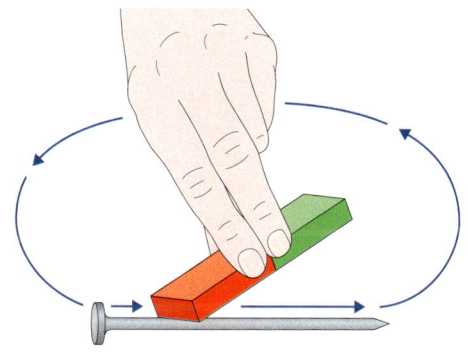

Einen Nagel magnetisieren. Um einen Metallgegenstand dauerhaft zu magnetisieren, streicht man mit einem der Pole eines starken Stabmagneten etwa 20- bis 30-mal in der gleichen Richtung darüber. Dabei muss der Rückweg zum Anfang in einem weiten Bogen geschehen, da sonst die Wirkung rückgängig gemacht würde. Dabei darf der andere Pol den Nagel nicht berühren.

Der Nagel ist somit selbst zum Magnet geworden und kann zum Beispiel Büroklammern anziehen. Zum Magnetisieren eignen sich vor allem Gegenstände aus Eisen.

Entmagnetisieren. Schlägt man mit der Stricknadel kräftig auf den Tisch oder hält sie in eine Brennerflamme, verschwindet die magnetische Wirkung wieder. So lässt sich die Magnetisierung wieder rückgängig machen.

Supermagnete

Seit einigen Jahren gibt es neuartige Magnete mit sehr großer Haftkraft, so genannte „Supermagnete". Man stellt sie nach einem komplizierten Verfahren aus den Elementen Eisen, Bor und Neodym her. Sie heißen daher auch **Neodym-Magnete.** Die Haftkraft dieser Magnete ist erstaunlich: Sie können bis zum 150-fachen ihres Eigengewichts tragen! Auch schwere Gegenstände lassen sich an allen möglichen Stellen anhängen oder befestigen – ein Stück Eisenblech als Untergrund genügt.

Supermagnete im Einsatz. Sie werden überall dort eingesetzt, wo es auf starke Magnetkraft ankommt: zum Beispiel bei Hochleistungs-Elektromotoren und in Windkraftanlagen. Auch für besonders kleine Gegenstände nutzt man sie, etwa für Lautsprecher oder Vibrationsmotoren in Smartphones oder Motoren für Hobby-Drohnen.

Gefahren. Supermagnete gehören nicht in die Hände von Kleinkindern. Durch ihre enorme Haftkraft können Quetschungen auftreten. Auch können Neodym-Magnete splittern, wenn sie aufeinandertreffen. Besonders aber in der Nähe von Herzschrittmachern oder anderen elektronischen Geräten können sie Schaden anrichten.

Das Magnetfeld von Dauermagneten

1 Ein Magnet bewegt die Kugel

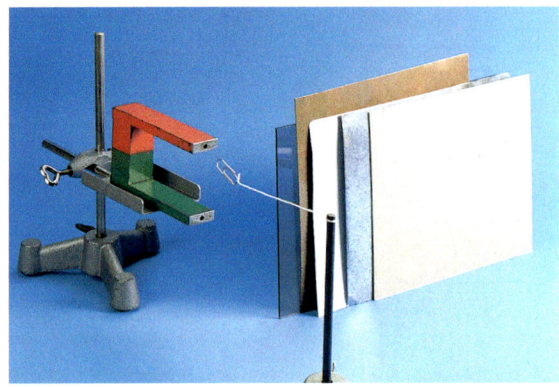

2 Welches Material lässt die Magnetkraft hindurch?

Bei diesem Geschicklichkeitsspiel muss man eine Metall-Kugel auf einer roten Linie ins Ziel bringen. Die Kugel wird durch einen Stab mit Magnet bewegt, der sich unter dem Spielfeld befindet.

a) Beschreibe, wie die Metallkugel bewegt wird.

b) Erkläre, welche Eigenschaft von Magneten hierbei deutlich wird.

Baue einen Versuch auf wie in Abb. 2 (rechts oben). Die Büroklammer schwebt an einem Faden, weil sie vom Magneten angezogen wird. Prüfe damit, ob die Kraft eines Magneten durch verschiedene Materialien hindurchdringen kann oder nicht. Verwende Materialien wie Papier, Karton, Eisenblech, Kupferblech und Glas.

Magnetkraft durchdringt Stoffe. Die Kraft von Magneten dringt durch Stoffe hindurch, zum Beispiel durch Papier, Pappe oder eine Sperrholzplatte. Auch durch Glas, Kunststoff oder Alufolie ist die magnetische Kraft weiter wirksam. Vergrößert man den Abstand, so wird die Magnetkraft immer schwächer. Gegenstände aus Eisen, Cobalt und Nickel schirmen die Magnetkraft ab.

Jeder Magnet hat ein Magnetfeld. Um jeden Magneten gibt es einen bestimmten Bereich, in dem die magnetische Kraft wirksam ist. Diesen Bereich nennt man **Magnetfeld.** Mit Eisenfeilspänen, also vielen winzigen Eisenteilchen, kann man es sichtbar machen (Abb. 3).

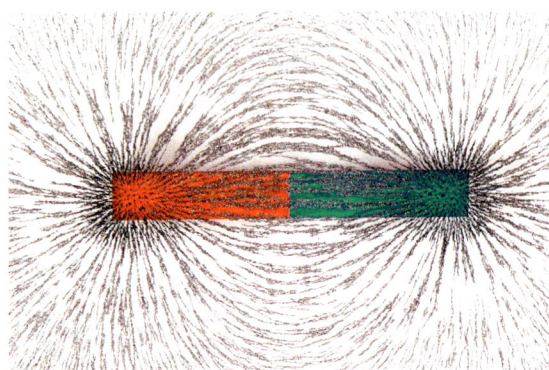

3 Eisenfeilspäne an einem Stabmagneten

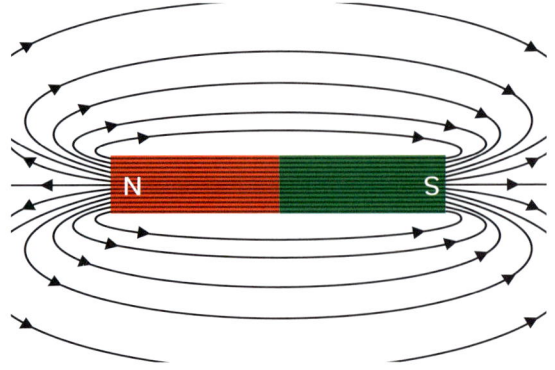

4 Gezeichnetes Feldlinienbild eines Stabmagneten

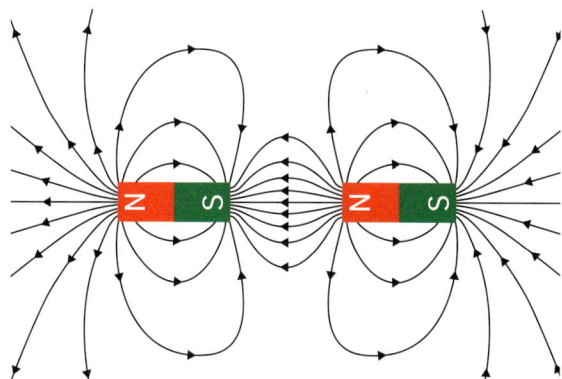

1 *Magnetfeld zwischen ungleichnamigen Polen*

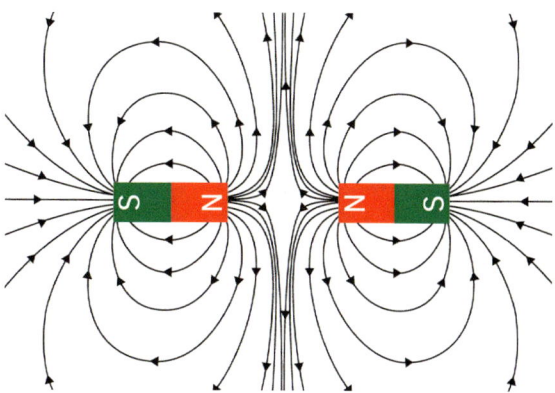

2 *Magnetfeld zwischen gleichnamigen Polen*

Magnetfeld eines Stabmagneten. An den Polen sammeln sich besonders viele Eisenfeilspäne an. Dort ist das Magnetfeld also am stärksten.

Die Eisenteilchen ordnen sich in Linien an, die von einem Pol zum anderen führen. Man nennt sie **magnetische Feldlinien.**

An ihnen kann man auch die Stärke des Magnetfelds ablesen: **Je enger** beisammen die Feldlinien verlaufen, **desto stärker** ist das Magnetfeld.

Sind die Linien weit auseinander, ist dort die Magnetkraft klein.

Am **Feldlinienbild** kannst du zum Beispiel auch ablesen, dass die Magnetkraft schwächer wird, wenn man sich von den Polen weg bewegt.

Abbildung 3 (S. 19) zeigt einen Hufeisenmagnet mit Eisenfeilspänen. Man sieht: Zwischen den Polen ist das Magnetfeld am stärksten. Innen ist die magnetische Wirkung deutlich schwächer.

//

MERKE

▶ **Die Magnetkraft durchdringt Stoffe wie Glas, Holz, Kunststoff, Papier oder Alufolie.**

▶ **Der Bereich um einen Magneten, in dem die magnetische Kraft wirksam ist, heißt Magnetfeld.**

▶ **An den Polen ist das Magnetfeld besonders stark; es nimmt mit der Entfernung ab.**

▶ **Mit Hilfe der Feldlinien kann man die Stärke eines Magnetfelds abschätzen.**

//

1 Fragen zum Text

a) Welche Stoffe kann ein Magnetfeld durchdringen?
b) Wie beeinflusst die Entfernung die Wirkkraft eines Magneten?
c) Wo ist die Magnetkraft am stärksten?
d) Wie nennt man den Wirkungsbereich eines Magneten?
e) Wie nennt man die Wirklinien eines Magneten?

2 Feldlinienbilder

a) Skizziere das Feldlinienbild eines Hufeisen-Magneten.
b) Beschreibe das Feldlinienbild in Abb.1.
c) Lege zwei Stabmagneten so unter eine Glasscheibe, dass sich gleichnamige Pole gegenüberliegen. Streue dann Eisenfeilspäne auf die Glasscheibe. Skizziere das Feldlinienbild.

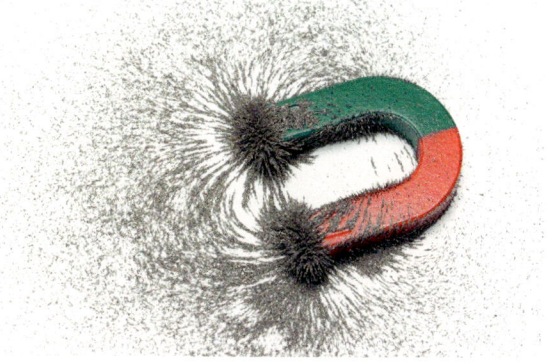

3 *Hufeisenmagnet mit Eisenfeilspänen*

Das Magnetfeld der Erde

1 Kompass

2 Magnetfeld der Erde

Die Nadel bei einem **Kompass** zeigt immer in Nord-Süd-Richtung, egal wie man einen Kompass dreht. Der Grund dafür ist: Unsere Erde ist **selbst ein riesiger Magnet** – und der Kompass richtet sich nach diesem Magnetfeld aus.

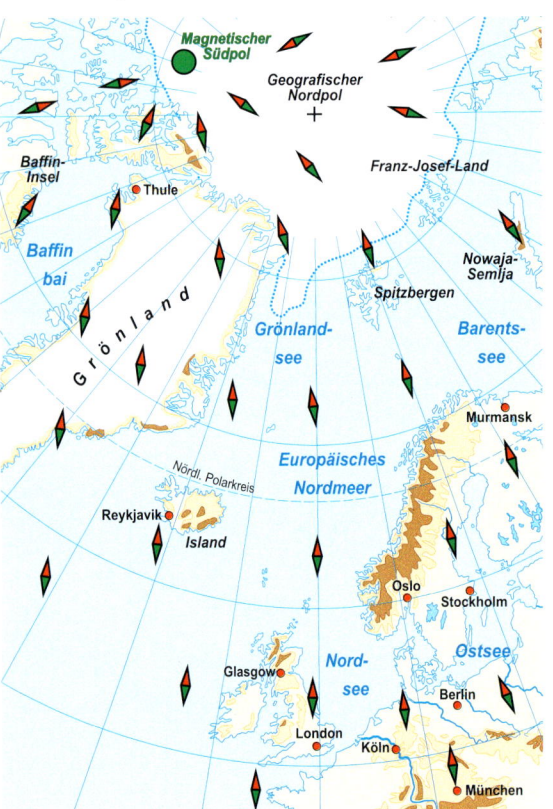

3 Der magnetische Pol (grün) liegt nicht genau beim geografischen Pol (schwarz)

Das Magnetfeld. Das Magnetfeld der Erde entspricht etwa dem eines riesigen Stabmagneten. Der eingezeichnete Stabmagnet ist aber nur symbolisch zu verstehen. Es umgibt die gesamte Erde und reicht weit in den Weltraum hinaus.
Der eine Magnetpol liegt im Norden in der Arktis. Der andere Pol befindet sich im Süden in der Antarktis.

Magnetische und geografische Pole. Auf Weltkarten findet man immer oben den Nordpol in der Arktis und den Südpol unten in der Antarktis.
Da der Nordpol einer Magnetnadel nach Norden zeigt, muss sich dort in Wirklichkeit aber ein magnetischer Südpol befinden und im Süden entsprechend ein magnetischer Nordpol. Man muss hier also zwischen den geografischen und den magnetischen Polen unterscheiden.

Die Missweisung. Die Magnetpole der Erde liegen nicht genau unter den geografischen Polen, sondern etwa 1000 Kilometer entfernt. Außerdem „wandern" sie auch noch mehrere Kilometer pro Jahr.
Eine Kompassnadel zeigt also nicht ganz exakt zu den geografischen Polen. Die Abweichung zwischen dem geografischen Pol und dem magnetischen Pol bezeichnet man als **Missweisung.**

Einen ganz einfachen Kompass bauen

Es gibt viele Möglichkeiten, einen Kompass zu basteln. Wichtig dabei ist vor allem, dass die Kompassnadel frei drehbar gelagert ist.

Modell 1: „Küchen-Kompass" mit einer Nadel auf einer schwimmenden Korkscheibe

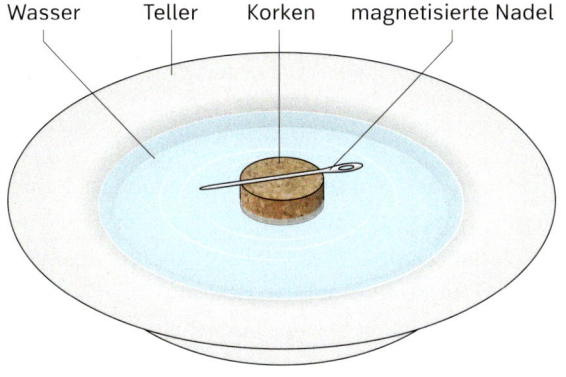

Wasser   Teller   Korken   magnetisierte Nadel

▶ Magnetisiert eine Nähnadel. Streicht dazu mehrmals mit einem Pol eines Stabmagneten über die ganze Länge der Nadel (vgl. S. 17).

▶ Legt sie mittig auf eine runde Korkscheibe. Klebt sie dort mit einem Tropfen Klebstoff an.

▶ Füllt einen Suppenteller mit etwas Wasser.

▶ Setzt die Korkscheibe mit der Nadel auf das Wasser.

Wenn du die Nadel richtig magnetisiert hast, dreht sie sich in Nord-Süd-Richtung.
Achtung: Wenn ihr die Nadelspitzen gerade nicht in Gebrauch habt, schützt sie mit einem Korken. Man kann sich sonst leicht daran stechen.

Natürlich ist es nicht sehr bequem, die Himmelsrichtung mit einem Teller Wasser zu bestimmen.
Ein anderes Modell arbeitet mit einem feststehenden Nadelfuß. Auf diesem wird dann die Lasche eines Schnellhefters frei drehbar aufgelegt.
Außerdem könnt ihr eine **Windrose** zeichnen. Das ist eine Scheibe, auf der die Himmelsrichtungen eingezeichnet sind.

Modell 2: Kompass mit Windrose

▶ Magnetisiert die Metall-Lasche eines Schnellhefters.

▶ Bringt genau in der Mitte der Lasche eine kleine Vertiefung an. Markiert die Stelle zuerst mit einem Filzstift. Drückt dann dort mit Hilfe eines Nagels und eines Hammers eine Vertiefung in das Blech. Der Nagel soll das Blech aber nicht durchstechen!

▶ Die Lasche könnt ihr zum Beispiel auf einen umgedrehten Reißnagel auflegen. Ihr könnt statt dessen auch einen Nagel durch ein Korkstückchen stecken. Die Lasche wird dann auf die Spitze des Nagels aufgelegt.

▶ Zeichnet eine Windrose mit den Himmelsrichtungen, zum Beispiel wie das Muster unten.

▶ Den Reißnagel könnt ihr zum Schluss auf die Windrose aufkleben. Fertig.

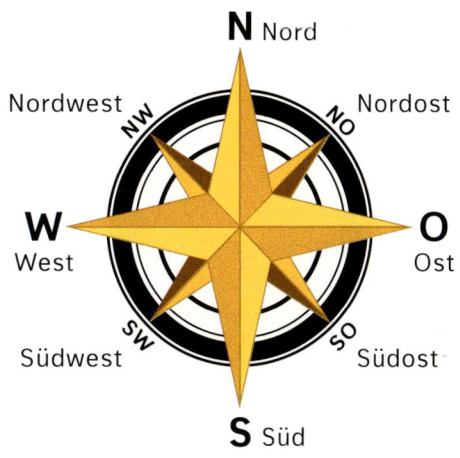

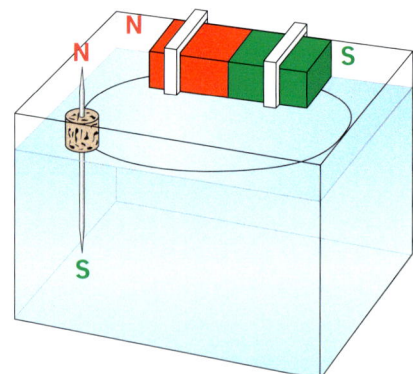

1 *Schwimmende Stricknadel am Stabmagnet*

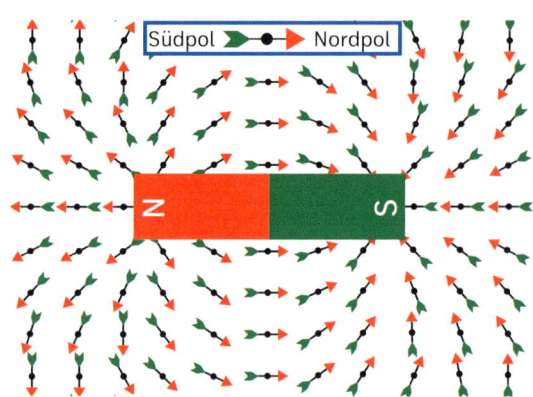

Südpol ▶—●—▶ Nordpol

2 *Die kleinen Kompassnadeln stellen sich längs der Feldlinien ein; die Pfeile geben die Richtung der Feldlinien an*

1 Magnetische Stricknadel

Fülle ein Becken mit Wasser. Befestige am Beckenrand einen langen Stabmagneten. Stecke eine magnetisierte Stricknadel mit dem Nordpol nach oben durch eine Korkplatte, sodass sie senkrecht im Wasser schwimmt.

Bringe nun die Stricknadel in die Nähe des Nordpols des Stabmagneten und halte sie zunächst fest.

a) Vermute, was geschehen wird, wenn du die Stricknadel löslässt. Begründe deine Annahme.

b) Beobachte nun die Nadel genau und beschreibe, was geschieht. Trifft deine Vermutung zu?

Experiment mit der Stricknadel. Eine schwimmende magnetisierte Stricknadel in der Nähe eines Stabmagneten bewegt sich auf einer Bahn vom Nordpol des Stabmagneten zum Südpol. Dies gilt, wenn der Nordpol der Stricknadel nach oben zeigt.

Beim Startpunkt stößt der Nordpol des Magneten den Nordpol der Stricknadel stark ab, die Anziehung des Südpols ist noch gering.

Im weiteren Verlauf nimmt die Abstoßung der Nordpole ab, die Anziehung des Nordpols der Stricknadel und Südpols des Magneten nimmt aber zu.

Beide Kräfte insgesamt führen zur Bewegung der schwimmenden Stricknadel.

Richtung des Magnetfelds. Ein Magnetfeld wird durch die magnetischen Feldlinien veranschaulicht. Sie **verlaufen** außerhalb eines Magneten stets **von seinem Nordpol zu seinem Südpol.**

Sie verlaufen damit also so, wie sich die magnetische Stricknadel (als schwimmender Nordpol) in Aufgabe 1 bewegt hat.

Die Richtung der magnetischen Feldlinien wird in Zeichnungen oft durch eine Pfeilspitze dargestellt.

MERKE

▶ Die Feldlinien eines Magnetfeldes verlaufen stets vom Nordpol zum Südpol eines Magneten.

2 Fragen zum Text

a) Beschreibe den Verlauf des Experiments aus Aufgabe 1.

b) Wie kommt die Bahn der magnetischen Stricknadel zustande?

c) Beschreibe die Richtung der Feldlinien eines Magnetfeldes.

Magnetische Wirkung des elektrischen Stroms

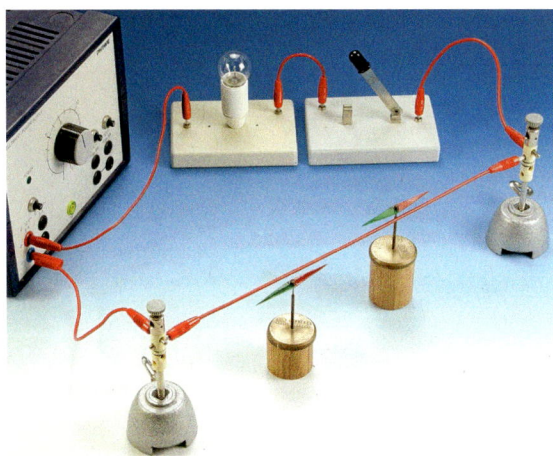

1 Strom erzeugt ein Magnetfeld

Magnetfeld eines Leiters. Legt man einen stromdurchflossenen Leiter in die Nähe von Kompassnadeln, werden diese abgelenkt. Das kann man mit einem Experiment wie in Abb. 1 zeigen. Es wirkt also eine Kraft auf die Kompassnadeln, die nur von einem Magnetfeld stammen kann.

Dieses Magnetfeld muss von dem Draht erzeugt werden, durch den der Strom fließt.

Ein **Leiter,** durch den ein **elektrischer Strom** fließt, **erzeugt** also **ein Magnetfeld.**

Verändert man die Stromrichtung, ändert sich auch die Auslenkung der Magnetnadeln. Die Nordpole zeigen jetzt genau entgegengesetzt zur ersten Auslenkung.

Streut man um einen senkrechten Leiter Eisenfeilspäne auf einen Karton, so erkennt man die **Magnetfeldlinien** (Abb. 2). Sie verlaufen **kreisförmig** um den Leiter herum.

Pole, wie beim Feldlinienbild eines Stabmagneten, sind nicht zu erkennen.

1 Strom und Magnetfeld

Richte einen Leiter in Nord-Süd-Richtung aus und baue den Stromkreis (Gleichspannung) auf wie in Abb. 1. Stelle zwei Kompassnadeln direkt an den Draht.

a) Schalte den Strom ein und beobachte die Kompassnadeln.

b) Ändere nun die Stromrichtung. Wohin zeigen die Kompassnadeln jetzt?

2 Feldlinien

In der Abbildung unten siehst du einen senkrecht angeordneten Leiter, durch den ein Strom fließt.

a) Beschreibe die Abbildung.

b) Skizziere das Feldlinienbild.

c) Vergleiche es mit dem eines Stabmagneten.

MERKE

▶ **Stromdurchflossene Leiter erzeugen ein Magnetfeld mit kreisförmigen Feldlinien.**

3 Fragen zum Text

a) Beschreibe, was geschieht, wenn man eine Magnetnadel in die Nähe eines stromdurchflossenen Leiters bringt (Gleichspannung).

b) Vergleiche das Feldlinienbild eines Stabmagneten mit dem eines Leiters, der von Strom durchflossen wird.

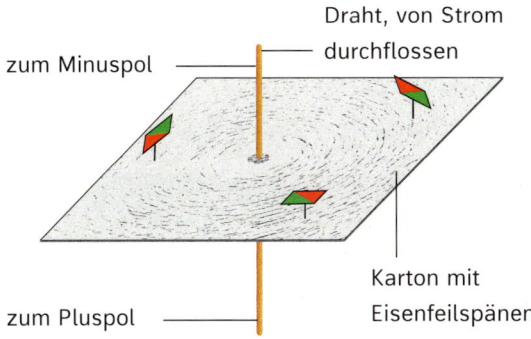

zum Minuspol

Draht, von Strom durchflossen

zum Pluspol

Karton mit Eisenfeilspänen

2 Strom erzeugt ein Magnetfeld um einen Draht

Das Magnetfeld einer Spule

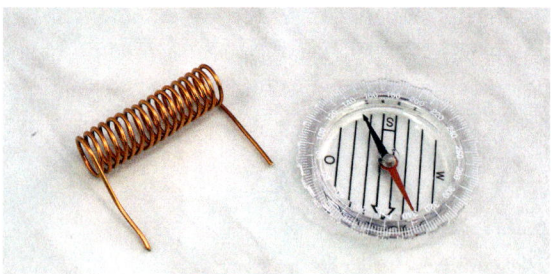

1 *Spule aus Kupferdraht*

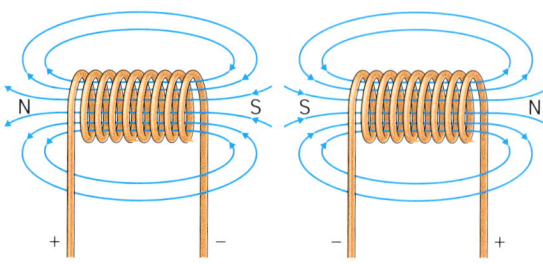

2 *Feldlinien bei einer Spule*

1 Magnetfeld

Bastle dir eine Drahtspule, indem du Kupferlackdraht oder isolierten Kupferdraht um ein Rundholz oder einen Bleistift wickelst. Schließe dann ganz kurz eine Spannungsquelle an und überprüfe mit einer Kompassnadel das Magnetfeld.

a) Beschreibe deine Beobachtung.

b) Schließe nun die Spannungsquelle anders herum an den Kupferdraht an. Was stellst du fest?

Vom Draht zur Spule. Fließt Strom durch einen Draht, wird eine Kompassnadel abgelenkt. Wickelt man den Draht **mehrfach** zum Beispiel um einen Nagel, ist das Magnetfeld **stärker.** Man kann damit kleine Eisennägel oder Büroklammern anziehen. So einen Draht, der mehrfach um einen Träger gewickelt ist, nennt man **Spule.**

Das Feldlinienbild. Abbildung 3 zeigt das Feldlinienbild einer Spule mit Eisenfeilspänen. Man erhält ein ähnliches Bild wie bei einem Stabmagneten (Abb. 4):

Man erkennt zwei Pole. Im Außenbereich verlaufen die Feldlinien vom Nord– zum Südpol. Im Innern verlaufen sie vom Süd– zum Nordpol und sind zueinander parallel.

MERKE

▶ **Fließt Strom durch eine Spule, entsteht ein Magnetfeld. Es sieht ähnlich aus wie bei einem Stabmagneten.**

2 Fragen zum Text

a) Was geschieht, wenn man einen Draht aufwickelt und Strom durchfließt?

b) Vergleiche das Magnetfeld einer Spule (Abb. 3) mit dem eines Stabmagneten (Abb. 4).

3 Feldlinienbild

Skizziere das Feldlinienbild einer Spule auf einem Blatt Papier.

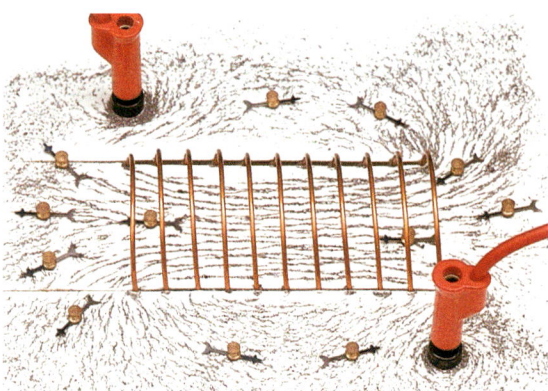

3 *Feldlinienbild einer Spule*

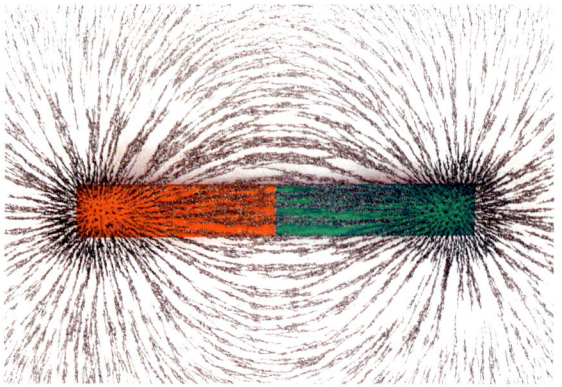

4 *Feldlinienbild eines Stabmagneten*

Abhängigkeit der Magnetfeldstärke

1 Untersuchungen am Elektromagneten

1 Selbst gebauter Elektromagnet

Baue dir aus einem Nagel (oder einer Schraube) und etwa 2 m isoliertem Kupferdraht eine Spule. Lege eine Packung Nägel bereit.

a) Schließe die Spule an eine Spannungsquelle an. Zähle die Nägel, die du damit hochheben kannst. Erhöhe nun die Spannung und vergleiche die Ergebnisse.

b) Wickle die Hälfte der Spule ab und zähle erneut die Anzahl der Nägel. Notiere dein Ergebnis.

c) Versuche den Nagel aus der Wicklung herauszuziehen. Prüfe dann die magnetische Wirkung der Spule ohne Nagel. Notiere dein Ergebnis.

Eine Drahtspule, durch die elektrischer Strom fließt, wirkt wie ein Stabmagnet. Man bezeichnet sie auch als **Elektromagnet.** Wie kann man die magnetische Kraft eines Elektromagneten beeinflussen?

Dafür gibt es drei Möglichkeiten

- Magnetkraft und Windungszahl: Je mehr Windungen eine Spule hat, desto größer ist die magnetische Kraft.

- Magnetkraft und Stromstärke: Je mehr Strom durch eine Spule fließt, desto größer ist die magnetische Kraft.

- Magnetkraft und Eisenkern: Baut man ein Eisenstück in die Spule ein, so erhöht sich die magnetische Kraft deutlich.

MERKE

▶ **Die Magnetkraft einer Spule ist von der Anzahl der Windungen, von der Stromstärke und von einem Eisenkern abhängig.**

2 Fragen zum Text

a) Beschreibe, was geschieht, wenn man die Windungszahl einer Spule verändert.

b) Wie verändert sich die Magnetkraft einer Spule, wenn man einen Eisenkern einbaut?

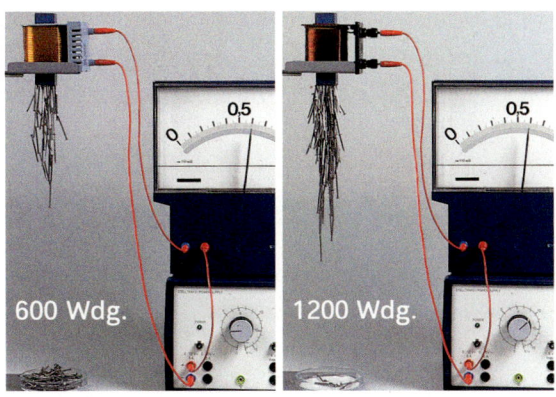

2 Mehr Windungen bedeutet mehr Magnetktaft

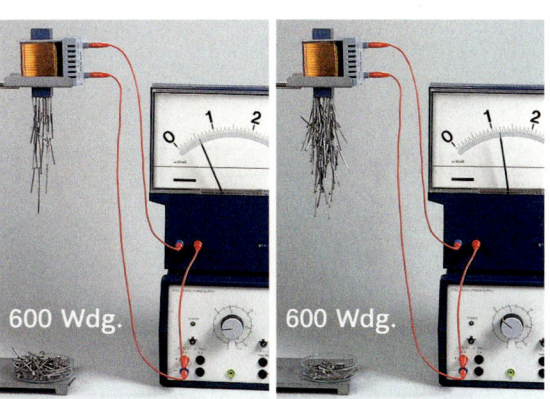

3 Je mehr Strom fließt, desto größer die Magnetkraft

1 Ein Kran mit Elektromagnet kann schwere Metallteile bewegen

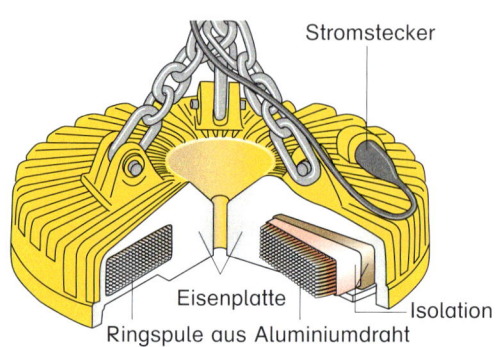

Stromstecker

Eisenplatte

Isolation

Ringspule aus Aluminiumdraht

Tragkraft: max. 40 Tonnen
Stromversorgung: 230 Volt / 82 Ampere

2 Aufbau eines elektrischen Hubmagnets

1 Ein Kran für Metallteile

Beim Bau von Häusern nutzt man Kräne mit Greifern oder Bagger mit großen Schaufeln.
Auf Schrottplätzen und im Maschinenbau setzt man zum Transport von Metallteilen oft Magnetkräne ein. Bei ihnen ist ein Elektromagnet statt eines Greifers montiert. Vermute, welchen Vorteil dies hat.

2 Elektromagnete im Alltag

Überlegt euch, wie ein elektrischer Türöffner funktioniert.

Hubmagnete. Auf Schrottplätzen, wo schwere Metallteile bewegt werden müssen, kommen oft Hubmagnete zum Einsatz. Das sind starke Elektromagnete, die meist an einem Kran befestigt sind.
So ein Hub- oder Hebemagnet besteht vor allem aus einer Spule mit dickem Kupfer- oder Aluminiumdraht. Bei einer Spannung von 230 Volt fließen dort Ströme von etwa 80 Ampere. Sie können dann Lasten von rund 40 Tonnen bewegen!
Der Vorteil solcher Hubmagnete ist, dass sie sehr schwere Metallteile heben können und diese Teile auf Knopfdruck wieder abfallen – wenn der Strom abgeschaltet wird.

Schalten mit Elektromagnet: Relais. Ein Relais (sprich: Relä) ist ein Elektromagnet, der mit einem Schalter kombiniert ist.
Fließt Strom durch die Spule des Elektromagneten, wird eine Eisenplatte angezogen. Sie schließt (oder öffnet) daraufhin einen Kontakt.
Über diesen Kontakt kann ein zweiter Stromkreis ein- oder ausgeschaltet werden.

Kontakt offen

Kontakt geschlossen

3 Ein Relais kann starke Ströme schalten (links: Relais ausgeschaltet, rechts: Relais eingeschaltet)

Hier steht das Schaltsymbol für ein Relais, das einen Kontakt schließt, wenn der Strom fließt.

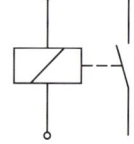

4 Schaltsymbol: Relais

Der Vorteil bei einem Relais ist: Der Strom im Stromkreis der Spule kann sehr klein sein; der geschaltete Strom darf viel größer sein. So kann man mit kleinen Steuerströmen große Ströme ein- oder ausschalten. Man spart sich damit lange, dicke und damit teure Leitungen, denn das Relais kann in der Nähe des Verbrauchers montiert werden.

Bei großen elektrischen Maschinen in Fabriken, beim Anlasser im Auto, bei Waschmaschinen oder Kaffeemaschinen setzt man daher oft solche Relais-Schaltungen ein.

Ein **elektrischer Türöffner** ist praktisch; vor allem, wenn man im dritten Stock eines Wohnhauses wohnt. Man drückt oben auf einen Knopf – und im Erdgeschoss kann die Türe geöffnet werden.
Auch hier ist ein Elektromagnet eingebaut. Wird er eingeschaltet, zieht er einen Metallriegel nach innen und löst so die Verriegelung der Türe.
Fließt der Strom nicht mehr, zieht eine Stahlfeder den Riegel wieder in die alte Lage zurück.

MERKE

▶ **Hubmagnete sind starke Elektromagnete, die tonnenschwere Lasten heben können.**
▶ **Ein Relais schaltet mit kleinen Strömen Geräte mit großen Stromstärken.**

1 Fragen zum Text

a) Wo kommen starke Hubmagnete zum Einsatz?
b) Erkläre den Vorteil eines Elektromagneten an einem Kran im Vergleich zu einem Dauermagneten.
c) Beschreibe den Nutzen eines Relais, um Kaffeemaschinen, Autos oder Waschmaschinen einzuschalten.

2 Elektrischer Gong

Auch in einem **elektrischen Türgong** ist ein Elektromagnet eingebaut.
Der Gong (Tonfolge: „Ding-Dong") besteht im Wesentlichen aus einem Elektromagneten sowie zwei schmalen Metallplatten und einer Feder.
Betrachet die Abbildung dazu. Versuche dann zu erklären, wie er funktioniert.

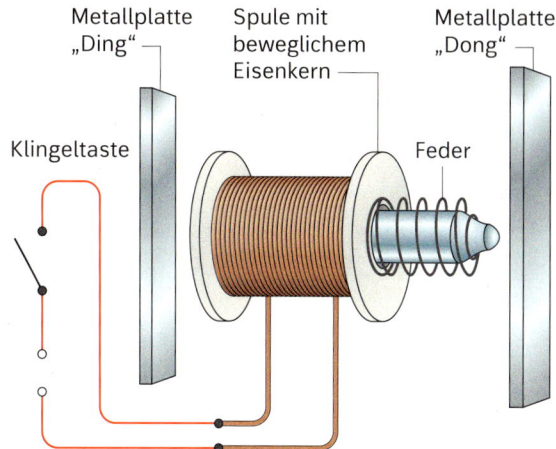

Metallplatte „Ding" Spule mit beweglichem Eisenkern Metallplatte „Dong"

Klingeltaste Feder

3 Wie funktioniert ein Sicherungsautomat?

Die modernen Sicherungen in einem „Stromzähler-Kasten" sollen den Stromfluss unterbrechen, wenn die Stromstärke zu groß wird. Denn sonst besteht Brandgefahr.
Die Sicherung arbeitet elektrisch. Ab einer bestimmten Stromstärke kippt ein kleiner Hebel nach unten – und der Stromkreis ist unterbrochen. Ist die Überlastung beseitigt, kann man den Hebel wieder zurückstellen. Überlege, wie man so eine Sicherung mit Hilfe eines Elektromagneten bauen könnte.

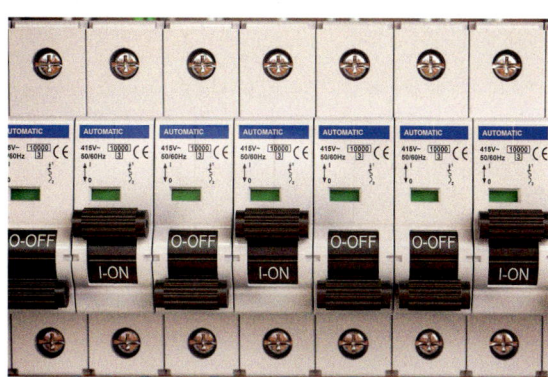

Elektromagnetische Kräfte – Lorentzkraft

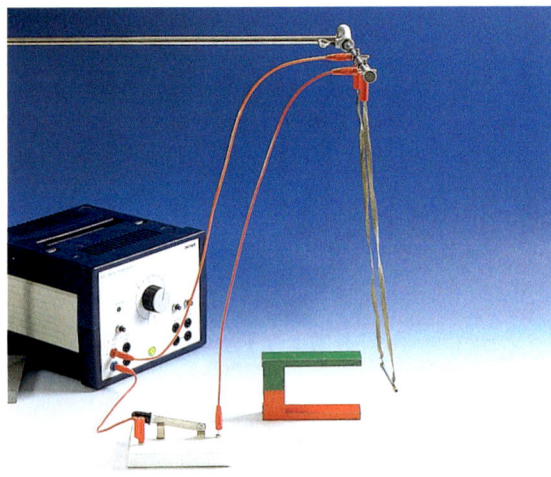

1 Das Leiterschaukel-Experiment

In Bild 1 ist ein Leiterstück so aufgehängt, dass es sich frei bewegen kann. Man sagt auch Leiterschaukel dazu. Der untere Teil der Leiterschaukel befindet sich im Magnetfeld eines starken Hufeisenmagneten.

a) Vermute, was geschehen könnte, wenn das Leiterstück ganz kurz an eine Spannungsquelle angeschlossen wird (Gleichspannung).

b) Führe den Versuch durch (kurzschlussfestes Netzgerät, 1-2 V Gleichspannung).
Hat sich deine Annahme bestätigt?

c) Ändere nun die Stromrichtung. Was fällt dir auf?

Das Experiment mit der Leiterschaukel. Betrachte die Abbildung 1. Dort ist ein Leiterstück beweglich aufgehängt. Man sagt auch Leiterschaukel dazu. Der untere Teil befindet sich im Magnetfeld eines Hufeisenmagneten.

Zunächst geschieht nichts. Schließt man aber kurz eine Spannungsquelle an, wird die Leiterschaukel in eine bestimmte Richtung ausgelenkt.

Wechselt man Plus- und Minuspol an der Spannungsquelle, bewegt sich die Leiterschaukel in die andere Richtung.

Bewegte Elektronen im Magnetfeld: Lorentzkraft. Die Leiterschaukel bewegt sich, sobald eine Spannung angelegt wird. Also dann, wenn sich die Elektronen im Magnetfeld bewegen.

Das Magnetfeld übt auf fließende Elektronen eine Kraft aus. Diese Kraft wird nach ihrem Entdecker Hendrik LORENTZ **Lorentzkraft** genannt.

Entstehung der Lorentzkraft. Ursache für die Kraftwirkung ist die Überlagerung der Magnetfelder:
- das Magnetfeld des Hufeisenmagneten, sowie
- das Magnetfeld des stromführenden Leiters.
Je nachdem, wie Magnetfelder orientiert sind, kommt es dann zur Auslenkung nach innen oder nach außen.

Stärke der Kraft. Die Stärke der Lorentzkraft hängt von der Stromstärke und der Stärke des Magnetfelds ab. Je größer die Stromstärke und je stärker das Magnetfeld, umso stärker die Auslenkung.

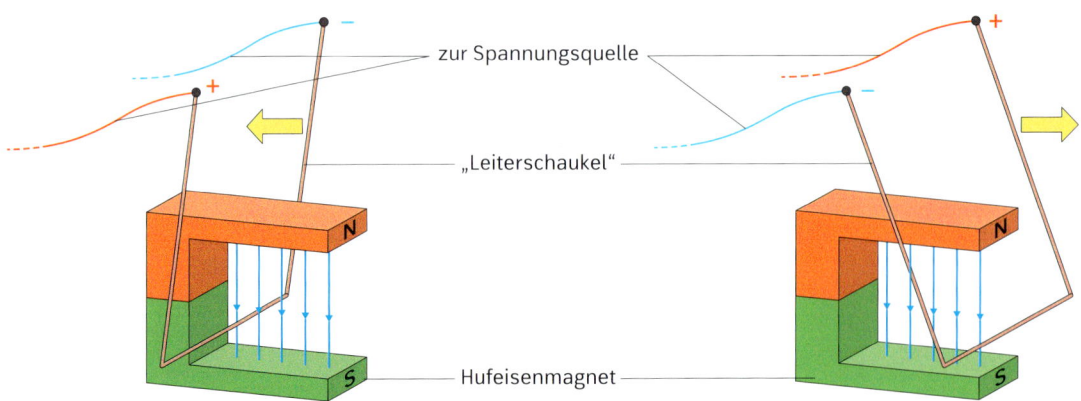

2 Ablenkung eines Strom führenden Leiters im Magnetfeld: Lorentzkraft

MERKE

▶ **Strom führende Leiter erfahren in einem Magnetfeld eine Kraft.**

▶ **Die Stärke der Kraft hängt von der Stromstärke und von der Stärke des Magnetfelds ab.**

1 Fragen zum Text

a) Was geschieht, wenn Elektronen sich in einem Magnetfeld bewegen?

b) Wovon ist die Stärke der Kraft abhängig?

c) Welche Komponenten bestimmen die Richtung der Kraft?

2 Magnetfeld geändert

Überlege zunächst und begründe dann, was geschieht, wenn der Hufeisenmagnet beim Leiterschaukel-Versuch umgedreht wird, sodass Nord- und Südpol vertauscht sind.

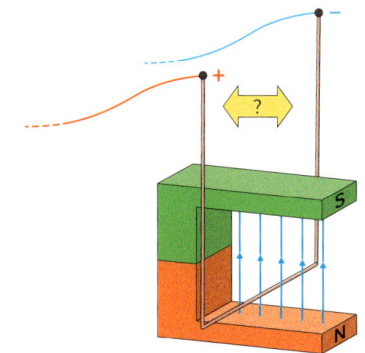

● EXTRA

Die Drei-Finger-Regel

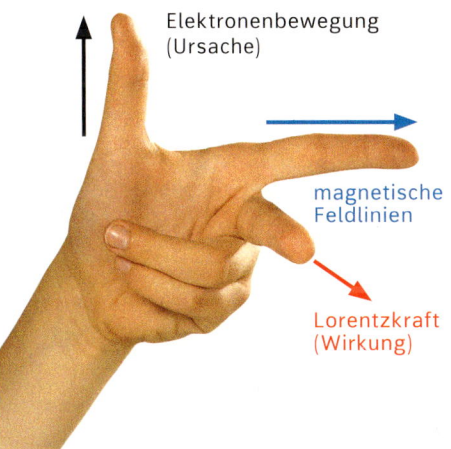

Elektronenbewegung (Ursache)

magnetische Feldlinien

Lorentzkraft (Wirkung)

Versuche, dieses Beispiel mit Hilfe deiner linken Hand und der Drei-Finger-Regel nachzuvollziehen:

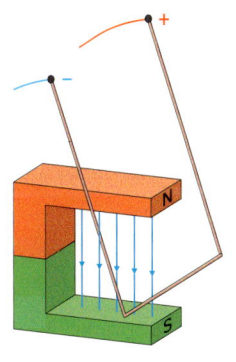

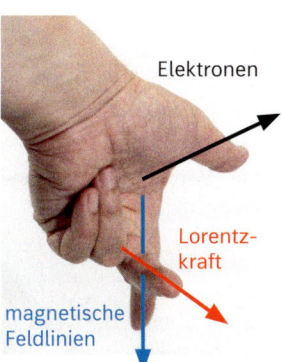

Elektronen

Lorentzkraft

magnetische Feldlinien

Die Richtung der Lorentzkraft kann mit der Drei-Finger-Regel bestimmt werden.

▶ Der Daumen der **linken Hand** zeigt dabei in Fließrichtung der Elektronen (vom Minuspol der Spannungsquelle zum Pluspol).

▶ Der senkrecht dazu abgespreizte Zeigefinger zeigt in Richtung der Magnetfeldlinien (von Nord nach Süd).

▶ Der abgewinkelte Mittelfinger zeigt dann die Richtung der Kraftwirkung an.

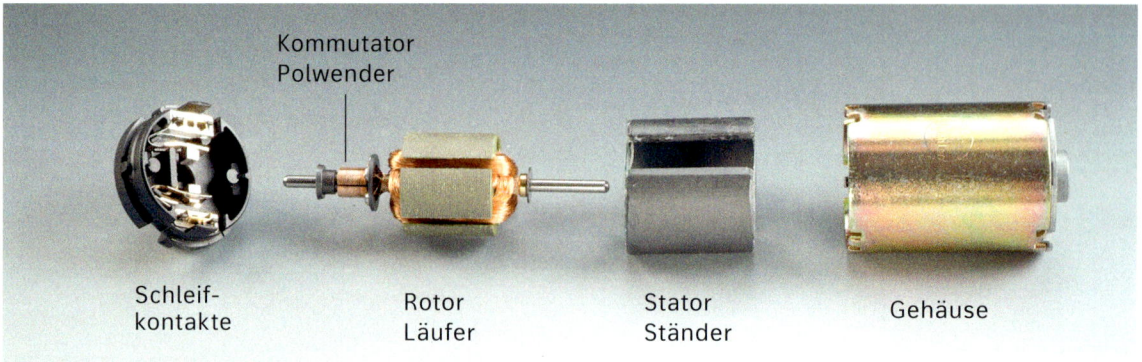

Kommutator
Polwender

Schleif-
kontakte

Rotor
Läufer

Stator
Ständer

Gehäuse

1 *Zerlegter Elektromotor*

1 Elektromotoren überall

In vielen Geräten sind Elektromotoren verbaut.
Finde mindestens fünf Beispiele und schreibe sie auf.
Vergleicht die Vorschläge in der Klasse.

2 Elektromotor, zerlegt

Untersucht einen zerlegten Elektromotor. Ihr könnt
auch einen Elektromotor-Baukasten dafür nutzen.
a) Was stellt ihr fest?
b) Gibt es Teile, die magnetisch sind?
c) Vergleicht mit der Abbildung oben. Gibt es
   Ähnlichkeiten oder Unterschiede?

Fast überall dort, wo sich etwas mit Stromkraft bewegt, ist ein Elektromotor im Spiel. Diese nützlichen
Geräte sind also sehr weit verbreitet.

Aufbau eines Elektromotors. Betrachtet man einen
zerlegten Elektromotor, fällt einem gleich eine Art
Achse mit aufgewickeltem Kupferdraht auf. Das ist
der drehbare Teil des Motors, der **Läufer (Rotor).**
Außerdem gibt es ein oder zwei Magnete, die man
Ständer (Stator) nennt sowie zwei **Schleifkontakte.**

Arbeitsweise eines Elektromotors. Legt man an
den Motor eine Spannung an, gelangt sie über die
Schleifkontakte an die Anschlüsse des Läufers. Der
Läufer ist im Prinzip eine drehbare Spule, ein Elektromagnet. Er erzeugt ein magnetisches Feld.
Nord- und Südpol dieses Feldes treten nun in Wechselwirkung mit dem Magnetfeld des Dauermagneten.
Da sich ungleichnamige Pole anziehen und gleichnamige Pole sich abstoßen, kommt es zur Drehbewegung des Läufers.

Schritt für Schritt. Der Nordpol des Läufers wird
vom Südpol des Dauermagneten angezogen. Der Läufer dreht sich so lange, bis sich Nord- und Südpol
gegenüberstehen.
Eigentlich müsste die Bewegung nun aufhören, denn
die beiden Pole ziehen sich gegenseitig an, sie „halten sich fest".
Eine weitere Drehung erfolgt nur deshalb, weil das
Magnetfeld des Läufers rechtzeitig umgepolt wird.

Dies geschieht mit Hilfe des **Polwenders (Kommuta-
tors).** Der Schleifring auf der Achse ist in zwei Halb-
ringe geteilt. Jede Hälfte ist mit einem Spulenende
verbunden. Dreht sich jetzt die Achse, wird nach jeder Halbdrehung die Polung umgekehrt. Das bedeutet, dass sich immer Pole gegenüberstehen, die sich
anziehen und nach der Umpolung abstoßen. Daraus
entsteht eine Drehbewegung des Läufers.
Weil diese Schleifringe für die rechtzeitige Umpolung
sorgen, nennt man sie Polwender.

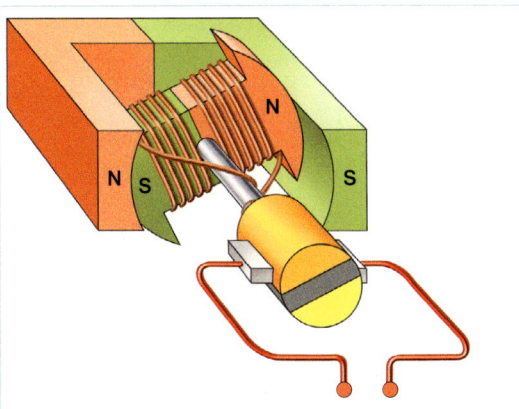

1 *Ungleichnamige Pole ziehen sich an. Der Rotor (Läufer) dreht sich.*

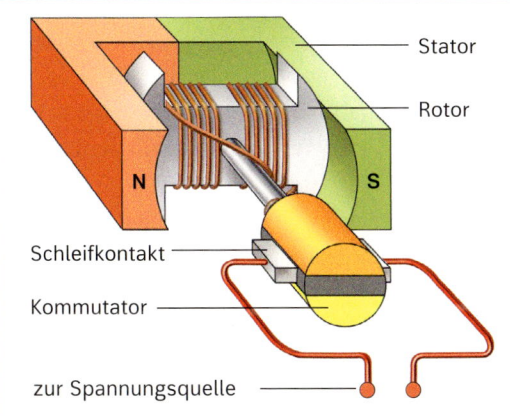

Stator

Rotor

Schleifkontakt

Kommutator

zur Spannungsquelle

2 *Der Stromkreis ist unterbrochen. Aber der Läufer dreht sich weiter, weil er noch genügend Schwung hat.*

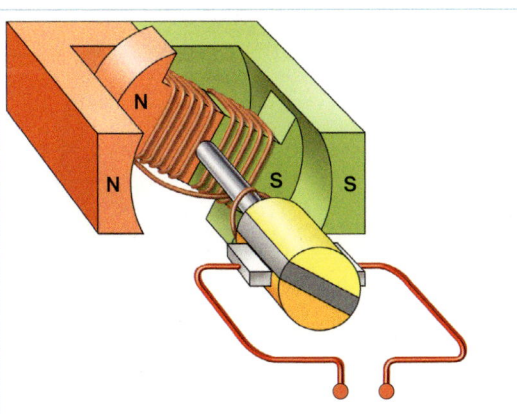

3 *Der Polwender ändert die Stromrichtung. Die Magnetpole stoßen sich ab, die Drehung geht weiter.*

MERKE

▶ Gleichstrommotoren bestehen im Wesentlichen aus einem fest stehenden Dauermagneten, dem Ständer (Stator), einem Läufer (Rotor) und dem Polwender (Kommutator).

▶ Die Drehbewegung des Motors kommt durch die Wechselwirkung von Dauermagnet und Elektromagnet zustande. Dabei entstehen abwechselnd anziehende und abstoßende Kräfte.

▶ Der Polwender (Kommutator) sorgt für ein rechtzeitiges Umpolen der Stromrichtung im Elektromagneten.

1 Fragen zum Text

a) Aus welchen drei wesentlichen Teilen besteht ein Elektromotor?

b) Wodurch kommt die Bewegung im Motor zustande?

c) Welche Aufgabe hat der Polwender?

2 Eine Umdrehung

Erkläre in Stichpunkten, wie ein Elektromotor arbeitet. Beschränke dich auf eine Umdrehung.

3 Bausatz Elektromotor

Gibt es an eurer Schule Bausätze für einfache Elektromotoren? Dann versucht, einen zusammenzubauen. Es ist interessant und man lernt etwas dabei.

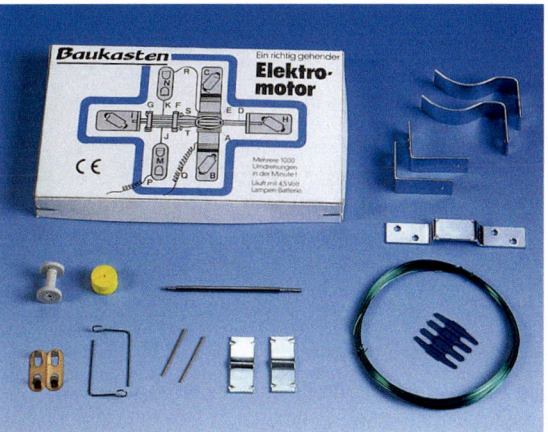

1 *Ein Industrieroboter enthält in der Regel gleich mehrere Elektromotoren*

1 Elektromotoren im Alltag

Wenn du dich in deiner näheren Umgebung umsiehst, findest du viele Geräte, die mit Elektromotoren angetrieben werden.

a) Erstelle eine Liste mit Geräten, die durch einen Elektromotor angetrieben werden und begründe, welche Vorteile Elektromotoren bieten.

b) Welche Möglichkeiten gibt es, Elektromotoren mit Energie zu versorgen?

Elektromotoren sind allgegenwärtig. Am häufigsten finden wir sie in Alltagsgeräten, wie einem Küchenmixer, einem Föhn, Rasenmähern, Waschmaschinen, oder Geschirrspülern.
In Industriehallen treiben sie Maschinen und Gabelstapler an.
Auch Industrieroboter und Kräne werden durch Elektromotoren angetrieben und gesteuert. S- und U-Bahnen, sowie viele andere Züge werden ebenfalls elektrisch betrieben.
Im Handwerk wird der Elektromotor vor allem zum Antrieb von Sägen, Bohrmaschinen und anderem Gerät eingesetzt.
Auch in Autos steckt in Form eines Anlassers ein starker Elektromotor. Gerade aber in der heutigen Zeit, wo der Klimawandel immer mehr sichtbar wird, verbreiten sich Elektro- und Hybridautos, die mit E-Motoren betrieben werden.

Ventilator. Ein Ventilator besteht aus einem Rotor, der auf der Achse eines Motors steckt.
Wird der Elektromotor eingeschaltet, drehen sich die Rotorflügel und saugen von hinten Luft an. Dadurch entsteht ein Luftstrom.
Ventilator-Motoren sind meist so gebaut, dass sie in mehreren Stufen gesteuert werden können. Ventilatoren werden vielfältig verwendet. Sowohl Autos als auch Computer und viele andere Geräte müssen gekühlt werden. Ventilatoren leiten den Luftstrom auf das entsprechende Bauteil oder saugen die erwärmte Luft ab. Auch in Dunstabzugshauben in der Küche nutzt man Ventilatoren.

2 *Ventilator*

1 Geöffnetes Gehäuse eines Haarföhns

Föhn. Ein Föhn besteht im Wesentlichen aus zwei Teilen, dem Gebläse und der Heizung.

Um einen Luftstrom zu erzeugen, wird von einem Elektromotor ein Lüfterrad angetrieben. Dieses saugt die Luft an und leitet sie an mehreren Heizwendeln vorbei. Dadurch entsteht der warme Luftstrom, der die Haare trocknet.

Um eine Überhitzung zu verhindern, schaltet bei zu hohen Temperaturen ein Thermoschalter die Energiezufuhr ab.

1 Fragen zum Text

a) Nenne fünf unterschiedliche Anwendungen von Elektromotoren aus Industrie, Handwerk, Verkehr und Haushalt.

b) Erkläre mit eigenen Worten den Aufbau und die Funktion eines Föhns.

c) Wie funktioniert ein Ventilator?

d) Welche Einsatzmöglichkeiten von Ventilatoren sind im Text genannt? Suche sie heraus.

2 Akkuschrauber

In der Abbildung unten siehst du einen geöffneten Akkuschrauber.

a) Versuche, mehrere Teile zu erkennen und zu benennen.

b) Versuche nun, die Funktionsweise eines Akuschraubers zu erklären.

2 Auch in Dunstabzugshauben steckt ein Ventilator

3 Akkuschrauber, mit geöffnetem Gehäuse

▶ Nur Stoffe mit Eisen, Cobalt oder Nickel werden von Magneten angezogen.

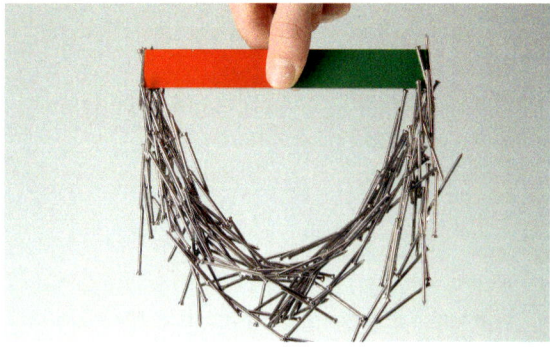

▶ Magnete besitzen einen Nord- und einen Südpol.

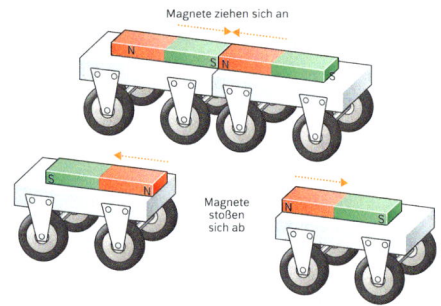

▶ Gleichnamige Pole stoßen sich ab.
▶ Ungleichnamige Pole ziehen sich an.
▶ Die Magnetkraft durchdringt Stoffe wie Holz, Glas, Aluminium und Kunststoffe.
▶ Jeder Magnet bildet ein Magnetfeld aus, in dem die Magnetkraft wirksam ist.

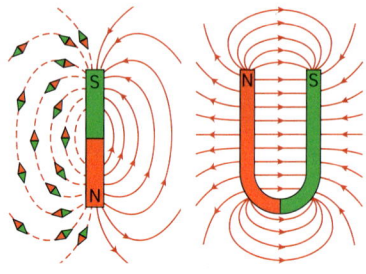

▶ ◔ Die Magnetfeldlinien verlaufen vom Nordpol zum Südpol.

▶ Stromdurchflossene Leiter erzeugen ein kreisförmiges Magnetfeld.

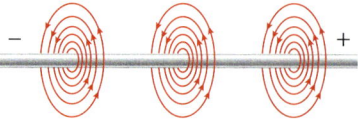

▶ Stromdurchflossene Spulen erzeugen ein ähnliches Magnetfeld wie Stabmagneten.

▶ Die Polung des Magnetfeldes ist von der Stromrichtung abhängig.

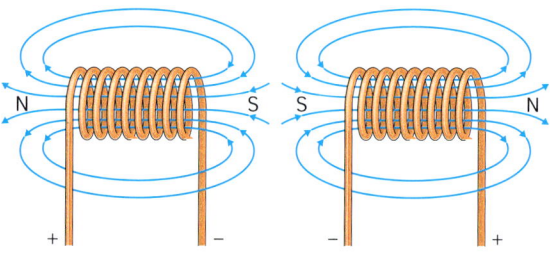

▶ Die Magnetfeldstärke eines Elektromagneten ist von der Windungszahl der Spule, der Stromstärke und einem Eisenkern abhängig.

- Je höher die Windungszahl der Spule, umso stärker das Magnetfeld.
- Je höher die Stromstärke in der Spule, umso stärker das Magnetfeld.
- Ein Eisenkern verstärkt die Magnetkraft.

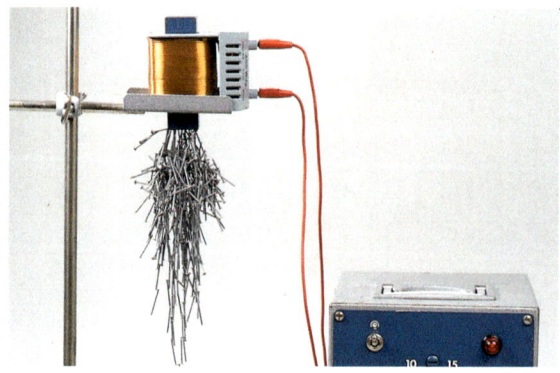

- ▶ Hubmagnete sind starke Elektromagnete, die tonnenschwere Lasten heben können.

- ▶ Ein Relais schaltet mit kleinen Strömen Geräte mit großen Stromstärken.

- ▶ Strom führende Leiter erfahren in einem Magnetfeld eine Kraft. Diese Kraft heißt Lorentz-Kraft.

- ▶ Die Stärke der Kraft hängt von der Stromstärke und der Magnetfeldstärke ab.

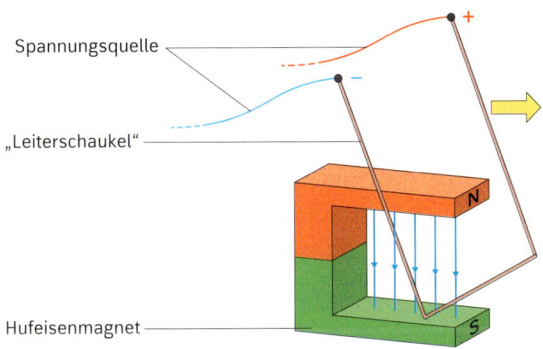

Spannungsquelle
+
−
„Leiterschaukel"
N
Hufeisenmagnet
S

- ▶ ➊ Die Kraftrichtung ist von der Bewegungsrichtung der Elektronen und der Richtung des Magnetfeldes abhängig.
Man kann sie mit der Drei-Finger-Regel der linken Hand bestimmen.

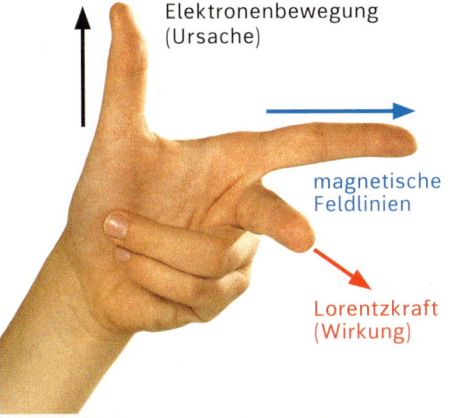

Elektronenbewegung
(Ursache)

magnetische
Feldlinien

Lorentzkraft
(Wirkung)

- ▶ Gleichstrommotoren bestehen aus einem Ständer (*Stator), einem Läufer (*Rotor) und einem Polwender (*Kommutator).

- ▶ Die Drehbewegung kommt durch die Wechselwirkung von Ständermagnet und Läufermagnet zustande.

- ▶ Der Polwender sorgt für ein rechtzeitiges Umpolen des Läufermagneten.

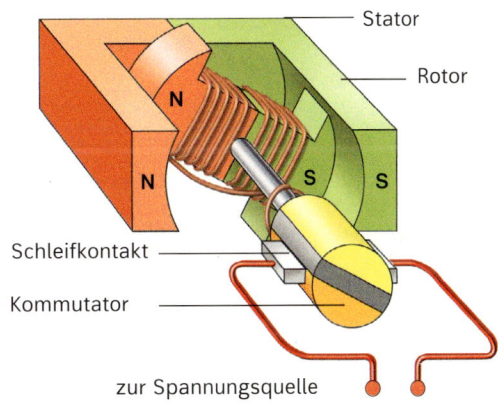

Stator
Rotor
N
N S S
Schleifkontakt
Kommutator
zur Spannungsquelle

- ▶ Elektromotoren werden in Industrie, Handwerk, Verkehr und Alltag in vielfältiger Weise eingesetzt.

1 Alu oder Weißblech?

Dosen können aus Aluminium oder aus Weißblech (= Eisenblech) hergestellt sein.

a) Wie kannst du feststellen, welches Material verwendet wurde?

b) Nicht alle Metalle sind magnetisch. Welche Metalle müssen in Legierungen vorhanden sein, damit sie von Magneten angezogen werden?

2 Nagelsammler

Erkläre, was dieses Bild mit den kleinen Nägeln zeigt.

3 Münzen

Um seine Oma zu ärgern, legt Peter eine 20 Cent-Münze auf den Tisch und möchte sie mit einem Magneten bewegen, wenn Oma danach greift.

a) Die Münze bewegt sich nicht. Was hat Peter nicht bedacht?

b) Mit welchen Münzen hätte sein Trick wohl geklappt? Probiere es aus.

4 Schwebende Erdkugel

Der Globus schwebt!.

a) Erkläre, wie es zu diesem Phänomen kommen kann.

b) Beschreibe einen Versuch, der deine Annahme bestätigen kann.

c) Beschreibe, was geschieht, wenn man eine dünne Holzplatte oder ein dünnes Eisenblech unter den Globus hält.

5 Anziehung oder Abstoßung?

Du hast vier scheibenförmige Magnete vor dir. Sie haben ein Loch in der Mitte, damit du sie auf einen Holzstab aufstecken kannst.

Auf welche Weise müssen die Magneten mit den Nord- und Südpole angeordet werden, damit sich dieses Bild ergibt?

6 Magnetfeldlinien

Die Abbildung unten zeigt ein Feldlinienbild aus Eisenfeilspänen. Wie musst du Magnete anordnen, damit dieses Bild zustandekommt?

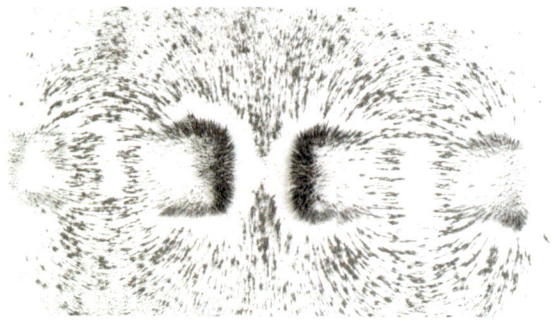

7 Magnetismus durch Strom

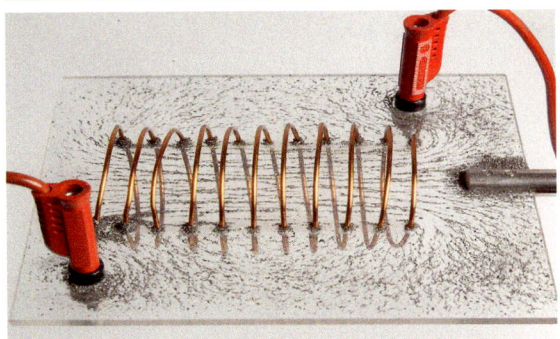

a) Erkläre, was hier abgebildet ist.
b) Beschreibe das Magnetfeld, das durch Eisenfeilspäne sichtbar gemacht
c) Vergleiche es mit dem Magnetfeld eines Stabmagneten.
d) Durch welche Maßnahme könntest du das Magnetfeld dieser Spule stärker machen?

8 Elektromagnete

a) Wie würdest du einen möglichst starken Elektromagneten bauen?
b) Nenne zwei Anwendungsbeispiele für Elektromagnete.
c) Es gibt heute auch ziemlich starke Dauermagnete, so genannte Neodym-Magnete. Begründe, weshalb man in der Technik aber doch meistens Elektromagnete verwendet, zum Beispiel zum Transport von Metallteilen.

9 ➐ Richtung eines Magnetfeldes

a) Ein Magnetfeld wird durch magnetische Feldlinien dargestellt. Wie ist die Richtung der Feldlinien festgelegt?
b) Beschreibe ein Experiment, mit dem man die Richtung der Feldlinien nachvollziehen kann.

10 Kraft im Magnetfeld

a) Beschreibe, was geschieht, wenn sich ein Leiter, der von Strom durchflossen wird, in einem Magnetfeld befindet.
b) Erkläre, wovon die Stärke der Wirkung abhängig ist.
c) ➐ Erkläre die Drei-Finger-Regel der linken Hand. Was kann man damit bestimmen?

11 Elektromotor

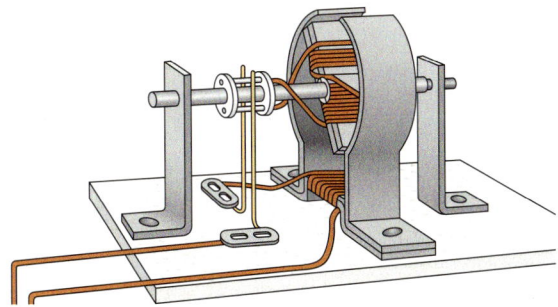

a) Beschreibe kurz das Grundprinzip eines Elektromotors. Wie kommt es zur Bewegung?
b) Nenne die wichtigsten Teile eines Elektromotors.
c) Der abgebildete Elektromotor oben besitzt keinen Dauermagneten. Begründe, weshalb er dennoch funktioniert.

12 Elektromotoren in Alltag und Technik

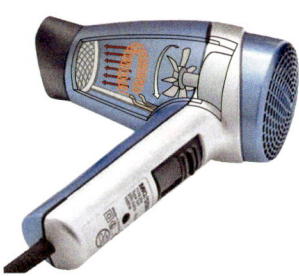

a) Beschreibe, wie ein elektrischer Haartrockner funktioniert.
b) Nenne mindestens fünf weitere Beispiele für Elektromotoren in Alltag und Technik.

Wenn du Hilfe bei den Aufgaben brauchst, schau auf den folgenden Seiten nach:

Aufgabe	Hilfe auf	Aufgabe	Hilfe auf
1	S. 15	7	S. 24
2	S. 16, 18	8	S. 22
3	S. 18-19	9	S. 24-25
4	S. 16	10	S. 22
5	S. 16, 24	11	S. 30-31
6	S. 18-19	12	S. 32-33

Lösungsvorschläge zu den Trainer-Aufgaben findest du im Anhang des Buches.

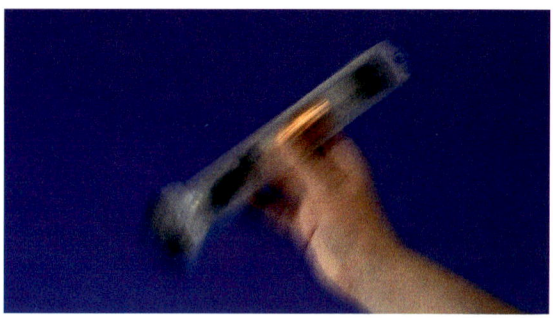

1 Schütteln erzeugt elektrische Energie

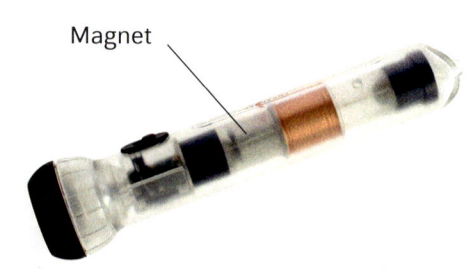

Magnet

2 Schüttel-Taschenlampe

1 Elektrische Spannung durch Bewegung

In einer Schüttel-Taschenlampe befindet sich keine Batterie. Schüttelt man sie für kurze Zeit, kann man damit trotzdem Licht erzeugen.

a) Schau dir so eine Taschenlampe an und versuche, einige Bauteile zu erkennen.

b) Beschreibe, was beim Schütteln bewegt wird.

2 Große Spannung – kleine Spannung

Lege dir mehrere Spulen mit verschiedenen Windungszahlen, einen starken und schwachen Stabmagneten und ein Voltmeter bereit.

a) Schließe eine Spule an das Voltmeter an. Bewege dann einen Stabmagneten in die Spule hinein und wieder heraus. Was stellst du fest?

b) Verändere das Experiment. Versuche, eine möglichst hohe Spannung zu erzeugen.

c) Finde heraus, wovon die Spannung abhängt.

Die Schüttel-Taschenlampe. Die Batterien in Taschenlampen sind oft gerade dann leer, wenn man sie braucht. Da ist eine Taschenlampe, die auch ohne Batterien leuchtet, eine gute Idee. Man mus sie nur einige Sekunden lang schütteln, dann kann sie schon für eine gewisse Zeit Licht liefern.

In der Lampe befindet sich eine Leuchtdiode, eine Spule und ein Magnet. Beim Schütteln wird dieser durch die Spule hin- und herbewegt.

Induktion. Das Experiment in Aufgabe 2 zeigt, dass man tatsächlich mit einer Spule und einem Magneten eine elektrische Spannung erzeugen kann. Dieser Vorgang heißt **Induktion,** die dabei entstehende Spannung heißt **Induktionsspannung.** Ist der Stromkreis geschlossen, fließt Strom.

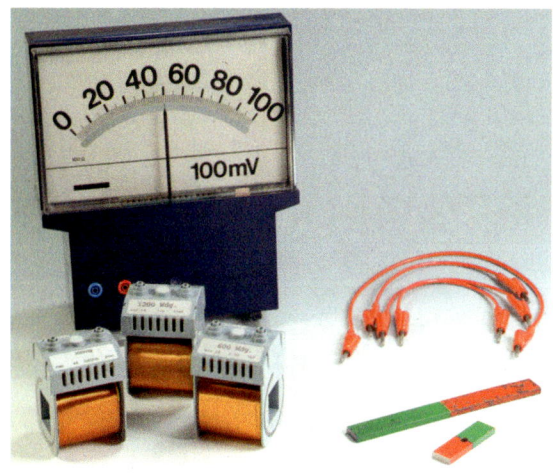

3 Experiment zur Induktion (Aufgabe 2)

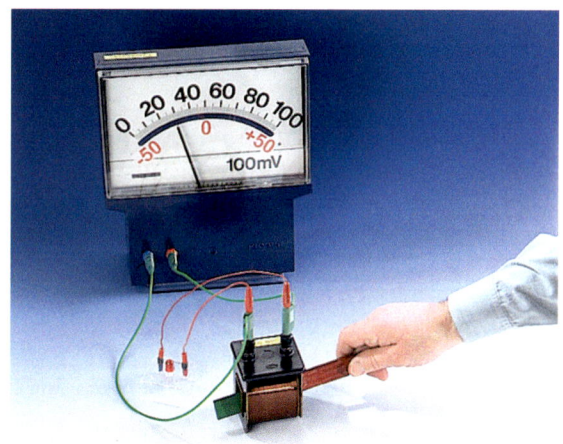

4 Eine Spannung wird induziert

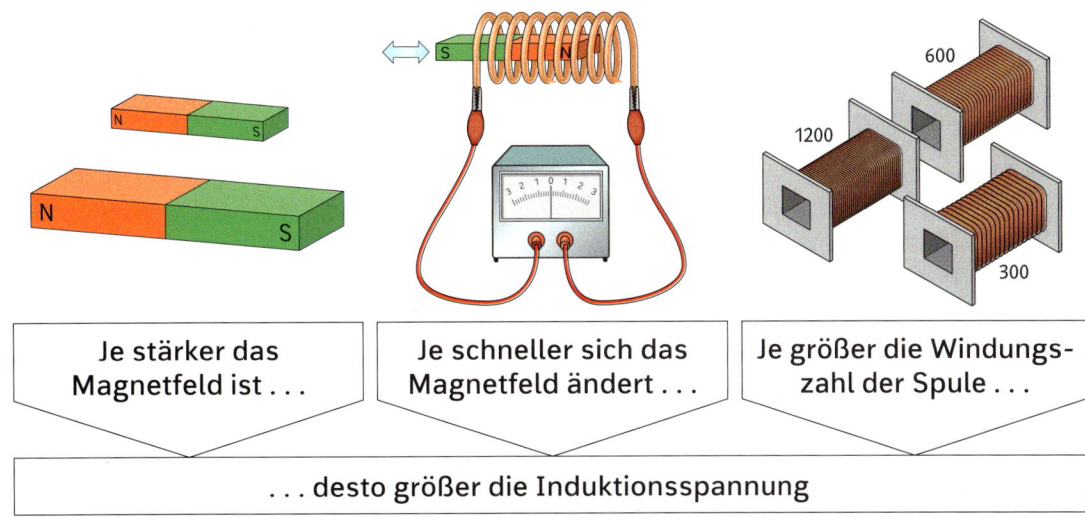

| Je stärker das Magnetfeld ist . . . | Je schneller sich das Magnetfeld ändert . . . | Je größer die Windungs-zahl der Spule . . . |

. . . desto größer die Induktionsspannung

1 Wovon hängt die Höhe der Spannung bei der Induktion ab?

So entsteht die Induktionsspannung. Bewegt man einen Magneten in eine Spule hinein, werden die Elektronen im Draht der Spule durch die Magnetkraft verschoben und auf eine Seite gedrückt. Dort kommt es zu einem Überschuss an Elektronen; am anderen Ende der Spule entsteht ein Mangel an Elektronen. Dadurch entsteht zwischen den Anschlüssen der Spule eine Spannung, die **Induktionsspannung.**

Wenn der Magnet wieder aus der Spule herausgezogen wird, werden die Elektronen im Spulendraht wieder verschoben – diesmal aber auf die andere Seite der Spule. Es entsteht erneut eine Spannung; sie ist aber entgegengesetzt gerichtet.

Endet die Bewegung, werden auch die Elektronen nicht mehr bewegt und keine Spannung mehr erzeugt.

Größe der Spannung. Je **schneller** man den Magneten in der Spule bewegt, umso höher ist die Spannung. **Stärkere** Magneten erzeugen höhere Spannungen. Bei Spulen mit **hoher Windungszahl** erhält man eine höhere Spannung als in Spulen mit niedriger Windungszahl.

MERKE
- ▶ Mit einem Magneten und einer Spule kann man eine Spannung erzeugen: Induktion.
- ▶ Die Induktionsspannung ist umso höher,
  - je schneller sich das Magnetfeld ändert,
  - je stärker das Magnetfeld ist und
  - je größer die Windungszahl der Spule ist.

1 Fragen zum Text

a) Beschreibe, was man braucht, um eine elektrische Spannung zu erzeugen.

b) Wovon ist die Höhe der induzierten Spannung abhängig?

2 Hohe Spannung

a) Beschreibe, was du tun musst, um eine möglichst hohe Induktionsspannung zu erhalten. Probiere es selbst aus.

b) Überlege zunächst und begründe dann, ob du mit einem Eisenkern eine noch höhere Spannung erreichen könntest.

Gleichspannung und Wechselspannung

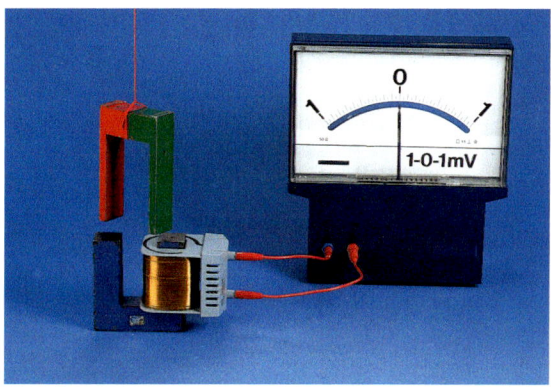

1 *Der Magnet dreht sich über der Spule*

1 Magnetpendel

Schließe ein Messgerät mit mittiger Nullstellung an eine Spule mit etwa 1 000 Windungen auf einem doppelten Eisenkern an. Lass dann den Hufeisenmagneten an einem Faden rotieren, so dass er sich über Spule und Eisenkern bewegt.

a) Beschreibe deine Beobachtung.

b) Wie bewegen sich die Elektronen während der Rotation? Begründe deine Annahme.

Gleichspannung. In einem Stromkreis mit Batterie bewegen sich die Elektronen stets in die gleiche Richtung, vom Minuspol zum Pluspol. Diese Art des Stromflusses nennt man Gleichstrom.

Wechselspannung. Lässt man einen Hufeisenmagneten über einer Spule rotieren, wird eine Spannung induziert. Weil sich das Magnetfeld aber ständig ändert, ändert sich auch die Bewegungsrichtung der Elektronen.

Der Zeiger eines Messgeräts schlägt dann abwechselnd in beide Richtungen aus. Geschieht dies ständig, spricht man von **Wechselspannung.**

Netzspannung. Bei der Netzspannung von 230 Volt an einer Haushaltssteckdose haben wir auch eine Wechselspannung. Dort wiederholt sich die Hin- und Her-Bewegung der Elektronen in jeder Sekunde genau 50 mal. Diese Häufigkeit der Schwingungen in einer Sekunde bezeichnet man als **Frequenz.**

Frequenz. Ein Maß für die Geschwindigkeit einer Schwingung ist die **Anzahl der Schwingungen,** die ein Körper **pro Sekunde** ausführt; das können auch die Elektronen in einem Stromkreis sein.

Dies bezeichnet man als die Frequenz der Schwingung.

Die Einheit 1 Schwingung pro Sekunde wird auch als **1 Hertz (1Hz)** bezeichnet, benannt nach dem deutschen Physiker **Heinrich Hertz**. Die Spannung an der Steckdose ändert ihre Polung 50 Mal in der Sekunde. Sie hat somit eine Frequenz von 50 Hz.

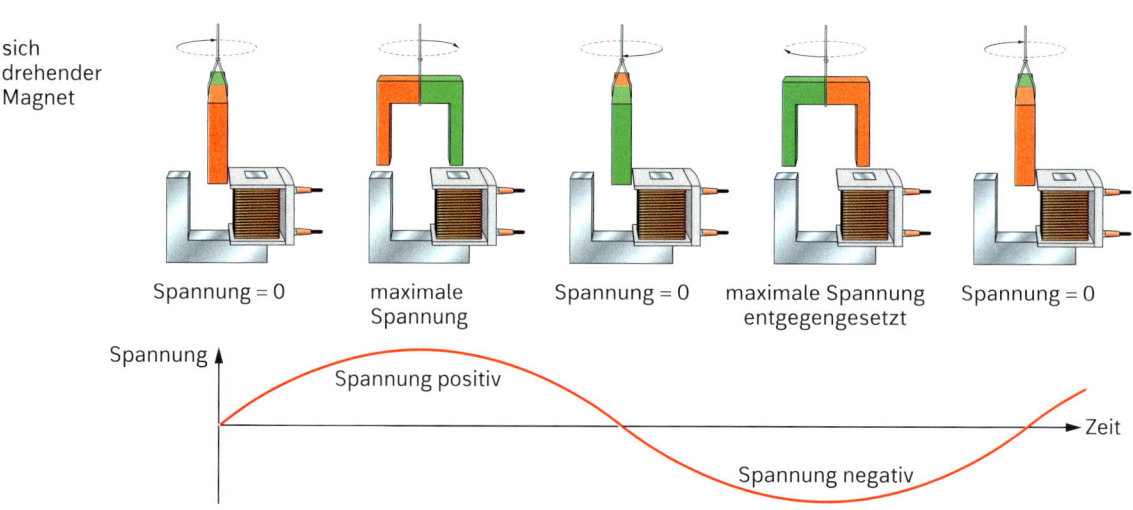

2 Zeitlicher Verlauf der Induktionsspannung

Zeitlicher Verlauf der Induktionsspannung. Erstellt man beim drehenden Magneten (Abb. 1, S. 40) ein Schaubild zu Spannung und Zeit, bekommt man ein Bild wie Abb. 2 (S. 40). Die Spannung steigt zunächst an, sinkt wieder und wechselt dann die Polung. Auch hier steigt die Spannung zunächst an und geht dann wieder auf Null zurück. Dann wiederholt sich der Kurvenverlauf.

MERKE

▶ Gleichspannung: Die Elektronen fließen stets in die gleiche Richtung.

▶ Wechselspannung: Die Richtung wechselt ständig; die Elektronen fließen hin und her.

▶ Die Frequenz gibt die Anzahl der Schwingungen in einer Sekunde an.

▶ Die Einheit lautet: 1 Hertz (Hz)

---

1 Fragen zum Text

a) Erkläre den Begriff Gleichspannung.

b) Was versteht man unter einer Wechselspannung?

c) Beschreibe den Begriff „Schwingung".

d) Erkläre den Begriff Frequenz.

2 Frequenz

a) Ein Schlagzeuger schlägt etwa 120 Mal in einer Minute auf die Trommel. Berechne die Frequenz.

b) Schlage nach, wann der Physiker Heinrich HERTZ gelebt und woran er gearbeitet hat.

c) Kolibris sind geniale Flieger. Sie können in der Luft stehen wie Hubschrauber, seitwärts und sogar rückwärts fliegen. Finde heraus, mit welcher Frequenz sie mit den Flügeln schlagen.

➤ EXTRA

Amplitude und Periode

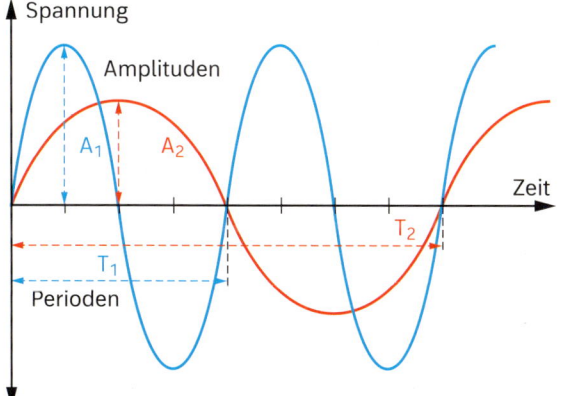

Periode. Darunter versteht man eine vollständige Schwingung, also eine Hin- und Her-Bewegung. In der Abbildung links dauert eine Periode der roten Kurve länger als eine der blauen Kurve. Die Zeit für eine Periode heißt auch **Periodendauer T.** Zwischen der Periodendauer T und der Frequenz gilt folgende Beziehung:

f = 1/T   oder auch: **T = 1/f**

Bei der Beschreibung von Kurven zum Spannungsverlauf verwendet man zwei wichtige Begriffe:

Amplitude. Die maximale Höhe einer Kurve nennt man **Amplitude.** Je höher die Amplitude der Kurve ist, umso höher ist die Spannung.

1 Spannungen

Beschreibe die Kurven in der Abbildung links. Verwende die Begriffe Amplitude und Periode oder Periodendauer.

2 Frequenzberechnung

Berechne die Frequenz der blauen Kurve, wenn $T_1 = 0,2$ s beträgt.

Generator – Aufbau, Funktion und Anwendungen

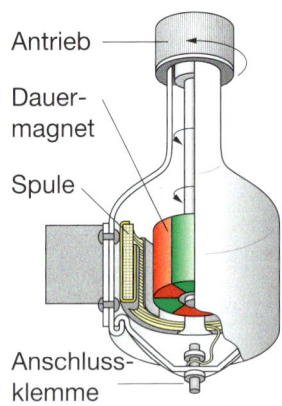

1 Blick in einen herkömmlichen Fahrraddynamo

Antrieb
Dauer-magnet
Spule
Anschluss-klemme

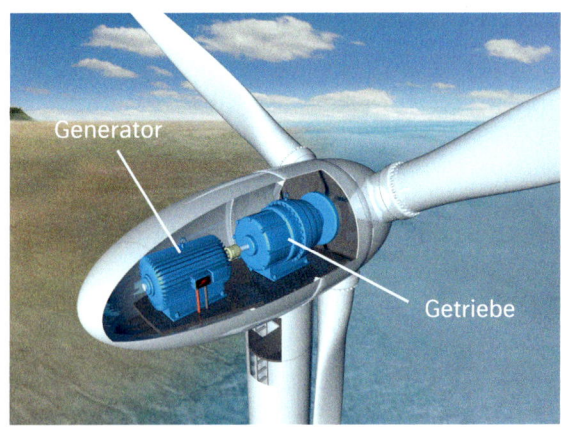

2 Generator bei einem Windkraftwerk

Generator
Getriebe

1 Fahrraddynamo

Im Bild siehst du einen geöffneten Fahrraddynamo. Was fällt dir beim Dauermagneten auf?

Fahrraddynamo. Ein Dynamo am Fahrrad versorgt die Beleuchtung mit Strom. Das geschieht immer dann, wenn der Dynamo bewegt wird. In einem Dynamo findet man eine Induktionsspule mit einem Eisenkern sowie einen rotierenden Magneten.
Da sich das Magnetfeld beim Drehen des Magneten ständig ändert, wird in der Spule eine Wechselspannung induziert.

Generator – Aufbau und Funktion. Auch in Kraftwerken wandeln große „Dynamos" **mechanische Energie** in **elektrische Energie um;** man nennt sie dann aber **Generatoren.**
Angetrieben wird ein Kraftwerks-Generator von einer **Turbine.** Im Generator dreht sich eine große Spule in einem Magnetfeld. Während ein Fahrraddynamo Dauermagneten verwendet, besitzen Kraftwerksgeneratoren Elektromagnete. Durch **Induktion** entsteht eine Spannung in der Spule, die über Stromleitungen verteilt wird.
Auch die Spannungen unterscheiden sich erheblich. Erzeugt ein Fahrraddynamo eine Spannung von etwa 6 Volt, so sind es in einem Kraftwerksgenerator z. B. 20 000 Volt und mehr.

Anwendungen. Generatoren werden vielfältig eingesetzt, etwa als Stromaggregat für Berghütten, auf Baustellen, als Notstromaggregat in Krankenhäusern oder in Rechenzentren. Diese Generatoren werden meistens von einem Dieselmotor angetrieben. Windkraftwerke arbeiten ebenso mit Generatoren wie Autos; dort heißen sie „Lichtmaschinen" und laden während der Fahrt die Autobatterie auf.

MERKE

▶ Beim Fahrraddynamo dreht sich ein Dauermagnet im Innern einer Induktionsspule.
▶ Generatoren wandeln Bewegungsenergie durch Induktion in elektrische Energie um.

2 Fragen zum Text

a) Vergleiche Fahrraddynamo und Generator.
b) Erkläre, wie ein Dynamo Spannung erzeugt.
c) Nenne Anwendungen für Generatoren.

3 Transportabler Notstrom-Generator

1 Dynamo als Motor

Besorgt euch einen (alten) Fahrraddynamo. Schließt ihn an die Wechselspannungsbuchsen eines Netzgerätes an.
Erhöht die Spannung langsam auf etwa 6 Volt. Dreht ein wenig am Reibrad.

a) Beschreibt, was passiert.
b) Findet eine Erklärung für dieses Phänomen.

Elektromotor als Generator. Bringt man einen kleinen Spielzeug-Elektromotor in rasche Drehung, kann man an den Anschlüssen eine Spannung messen. Der Elektromotor erzeugt also bei Bewegung Strom.

Einen Generator kann man also auch als Elektromotor betreiben; ein Elektromotor kann auch als Generator arbeiten.

MERKE
▶ Generatoren und Elektromotoren haben den gleichen Aufbau.
▶ Einen Generator kann man auch als Elektromotor betreiben – und umgekehrt ebenso.

Generator und E-Motor – ähnlicher Aufbau. Vergleicht man den Aufbau von Generatoren und Elektromotoren, sieht man, dass sie ähnlich aufgebaut sind: Beide besitzen einen Magneten und eine Spule. Der Magnet oder die Spule ist drehbar gelagert.
Ein **Motor** wandelt elektrische Energie in Bewegungsenergie um.
Ein **Generator** wandelt Bewegungsenergie in elektrische Energie um.
Generator und Motor verwenden beide die Induktion, um Strom bzw. Bewegung zu erzeugen.

Generator als Elektromotor. Schließt man einen Fahrraddynamo an eine Wechselspannungsquelle an, muss man das Reibrad noch kurz in Schwung bringen – und er dreht sich alleine weiter. Der Dynamo als typischer Generator arbeitet dann als Elektromotor.

2 Fragen zum Text

a) Welches Prinzip liegt dem Elektromotor und dem Generator zu Grunde?
b) Welche Energieformen werden beim Generator und beim Elektromotor umgewandelt?

3 Motor und Generator

a) Baue die abgebildete Versuchsanordnung (unten, links) mit einem Spielzeugmotor auf. Schalte das Netzgerät ein und regle die Spannung langsam hoch, bis der Motor sich dreht.
b) Baue nun die Schaltung mit dem Lämpchen auf (unten rechts). Bewege die Motorachse möglichst schnell und beobachte.
c) Erkläre die Energieumwandlung bei beiden Schaltungen.

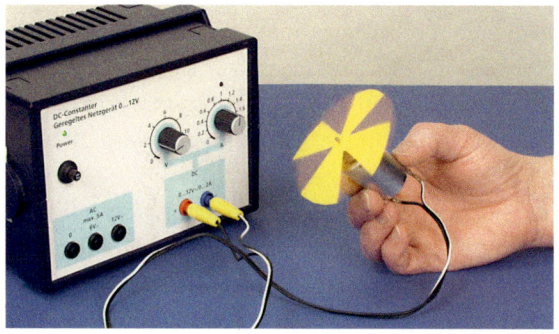
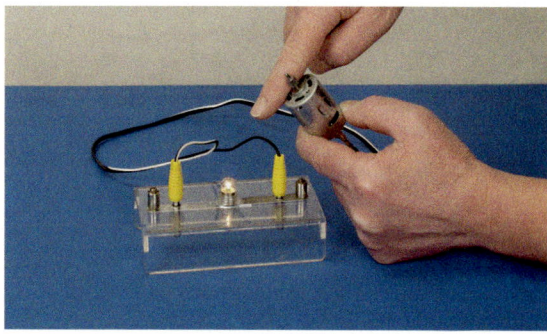

2 Links arbeitet das Gerät als Elektromotor, rechts arbeitet dasselbe Gerät als Generator

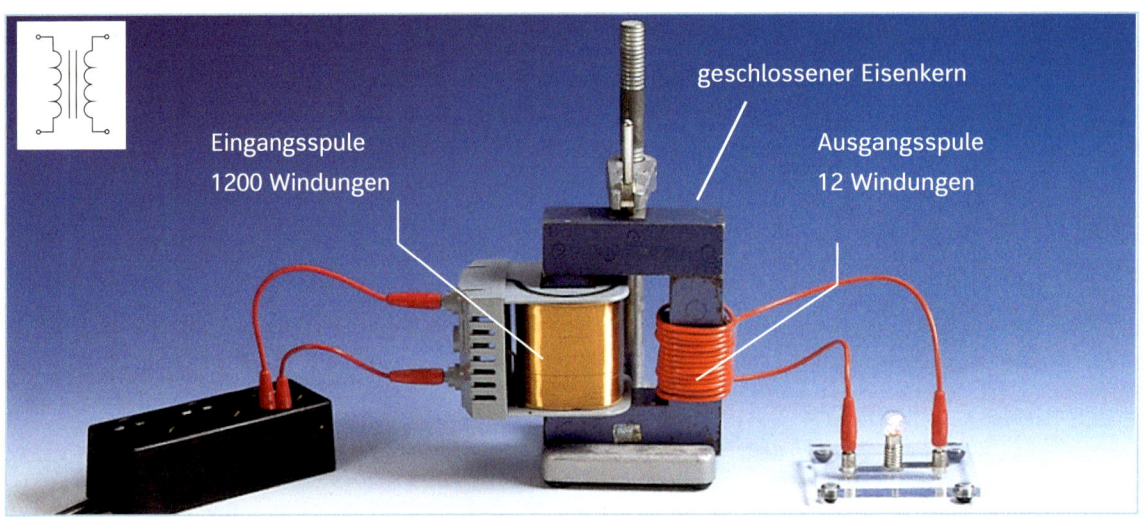

1 Ein Transformator wandelt Wechselspannungen um; oben links das Schaltsymbol für einen Transformator

1 Verschiedene Spulen

Baut einen Stromkreis mit einem Transformator und einem Messgerät auf wie unten abgebildet. Die Spannungsquelle soll eine Wechselspannung liefern (zum Beispiel 0-12 Volt.) Die Ausgangsspule muss weniger Windungen haben als die Eingangsspule.

a) Stellt an der Spannungsquelle verschiedene Spannungen ein. Notiert die Spannungswerte am Eingang (U_1) und am Ausgang (U_2) des Trafos in einer Wertetabelle.

b) Bildet den Quotienten aus U_1 und U_2. Was stellt ihr fest?

Die Netzspannung an der Steckdose beträgt bei uns 230 Volt. Für manche Geräte ist diese Spannung aber zu hoch, etwa für tragbare Computer oder für Smartphones. Benötigt man eine andere Spannung, muss man solche Geräte über ein Netzteil an die Steckdose anschließen. Ein Netzteil enthält einen **Transformator.** Er kann Spannungen umwandeln.

Aufbau eines Transformators. Ein Transformator (kurz: Trafo) besteht aus zwei Spulen auf einem gemeinsamen Eisenkern. Die beiden Spulen haben keine elektrische Verbindung miteinander. Jede Spule hat ihren eigenen Stromkreis.
Die erste Spule ist an die Stromversorgung angeschlossen, sie heißt **Eingangsspule;** die andere Spule heißt **Ausgangsspule.**

Funktionsweise eines Trafos. An die Eingangsspule wird eine Wechselspannung angelegt. Dadurch entsteht dort ein magnetisches Feld. Der Eisenkern verstärkt das magnetische Feld und überträgt es auf die Ausgangsspule. In der Ausgangsspule wird dadurch eine Spannung induziert.
Da sich bei einer Wechselspannung ständig die Stromrichtung und damit auch das Magnetfeld ändert, wird in der Ausgangsspule auch ständig eine Wechselspannung induziert. Ein Trafo funktioniert also nur mit Wechselspannung.

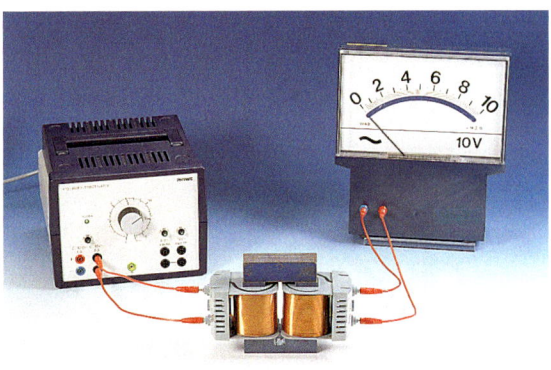

2 So misst man die Ausgangsspannung am Trafo

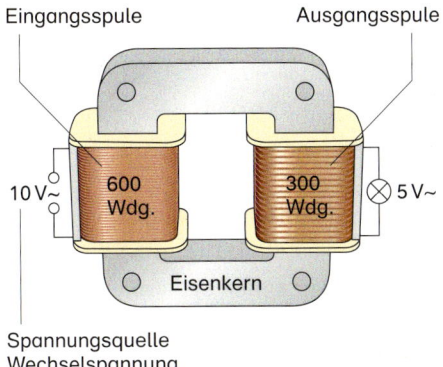

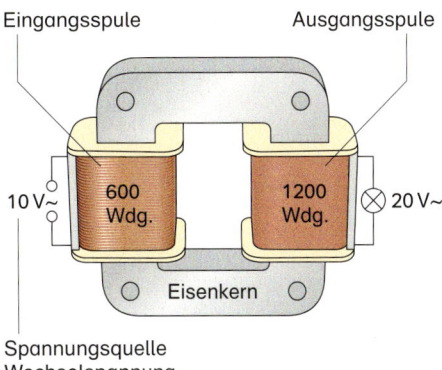

1 Trafo mit niedrigerer Ausgangsspannung

2 Trafo mit höherer Ausgangsspannung

Spannungsänderung. Es hängt von den Windungszahlen der beiden Spulen ab, welche Spannung man an der Ausgangsspule erhält. Es gilt folgende Gleichung:

$$\frac{U_1}{U_2} = \frac{N_1}{N_2}$$

Beispiele: Hat die Ausgangsspule nur **halb** so viele Windungen wie die Eingangsspule, dann ist auch die Ausgangsspannung nur **halb so groß** wie die Eingangsspannung (Abb. 1, oben).

Hat die zweite Spule **doppelt** so viele Windungen wie die erste Spule, dann ergibt sich dort auch die **doppelte** Spannung (Abb. 2, oben).

MERKE

▶ **Ein Transformator besteht aus zwei Spulen auf einem gemeinsamen Eisenkern.**

▶ **Durch Magnetfeldänderungen in der Eingangsspule wird in der Ausgangsspule durch Induktion eine Spannung erzeugt.**

▶ **Ein Transformator funktioniert nur mit Wechselspannung.**

▶ **Die Spannungsänderung hängt vom Verhältnis der Windungszahlen ab:**

$$\frac{U_1}{U_2} = \frac{N_1}{N_2}$$

1 Fragen zum Text

a) Beschreibe den Aufbau eines Transformators. Erstelle eine Zeichnung mit Beschriftung.

b) Nenne die Aufgabe eines Transformators.

c) Berechne die Spannung an dem Lämpchen in Abb. 1 (S. 44), wenn links 230 Volt anliegt.

d) Welche Ausgangsspannung ergibt sich bei Abb. 2 (S. 45), wenn am Eingang 6 Volt anliegen?

2 Netzgeräte

Das Netzgerät eines Laptops lädt den Akku mit einer Spannung von etwa 20 V. Angeschlossen ist das Gerät aber an das Hausnetz mit 230 Volt. Die Ausgangsspule hat 70 Windungen.

a) Muss die Eingangsspule mehr oder weniger Windungen besitzen?

b) ❶ Welches Verhältnis müssen die Windungen der beiden Spulen haben? Gib das Verhältnis als Bruch an.

c) ❶ Berechne die Anzahl der Windungen der Eingangsspule.

1 *Elektrisches Schweißen*

1 Elektrisch schweißen

Weißt du, wie ein elektrisches Schweißgerät funktioniert? Recherchiere und fass es kurz zusammen.

Elektrisches Schweißen. Zum Verbinden von Metallteilen benötigt man sehr hohe Temperaturen, um das Metall zu schmelzen. Dazu verwendet man oft elektrische Schweißgeräte. Sie sind an einen Transformator angeschlossen, der sehr hohe Stromstärken erzeugt, etwa 200-300 Ampere.

Hochstrom-Transformator. Im Experiment verwenden wir einen Hochstrom-Trafo für 230 Volt Eingangsspannung. Die Eingangsspule ist ein dickes Drahtpaket mit vielen Windungen. Die Ausgangsspule ist sehr dick, hat aber nur wenige Windungen. Das heißt, dass die Spannung relativ niedrig ist.

2 *Experimentiertrafo für große Stromstärken*

Bei der Ausgangsspule fließt der Strom durch einen Nagel. Wird das Gerät eingeschaltet, fließt ein sehr starker Strom, weil der Nagel keinen großen elektrischen Widerstand hat – etwa 200 Ampere. Dadurch entsteht so viel Wärme, dass der Nagel glüht und sogar schmelzen kann.

Stromstärke und Windungszahlen. Vergleicht man allgemein die Stromstärken (I) und die Windungszahlen (N) beim Transformator, stellt man fest:
An der Spule mit der geringeren Windungszahl fließt der größere Strom. Die Ströme verhalten sich umgekehrt zueinander wie die Windungszahlen.
Man erhält folgende Gleichung:

$$\frac{I_1}{I_2} = \frac{N_2}{N_1}$$

MERKE

▶ **Die Stromstärken beim Transformator verhalten sich umgekehrt wie die Windungszahlen:**

$$\frac{I_1}{I_2} = \frac{N_2}{N_1}$$

2 Fragen zum Text

a) Wie muss ein Trafo gestaltet sein, der auf der Ausgangsseite eine hohe Stromstärke erzeugen kann?

b) Gib die Formel zur Berechnung der Stromstärke beim Trafo an.

3 Rechnung am Trafo

Der abgebildete Trafo (links) hat auf der Eingangsseite eine Spule mit N_1 = 1 200 Wdg., auf der Ausgangsseite eine Spule mit N_2 = 6 Wdg. Der eingespannte Nagel beginnt zu glühen und kann schmelzen.

a) Berechne die Spannung der Ausgangsspule.

b) Berechne die Stromstärke im Nagel, wenn am Eingang etwa 1 Ampere Strom fließt.

Trafos im Einsatz

1 Trafos sind in vielen Netzteilen enthalten

2 Roboter schweißen mit Hilfe von Trafos

1 Trafos überall

a) Transformatoren kommen in vielen Geräten vor, denn viele elektronische Geräte brauchen weniger als 230 Volt. Finde einige Beispiele.

b) Manche Netzteile mit Trafos werden im Betrieb sehr warm. Was kann man daraus schließen?

MERKE
▶ **Trafos sind überall dort notwendig, wo Spannungen verändert werden müssen.**
▶ **Es gibt Trafos mit fester Übersetzung und regelbare Trafos (Stelltrafos).**

Stelltrafos. Viele Spielzeug- und Experimentier-Trafos sind Stelltrafos. Bei ihnen lässt sich die gewünschte Ausgangsspannung über einen Regler einstellen. Der Regler steuert über einen Schleifkontakt, wie viele Drahtwindungen vom Strom durchflossen werden. Dadurch verändert sich die Spannung am Ausgang des Geräts.

Elektroschweißen. Bei einem Schweißroboter sind zwei isolierte Elektroden mit einem Hochstrom-Transformator verbunden. Beim Schweißvorgang entsteht eine Temperatur von etwa 4 000 °C. Die Bleche schmelzen dabei kurzzeitig auf und verbinden sich miteinander.

Netzspannung. In Wohngebiete kommt die elektrische Energie über Erdkabel, die eine Spannung von etwa 24 000 V führen. Transformatoren in kleinen Häuschen oder grauen Kästen wandeln die hohe Spannung in die übliche Netzspannung um.

2 Fragen zum Text

a) Erkläre, wie ein Stelltrafo funktioniert.

b) Beschreibe, wie es dazu kommt, dass das Blech beim Schweißen mit einem Elektroschweißgerät schmilzt.

c) Erkläre, weshalb in Wohngebieten oft graue Kästen für die Stromversorgung stehen.

3 Transformator in einem Wohngebiet

1 Hier sind Drahtschleifen in der Fahrbahn

Dieser Strom erzeugt dann in einer Kupferspule unter der Glaskeramikabdeckung ein magnetisches Feld. Dies verursacht im Boden des Topfes Wechselströme, die den Topf direkt erhitzen.

Zum Kochen mit Induktionsplatten sind nicht alle Töpfe geeignet. Nur wenn das Material magnetisch ist, funktioniert auch die Induktion.

Festplatten. Auch Festplatten in Computern arbeiten mit dem Prinzip der Induktion.

Sollen Daten auf die Festplatte geschrieben werden, wird der Schreib-Lesekopf durch Stromstöße magnetisiert. Je nach Stromrichtung richten sich die Eisenteilchen auf der magnetischen Platte unterschiedlich aus. Damit ist die Information dann gespeichert.

1 Induktionsschleifen

Bei Parkhäusern oder bei Ampelanlagen sind manchmal Induktionsschleifen in der Fahrbahn eingelassen. Vermute, weshalb das gemacht wird.

Induktionskochfeld. Moderne Herde arbeiten mit Induktionskochfeldern. Dabei wird die Wärme direkt im Topfboden erzeugt.

Zunächst wandelt ein Gerät den Netzstrom mit einer Frequenz von 50 Hz in einen hochfrequenten Strom von 25-35 kHz um.

magnetisierbare Platte

Schreib-Lese-Kopf

3 Blick auf eine geöffnete Computer-Festplatte

2 Blick in eine Induktions-Kochplatte

Um die Daten wieder auslesen zu können, wird der Vorgang umgekehrt. Die magnetisierten Eisenteilchen der Festplatte induzieren kleine Stromstöße in den Schreib-Lesekopf.

Der Computer wandelt diese Spannungsimpulse dann wieder in die Informationen um. Texte, Bilder, Grafiken Töne und Musik werden sicht- und hörbar.

1 *Smartphones drahtlos aufladen durch Induktion*

Induktives Ladegerät. Manche Smartphones lassen sich drahtlos aufladen – durch Induktion.

Im Ladegerät befindet sich eine Spule, durch die Wechselstrom fließt. Dadurch wird ein Magnetfeld aufgebaut, das sich ständig ändert.

Im Smartphone selbst sitzt ebenso eine Spule. Wenn sie ins Magnetfeld der Ladestation gerät, wird in der Smartphone-Spule eine Spannung induziert. Die Spule wirkt als Spannungsquelle und lädt den Akku auf. Die meisten Ladestationen senden außerdem Signale aus, die erkennen, ob sich ein Smartphone auf der Ladestation befindet und ob es überhaupt noch Strom benötigt.

Elektrische Zahnbürsten. Als Spannungsquelle nutzen viele elektrische Zahnbürsten einen Akku. Der wird meistens ohne leitende Verbindung aufgeladen, durch Induktion.

Im Standfuß der Ladestation befindet sich die Eingangsspule, die an das Wechselstromnetz angeschlossen ist.

Im Zahnbürstengriff befindet sich die Ausgangsspule. Stellt man nun die Zahnbürste auf die Ladestation, so wird durch das ständig wechselnde Magnetfeld der Eingangsspule eine Spannung in der Ausgangsspule erzeugt. Diese Spannung lädt den Akku, der den Motor der Zahnbürste mit Energie versorgt.

MERKE

▶ **Das Prinzip der Induktion wird häufig zum Übertragen von Energie und Information eingesetzt.**

▶ **Induktionskochfelder erzeugen die Wärme im Kochtopf und sparen somit Energie.**

▶ **Festplatten speichern Informationen durch Magnetisierung von Metallplatten.**

▶ **Induktive Ladegeräte Übertragen den Ladestrom durch Induktion.**

1 Fragen zum Text

a) Beschreibe kurz, wie ein Induktionskochfeld funktioniert.

b) Wodurch wird bei einer Festplatte die Induktion ausgelöst?

c) Welche zwei Funktionen besitzt ein induktives Ladegerät?

d) Erkläre, wo sich bei den elektrischen Zahnbürsten in Abbildung 2 die beiden Spulen befinden.

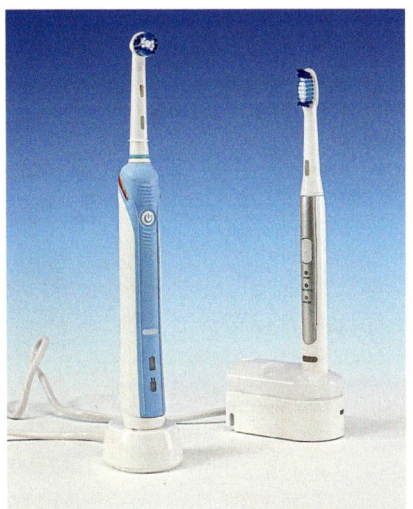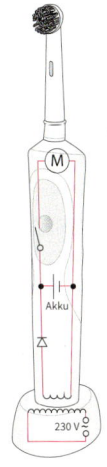

2 *Elektrische Zahnbürsten mit induktiver Aufladung*

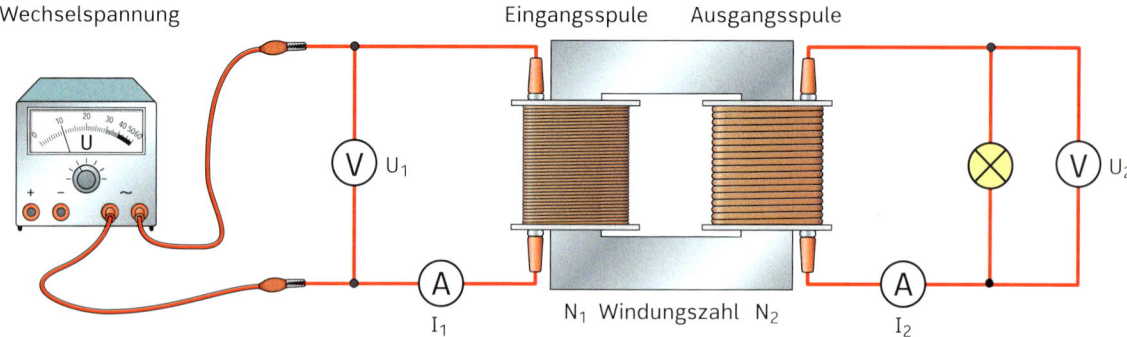

Wechselspannung   Eingangsspule   Ausgangsspule

U_1 U_2

I_1 N_1 Windungszahl N_2 I_2

Berechnungen am Transformator

Mit Hilfe einer Formel lassen sich am Trafo Spannungen und Windungszahlen berechnen. Hier folgen einige Beispiele.

1 Berechnung der Eingangsspannung

Die Eingangsspule eines Trafos hat 5 000 Windungen, die Ausgangsspule 50. An der Ausgangsseite liegt eine Spannung von 10 V. Berechne die Eingangsspannung.

Gegeben: N_1 = 5 000 Wdg.

          N_2 = 50 Wdg.

          U_2 = 10 V

Gesucht: U_1

Lösung: $U_1 = \dfrac{N_1}{N_2} \cdot U_2$

          $U_1 = \dfrac{5\,000}{50} \cdot 10$ V

          $\mathbf{U_1 = 1\,000\ V}$

Antwort: Die Eingangsspannung beträgt 1 000 V.

2 🕹 Berechnung der Windungszahl

Die Ausgangsspule des Trafos hat 50 Windungen. An der Eingangsspule ist die Stromstärke 20 mA, an der Ausgangsspule 2 A. Wie viele Windungen hat die Eingangsspule?

Gegeben: I_1 = 20 mA (0,02 A)

          I_2 = 2 A

          N_2 = 50 Wdg.

Gesucht: N_1

Lösung: $N_1 = \dfrac{I_2}{I_1 \cdot n_1}$

          $N_1 = \dfrac{2}{0,02} \cdot 50$ Wdg.

          $\mathbf{N_1 = 5\,000\ Wdg.}$

Antwort: Die Eingangsspule hat 5 000 Wdg.

3 Berechnung der Ausgangsspannung

Die Eingangsspule eines Trafos besitzt 5 000 Wdg., die Ausgangsspule 50. An der Eingangsspule wird eine Spannung von 1 000 V gemessen. Welche Spannung liegt an der Ausgangsseite des Trafos?

Gegeben: N_1 = 5 000 Wdg.

          N_2 = 50 Wdg.

          U_1 = 1 000 V

Gesucht: U_2 = ?

Lösung: $U_2 = \dfrac{N_2}{N_1} \cdot U_1$

          $U_2 = \dfrac{50}{5\,000} \cdot 1\,000$ V

          $\mathbf{U_2 = 10\ V}$

Antwort: Die Ausgangsspannung beträgt 10 V.

4 Windungen der Eingangsspule

Die Ausgangsspule eines Trafos besitzt 115 Windungen. Es liegt eine Spannung von 230 V an. An der Eingangsspule liegt eine Spannung von 380 kV. Wie groß muss die Windungszahl an der Eingangsspule sein, dass diese Werte erreicht werden?

5 🕹 Stromstärke an der Eingangsspule

An der Ausgangsspule mit 200 Windungen wird eine Stromstärke von 15 A gemessen. Die Eingangsspule hat 1000 Windungen. Welche Stromstärke kannst du an der Eingangsspule messen?

6 Windungszahl der Ausgangsspule

Eine Spannung von 380 V soll auf 230 V transformiert werden. Wie groß muss die Windungszahl der Ausgangsspule sein, wenn die Eingangsspule 115 Windungen besitzt?

▶ Mit Hilfe eines Magneten und einer Spule kann man eine Spannung erzeugen. Dies nennt man Induktion.

▶ Die Induktionsspannung ist umso höher, …
… je schneller sich das Magnetfeld ändert.
… je stärker das Magnetfeld ist.
… je größer die Windungszahl der Spule ist.

▶ Bei Wechselspannung ändern die Elektronen die Richtung ständig; bei Gleichspannung bleibt sie gleich.

▶ Die Frequenz gibt die Anzahl der Schwingungen in einer Sekunde an. Sie wird in der Einheit Hertz (Hz) angegeben.

▶ Generatoren wandeln Bewegung durch Induktion in eine elektrische Spannung um, ganz ähnlich wie bei einem Fahrraddynamo.

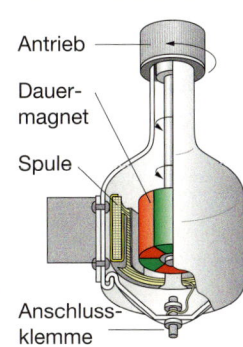

Antrieb
Dauer-magnet
Spule
Anschluss-klemme

▶ Generatoren erzeugen also elektrische Energie aus mechanischer Energie.

▶ Elektromotoren erzeugen mechanische Energie aus elektrischer Energie.

▶ ❶ Generator und Elektromotor haben den gleichen Aufbau. Einen Generator kann man auch als Elektromotor betreiben - und umgekehrt.

▶ Ein Transformator besteht aus zwei Spulen auf einem gemeinsamen Eisenkern. Zwischen den Spulen besteht keine leitende Verbindung. Er funktioniert nur mit Wechselspannung.

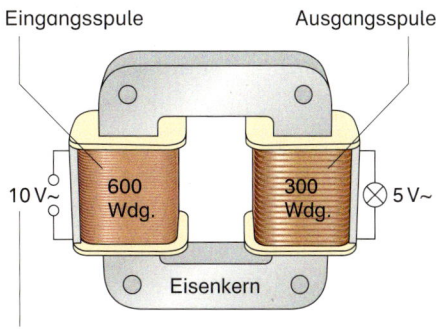

Eingangsspule   Ausgangsspule

10 V~   600 Wdg.   300 Wdg.   ⊗ 5 V~

Eisenkern

Spannungsquelle
Wechselspannung

▶ Wegen der Magnetfeldänderungen in der Eingangsspule wird in der Ausgangsspule durch Induktion eine Spannung erzeugt.

▶ Ein Trafo verändert Spannung und Stromstärke.

▶ Die Spannungsänderung hängt vom Verhältnis der Windungszahlen ab. Dabei gilt:
$$\frac{U_1}{U_2} = \frac{N_1}{N_2}$$

❶ Für die Stromstärke gilt: $\frac{I_1}{I_2} = \frac{N_2}{N_1}$.

▶ Trafos werden überall dort eingesetzt, wo Spannungen bzw. Stromstärken verändert werden müssen.

▶ Die Induktion wird in Alltag und Technik vielfältig eingesetzt.

1 Bewegung erzeugt Spannung

Vor dir liegen drei Spulen mit 300, 600 und 1 200 Windungen.

a) Beschreibe, was geschieht, wenn du einen Stabmagneten in der Spule bewegst.

b) Erkläre, wie du eine maximale Spannung erzeugen kannst.

c) Würde ein stärkerer Magnet eine höhere Spannung erzeugen?

2 Ein rotierender Magnet

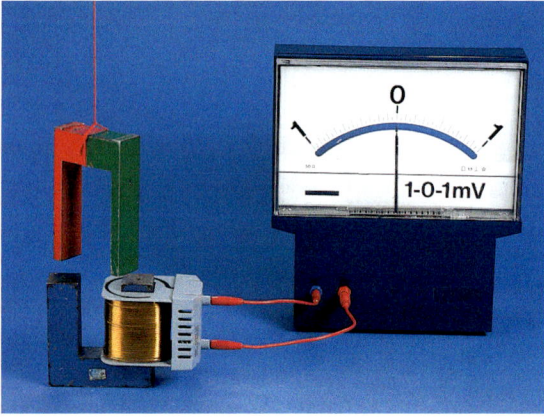

a) Erkläre, was das Messgerät anzeigt, wenn der Hufeisenmagnet in Drehung versetzt wird.

b) Beschreibe die Bewegung der Elektronen im Leiter, sobald der Magnet sich dreht.

c) Wie nennt man diese Art Spannung?

3 Gleichspannung und Wechselspannung

a) Erkläre den Unterschied zwischen Gleich- und Wechselspannung.

b) Nenne Beispiele für typische Anwendungen von Gleichspannung und auch für Wechselspannung.

4 Stromfluss im Elektronenmodell

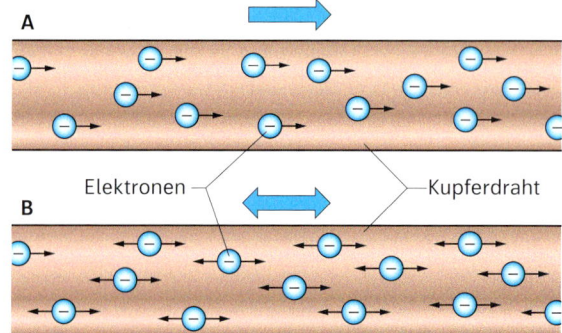

Die Abbildungen zeigen modellhaft die Fortbewegung von Elektronen in einem elektrischen Leiter.

a) Beschreibe die beiden Abbildungen.

b) Um welche Art Spannung handelt es sich bei A und bei B? Begründe deine Antwort.

5 Frequenz

a) Erkläre den Begriff „Frequenz" allgemein.

b) Welche Frequenz hat die Wechselspannung in unserem Stromnetz?

c) Beschreibe die Elektronenbewegung bei einer Wechselspannung.

6 ↻ Amplitude und Periode

a) Welcher Begriff beschreibt die Größe der Spannung? Frequenz – Periode – Amplitude – Schwingungsdauer

b) Beschreibe die Begriffe Amplitude und Periode mit Hilfe der Abbildung unten.

c) Nenne die Kurve in der Abbildung mit der kleinsten Amplitude.

d) Welche Kurve hat die kleinste Frequenz?

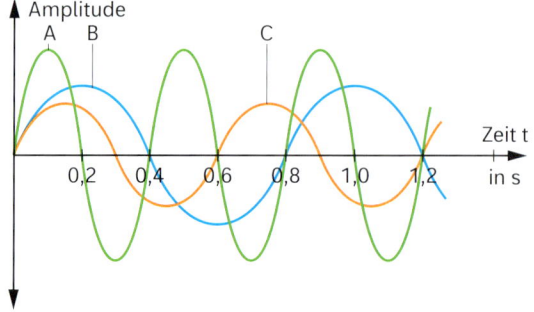

7 Fahrraddynamo

a) Erkläre kurz, wie ein Fahrraddynamo funktioniert.

b) Vergleiche einen modernen Nabendynamo (unten links) mit einem herkömmlichen Fahrraddynamo (unten rechts). Beschreibe, wo sich jeweils Spule und Magnet befinden.

8 ◕ Generator und Elektromotor

Im Bild unten ist ein Motor an ein Messgerät angeschlossen. Mit Hilfe einer Schnur wird die Achse des Motors gedreht.

a) Beschreibe, was dann geschieht.

b) Erkläre, warum Dynamo (Generator) und Elektromotor kein Gegensatz sind.

c) Beschreibe, wie du ein Modell eines Windgenerators bauen kannst.

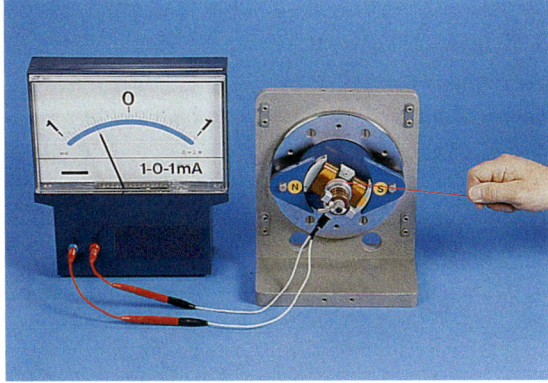

9 Transformator, allgemein

a) Beschreibe den Aufbau eines Transformators.

b) Für welche Art Spannung können Transformatoren verwendet werden?

10 Transformator, konkret

a) Beschreibe alle Teile in der Abbildung oben.

b) Begründe, weshalb man hier eine Lampe für 230 Volt mit einem Experimentiertrafo bei niedriger Spannung betreiben kann.

c) Die Eingangsspule hat 12 Wdg., die Ausgangsspule 1 200 Wdg. Welche Spannung muss die Spannungsquelle dann liefern?

d) ◕ Welcher Strom fließt in Spule 1, wenn in Spule 2 etwa 0,03 Ampere Strom fließen?

11 Kurbeltaschenlampe

Versuche zu erklären, wie eine Kurbeltaschenlampe funktionieren könnte.

Wenn du Hilfe bei den Aufgaben brauchst, schau auf den folgenden Seiten nach:

Aufgabe	Hilfe auf	Aufgabe	Hilfe auf
1	S. 38, 39	8	S. 43
2	S. 40, 41	9	S. 44, 45
3 , 4, 5	S. 40, 41	10 a) - c)	S. 43
6	S. 41	10 d)	S. 46
7	S. 42	11	S. 48, 49

Lösungsvorschläge zu den Trainer-Aufgaben findest du im Anhang des Buches.

Verschiedene Energieformen

1 *Energie in vielseitigen Erscheinungsformen*

1 Energie überall

Betrachtet die Abbildungen oben. Besprecht in der Gruppe, welche Energieformen ihr erkennt.

Energie. In der Physik versteht man unter dem Begriff Energie die Fähigkeit, Arbeit zu verrichten. Du benötigst zum Beispiel Energie, wenn du auf einen Berg steigst. Es gibt verschiedene Formen von Energie.

Lageenergie. Ein Wagen auf einer Achterbahn wird durch Zahnräder nach oben transportiert. Am höchsten Punkt hat er besonders viel Lageenergie.

Bewegungsenergie. Fährst du mit dem Fahrrad einen Hang hinunter, besitzt du viel Bewegungsenergie. Am tiefsten Punkt hast du die höchste Geschwindigkeit und damit die meiste Bewegungsenergie.

Wärmeenergie. Diese Energieform brauchen wir, damit wir im Winter nicht frieren. Auch zum Kochen, Backen und beim Wäschewaschen nutzen wir Wärme.

Elektrische Energie. Alle elektrischen Geräte benötigen sie. Und das sind heutzutage ziemlich viele. Wir beziehen sie aus Batterien, Akkus oder aus der Steckdose.

1 Bogenschützen nutzen Spannenergie

3 Die Energie der Sonne wird genutzt

Spannenergie. Bogenschützen setzen viel Kraft ein, um den Bogen zu spannen. Ist die Sehne des Bogens ganz zurückgezogen, ist die maximale Spannenergie erreicht.

Chemische Energie. Unsere Energie zum Leben gewinnen wir aus der Nahrung. Sie ist dort in Form chemischer Energie gespeichert. Durch chemische Reaktionen im Körper kann sie freigesetzt werden. Auch Benzin, Heizöl, Kohle und Erdgas enthalten chemische Energie. Sie wird durch Verbrennungsvorgänge frei. Ein Liter Benzin hat übrigens etwa 100mal so viel Energie gespeichert wie ein Liter Milch.

Strahlungsenergie. Die Strahlungsenergie der Sonne nutzen wir oft mit Hilfe von Solarzellen. Damit können wir zum Beispiel die Akkus von Fahrrädern und Elektroautos aufladen.

Einheit der Energie, am Beispiel der Lageenergie. Das Formelzeichen für Energie ist E, die Einheit heißt **Joule**.

1 Joule ist die Energiemenge, die nötig ist, um ein Gewicht mit der Masse 100 g (Gewichtskraft F = 1 N, N = Newton) einen Meter in die Höhe zu heben:

$$E = F \cdot h = 1\,N \cdot 1\,m = 1\,Nm = 1\,J$$

$$1\,000\,J = 1\,kJ \text{ (Kilojoule)}$$
$$1\,000\,kJ = 1\,MJ \text{ (Megajoule)}$$

MERKE

▶ Energieformen sind zum Beispiel Lageenergie, Bewegungsenergie, Wärmeenergie, Spannenergie, elektrische, chemische und Strahlungsenergie.
▶ Energie wird in Joule gemessen, 1 J = 1 Nm.

1 Fragen zum Text:
a) Nenne einige Energieformen.
b) In welcher Form ist die Energie in Nahrungsmitteln gespeichert?
c) Beschreibe, was geschieht, wenn die Sehne in einem Bogen ganz zurückgezogen wird.
d) Nenne Beispiele für elektrische Energie.
e) Schreibe die Formel zur Berechnung der Lageenergie auf.

2 James Prescott JOULE
Die Einheit Joule ist nach dem englischen Physiker J. P. Joule benannt. Recherchiere und schreibe einen kurzen Text über ihn (ca. 6–10 Sätze).

2 In Benzin steckt chemische Energie

Strahlungs-energie

Wärme-energie

chemische Energie

Wärmeenergie

Bewegungs-energie

Wärmeenergie

Strahlungs-energie

elektrische Energie

Wärmeenergie

1 Energieumwandlungen beim Fahrradfahren

1 Radfahren

Besprecht zu zweit die Bilderleiste links zum Fahrradfahren. Was lässt sich daraus ablesen?

Radfahren. Eine Fahrradfahrt zeigt, wie Energieformen ständig umgewandelt werden.

A: Pflanzen nutzen die Strahlungsenergie der Sonne, um energiereiche Nährstoffe aufzubauen, zum Beispiel Kohlenhydrate oder Fette. Dabei wird Strahlungsenergie in chemische Energie umgewandelt.

B: Wir nehmen die Nährstoffe als Nahrung auf und verdauen sie. Unsere Muskeln wandeln die in der Nahrung gespeicherte chemische Energie in Bewegungsenergie um.
Nebenbei entsteht in unserem Körper dann auch eine Menge **Wärme**, die wir an die Umgebung abgeben. Tatsächlich entsteht Wärme nicht nur bei diesem, sondern bei jedem Umwandlungsschritt.

C: Ein Dynamo am Fahrrad erzeugt aus der Drehbewegung elektrische Energie und ebenso Wärme. Wärme entsteht auch durch Reibung des Reifens auf der Straße. Die Wärme wird an die Umwelt abgegeben. Sie ist für uns nicht weiter nutzbar; Wärmeenergie, die man nicht weiter nutzen kann, nennt man auch **entwertete Energie**.

D: Die elektrische Energie aus dem Dynamo bringt das Lämpchen zum Leuchten. Dabei wird aus der elektrischen Energie Strahlungsenergie als Licht und als Nebenprodukt wieder Wärme.

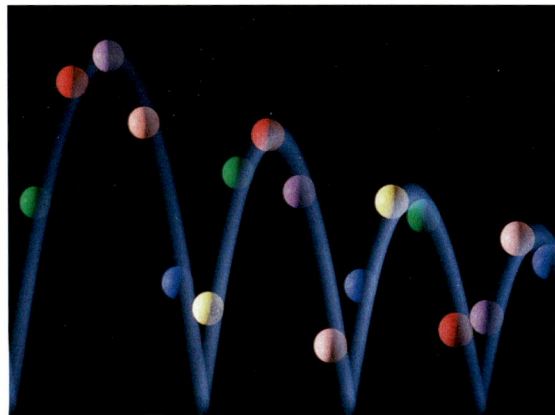

1 Ein Ball springt nicht ewig …

Ein Flummi, physikalisch betrachtet. Ein „Flummi" ist ein beliebtes Kinderspielzeug, denn der kleine elastische Ball kann wirklich lange hin- und herspringen. Auch hier kommt es ständig zu Energieumwandlungen (Abb. 2, unten).

Wenn der Ball aus einer bestimmten Höhe losgelassen wird (A), sorgt die Schwerkraft für eine Bewegung nach unten (B). Immer schneller fällt der Flummi. Die Bewegungsenergie nimmt also zu, die Lageenergie nimmt ab.
Trifft der Ball auf dem Boden auf, wird er abgebremst und zusammengepresst (C). Die Bewegungsenergie wird in Spannenergie umgewandelt. Sie sorgt dafür, dass der Ball wieder in die Höhe springt.

Bei (D) besitzt der Ball wieder Lage- und Bewegungsenergie. Bei (E) ist der neue Hochpunkt erreicht; die gesamte Energie liegt als Lageenergie vor.
Der Vorgang wiederholt sich mehrere Male.

Energieentwertung. Der Ball springt im weiteren Verlauf nie mehr so hoch wie zu Beginn. Der Luftwiderstand und die Reibung im Ball führen dazu, dass Energie in Form von Wärme an die Umgebung abgegeben wird. Sie kann nicht wieder in Bewegungsenergie umgesetzt werden, sie ist **entwertet.**

> **MERKE**
> ▶ **Bei vielen Vorgängen kommt es zu einem Wandel der Energieformen.**
> ▶ **Bei Energieumwandlungen entsteht immer auch Wärme, die nicht weiter genutzt werden kann. Man spricht dann von entwerteter Energie.**

1 Fragen zum Text

a) Zähle Energieformen auf, die beteiligt sind, wenn man mit dem Fahrrad nachts unterwegs ist.
b) Erkläre, weshalb ein Ball nicht ständig weiter hüpfen kann.
c) Begründe, warum Elektrogeräte, die im Betrieb sehr warm werden, nicht optimal konstruiert sind.

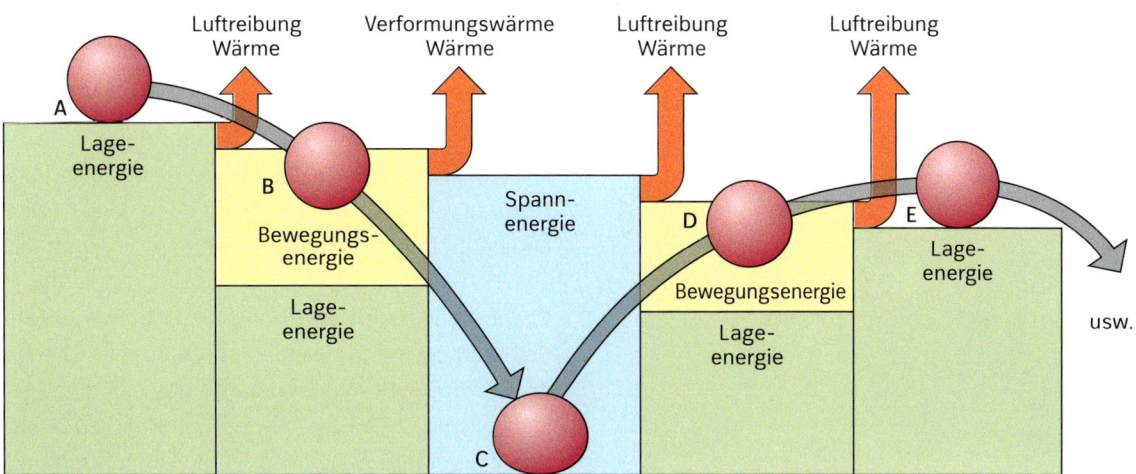

2 Energieumwandlungen bei einem hüpfenden Ball

1 Benzin verbrennen

a) Entzünde einige Tropfen Reinigungsbenzin (GHS 2, 7, 8, 9) in einem feuerfesten Schälchen.

b) Beschreibe, was geschieht.

2 Lehrerversuch: Explosion in der Papröhre

Material: Stabile Papröhre mit zwei Kunststoffdeckeln; mehrere kleine Korkstückchen; Schraubenzieher; lange Streichhölzer; Schraubenzieher; Reinigungsbenzin (GHS 2, 7, 8, 9).

Hinweise: Die Röhre muss auf einer stabilen, feuerfesten Unterlage stehen. Sie darf nicht gegen andere Personen oder Gegenstände gerichtet werden. Schutzbrille nicht vergessen.

Durchführung: Etwa 5 cm vom unteren Ende der Papröhre muss man ein kleines Loch in die Röhre bohren (ca. 5 mm Durchmesser, Bohrer oder Schraubenzieher).

Man verschließt die Röhre unten und gibt einige lose Korkstückchen hinein.

Dann tröpfelt man etwa 5 Tropfen Reinigungsbenzin hinzu und setzt den oberen Deckel auf. Nun schüttelt man die Röhre, damit das Benzin verdunstet.

Hält man jetzt ein brennendes Streichholz kurz an das Loch, kommt es zur Reaktion.

Aufgaben:

a) Beschreibt, was geschieht.

b) Notiert eure Vermutungen darüber, welche Energieumwandlungen stattgefunden haben.

1 *Papröhre mit Korkteilchen und Benzin*

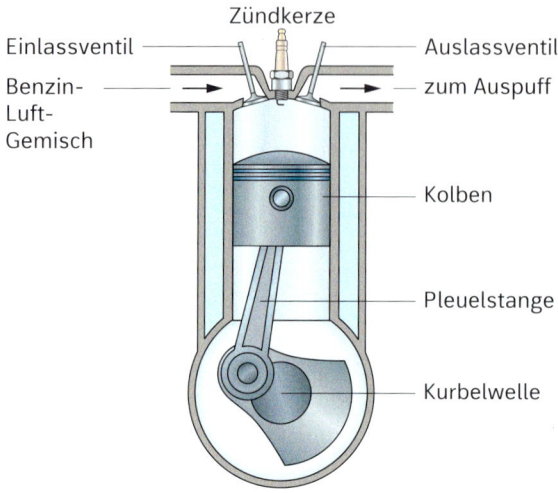

2 *Zylinder eines Verbrennungsmotors*

Der Verbrennungsmotor. Was geschieht eigentlich mit dem Benzin im Verbrennungsmotor eines Autos? Das Benzin gelangt in kleinen Mengen in einen Zylinder aus Metall. Über ein Ventil strömt frische Luft dazu. So entsteht ein Benzin-Luft-Gemisch. Der elektrische Funken einer Zündkerze lässt das Gasgemisch explosionsartig verbrennen.

Dabei entstehen heiße Gase, die sich schlagartig ausdehnen. Sie üben einen starken Druck auf den Kolben im Zylinder aus. Der Kolben wird nach unten gedrückt. Über eine Metallstange geht diese Bewegung des Kolbens auf eine drehbare Achse über. Ein Getriebe überträgt die Drehung auf die Räder.

Otto-Motoren. Verbrennungsmotoren wie eben beschrieben gehen auf eine Erfindung von Nikolaus August Otto aus Köln zurück. Man spricht daher auch oft von Otto-Motoren.

Weil man die Arbeitsweise des Motors in vier Abschnitte einteilen kann, nennt man sie auch Viertakt-Motoren. Eine genauere Beschreibung dieser Takte findest du in Abb. 1 (rechte Seite).

Chemische Energie wird zu Bewegungsenergie. Ein Verbrennungsmotor wandelt die chemische Energie des Benzins in Bewegungsenergie um. Allerdings gelingt das nur zu einem kleinen Teil. Rund 80 % der Energie gelangt als Wärme in die Umgebung und kann daher nicht genutzt werden.

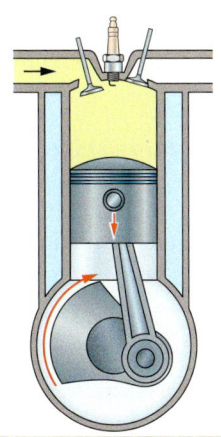

1. Takt: Ansaugen

Das Einlassventil öffnet sich. Der Kolben bewegt sich im Zylinder nach unten und saugt Luft an.
Wenn der Kolben den tiefsten Punkt erreicht hat, schließt sich das Ventil.

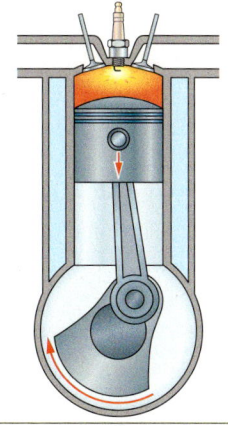

3. Takt: Arbeiten

Ein Funke an der Zündkerze entzündet das Benzin-Luft-Gemisch. Es verbrennt explosionsartig. Die heißen Verbrennungsgase dehnen sich stark aus. Der Kolben wird nach unten gedrückt.

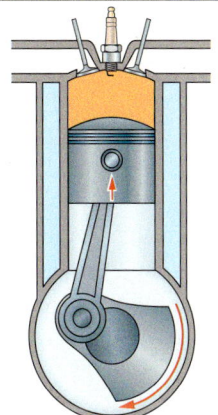

2. Takt: Verdichten

Der Kolben bewegt sich nach oben.
Er verdichtet das Benzin-Luft-Gemisch. Druck und Temperatur im Zylinder nehmen stark zu.

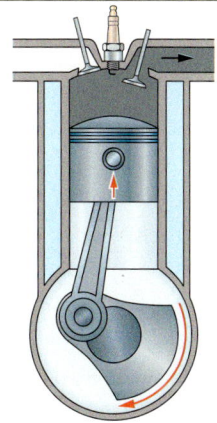

4. Takt: Ausstoßen

Das Auslassventil öffnet sich. Der Kolben bewegt sich nach oben.
Er drückt die Verbrennungsgase aus dem Zylinder in Richtung Auspuff.

1 *Die vier Arbeitstakte eines Otto-Motors*

MERKE

▶ **Ein Verbrennungsmotor wandelt die chemische Energie des Benzins erst in Wärme-, dann in Bewegungsenergie um.**

▶ **Beim Arbeitstakt wird die Wärmeenergie in Bewegungsenergie umgewandelt.**

▶ **Insgesamt geht viel Wärme an die Umgebung verloren.**

1 Fragen zum Text

a) Welche Energieumwandlungen finden im Verbrennungsmotor statt?

b) Wie heißen die vier Takte des Verbrennungsmotors?

c) Erkläre, wie die Bewegung der Kolben in eine kreisförmige Bewegung umgewandelt wird.

2 ⟲ Andere Verbrennungsmotoren

Neben dem Viertakt-Motor gibt es noch weitere Verbrennungsmotoren.

a) Informiere dich über den Dieselmotor. Beschreibe den Hauptunterschied zum Otto-Motor.

b) Finde heraus, wie ein Zweitakt-Motor arbeitet. Schreibe einen kurzen Text dazu.

2 *Fahrzeug mit Zweitakt-Motor*

1 Welche Lampe hat die größte Leistung?

1 Leistung im Alltag und in der Technik

a) Suche Situationen, bei denen jemand eine gute Leistung erbracht hat, in der Schule oder beim Sport.

b) Welche Leistung ist größer: vier Kisten Mineralwasser in einer Minute in einen LKW laden oder fünf Kisten in derselben Zeit?

c) Gülsen sagt: „Unser Wasserkocher hat 2 000 Watt". „Das ist doch egal", sagt Tom, „unserer hat 1 800 Watt; aber die sind ja ans selbe Stromnetz angeschlossen." Nimm Stellung dazu.

Leistung beim Lernen. Wer seine Hausaufgaben gut und rasch erledigt, erbringt mit Sicherheit eine Leistung. Allerdings nicht im physikalischen Sinne.

Mechanische Leistung. Für die mechanische Leistung in der Physik kommt es darauf an, eine Arbeit in einer bestimmten Zeit zu verrichten. Leistung ist also Arbeit pro Zeit. Ein Beispiel:
Wer vier Kisten Mineralwasser in einer Minute auf die Ladefläche eines LKWs gewuchtet hat, hat eine bestimmte Leistung erbracht. Wer in derselben Zeit fünf Kisten geschafft hat, hat mehr geleistet.

Elektrische Leistung. Auch bei elektrischen Geräten kann man die Leistung vergleichen. Das Typenschild oder ein Aufdruck verraten uns, was ein elektrisches Gerät leistet.
Eine LED-Lampe mit 20 Watt Leistung ist heller und wandelt mehr elektrische Energie in Licht um als eine mit 12 Watt.

Leistung ist Spannung mal Stromstärke. Die elektrische Leistung ist abhängig von der Spannung und von der Stromstärke. Die Formel lautet:

$$\text{Leistung } P = \text{Spannung } U \cdot \text{Stromstärke } I$$
$$P = U \cdot I$$

Einheit: 1 Voltampere (VA) = 1 Watt (W), benannt nach dem schottischen Erfinder **James WATT** (1736-1819).
1 kW = 1 Kilowatt = 1 000 Watt
1 MW = 1 Megawatt = 1 Million Watt

MERKE
▶ Das Produkt aus Spannung U und Stromstärke I ist die elektrische Leistung P: $P = U \cdot I$
▶ Die Einheit heißt Watt (W).

2 Fragen zum Text

a) Zwei Geräte sind an das Haushaltsstromnetz angeschlossen. Bei einem fließen 2,3 A Strom, beim anderen 0,75 A. Berechne die Leistung der beiden Geräte und vergleiche.

b) Rechne 24 kW in Watt um.

c) Rechne 36 000 000 W in Megawatt um.

3 Motoren erleichtern das Fahrradfahren

Bei einem Elektrofahrrad unterstützt ein Elektromotor das Treten mit 250 Watt. Seine Energie bezieht er aus einem Akku mit 36 Volt. Wie viel Strom fließt, wenn die volle Leistung abgerufen wird?

4 ⦿ Kleine Leistung – große Leistung

1 mW = 1 Milliwatt = 1 Tausendstel Watt
1 GW = 1 Gigawatt = 1 000 MW = 1 Milliarde Watt

a) Das Kernkraftwerk Isar 2 kann mit einer Leistung von 1 410 MW ca. 470 000 Haushalte versorgen. Gib die elektrische Leistung auch in Gigawatt an.

b) Ein Ladegerät für Smartphones lädt mit 5 Volt und 0,5 Ampere. Berechne die Leistung in Watt und in Milliwatt.

1 Elektrische Energie im Haushalt: Toaster

2 In allen Haushalten gibt es Stromzähler

1 Energiefresser überall

Wie kann man herausfinden, wie viel Energie elektrische Geräte im Haushalt benötigen? Überprüft eure Einschätzungen. Tipp: ein leistungsstarker Toaster wird mit einer Stromstärke von bis zu 4 Ampere betrieben.

Elektrische Energie. Wer morgens ein getoastetes Brot essen möchte, hat es heutzutage leicht. Ein elektrischer Toaster braucht dafür nur wenige Minuten.

Aber natürlich kostet die Nutzung elektrischer Energie auch Geld. **Je mehr Leistung** ein Gerät liefert und **je länger** man es einschaltet, desto mehr Geld kostet es.

Um die Energiemenge auszurechnen, **multipliziert** man die genutzte elektrische **Leistung** mit der **Zeit**, in der sie umgesetzt wird.

$$\text{Energie} = \text{Leistung} \cdot \text{Zeit}$$
$$E = P \cdot t = U \cdot I \cdot t$$

Maßeinheiten der elektrischen Energie. Die Einheit für die elektrische Energie lautet **Wattsekunde (Ws) = Joule (J)**. Bei größeren Energiemengen verwendet man die Einheit **Kilowattstunde (kWh)**.

Beispiel: Eine Kaffeemaschine hat eine Leistungsaufnahme von 1 200 W. Wenn sie eine halbe Stunde in Betrieb ist, benötigt sie eine Energie von:
$$E = 1\,200\ W \cdot 0,5\ h = 600\ Wh = 0,6\ kWh$$

Stromzähler und Energiemessgeräte. In jedem Haushalt gibt es Stromzähler. Sie messen, wie viel elektrische Energie man im Laufe des Jahres genutzt hat. Im Alltag spricht man dabei meistens vom „Stromverbrauch". Physikalisch gesehen ist es jedoch elektrische Energie – für die man bezahlen muss.

///

MERKE

▶ **Zur Ermittlung der genutzten elektrischen Energie wird die elektrische Leistung eines Gerätes mit der Zeit multipliziert: $E = P \cdot t$**

▶ **Die im Haushalt genutzte elektrische Energie wird mit Stromzählern gemessen.**

///

2 Fragen zum Text

a) Wie wird die genutzte elektrische Energie eines Elektrogerätes gemessen?

b) Wie heißt die Formel zur Berechnung der elektrischen Energie?

c) Wozu setzen Energieversorgungsunternehmen Stromzähler ein?

3 Energie

Ein Wasserkocher mit 2 000 W Leistung ist pro Tag insgesamt 20 Minuten in Betrieb.

a) Berechne, wie viel Energie man pro Tag dafür benötigt.

b) Berechne die nötige Energiemenge für 1 Jahr.

Elektrische Energie sinnvoll und sparsam nutzen

 230 V / 1000 W

 230 V / 10-25 W

 230 V / 1800 W

1 Elektrogeräte mit unterschiedlicher elektrischer Leistung

1 Typenschilder informieren

Auf Elektrogeräten findet ihr Typenschilder mit Angaben über die elektrische Leistung in Watt (Abb. 1).

a) Erstellt eine Liste mit 2 Spalten. Notiert darin, welches Elektrogerät (in der Schule oder zu Hause) wie viel Watt Leistung liefert.

b) Markiert in der Liste Geräte mit relativ wenig Leistung (bis 250 W) und solche mit relativ hoher Leistung (1 000 W und mehr).

c) Gebt eine Schätzung ab, welche Geräte im Laufe eines Jahres die meiste Energie benötigen.

2 Energiemessgerät

Ein Energiemessgerät kann die Leistung eines Elektrogeräts und die genutzte Energie messen und anzeigen. Manche Energieversorger verleihen solche Geräte.

a) Prüft mit einem Energiemessgerät nach, ob die Messung mit den Angaben auf dem Typenschild übereinstimmt (Leistung in Watt).

b) Mit einer Langzeitmessung kannst du feststellen, wie viel elektrische Energie (in Kilowattstunden kWh) pro Stunde, pro Tag oder pro Woche benötigt wird.

Sehr viele Geräte brauchen elektrischen Strom zum Betrieb. Die Kosten dafür werden meistens einmal im Jahr vom Stromversorger berechnet. Da kann bei einem Haushalt schon einiges zusammenkommen.

Elektrische Energie. Ein Gerät braucht umso mehr elektrische Energie, **je größer die Leistung** ist und **je länger** es in Betrieb ist. Wie groß die Leistung eines Elektrogeräts ist, steht auf dem Typenschild, das sich oft hinten oder seitlich am Gerät befindet.

Leistung und Energie messen. Mit einem mobilen Energiemessgerät kannst du die Angaben auf dem Typenschild überprüfen. Dazu muss der Stecker des Geräts in die Steckdose des Messgeräts eingesteckt werden. Je nach Einstellung der Anzeige kann man die Leistung (in Watt) oder die genutzte Energie (in Kilowattstunden) ablesen.

Strom sparen ist nützlich. Wer Strom spart, spart nicht nur Geld, sondern schont auch die Umwelt. Denn je weniger elektrische Energie man benötigt, umso weniger muss in Kraftwerken gewonnen werden. Man spart dann Energieträger wie Kohle oder Erdgas ein und es gelangen auch weniger Schadstoffe in die Luft.

Stand-by vermeiden. Viele Geräte bleiben immer eingeschaltet, auch wenn sie gerade gar nicht benutzt werden. Sie haben nämlich oft gar keinen echten Ausschalter mehr, etwa Fernseher, Musikanlagen, Internet-Router oder Computer. Sie sind dann ständig im Stand-by-Betrieb und erzeugen dabei nutzlose

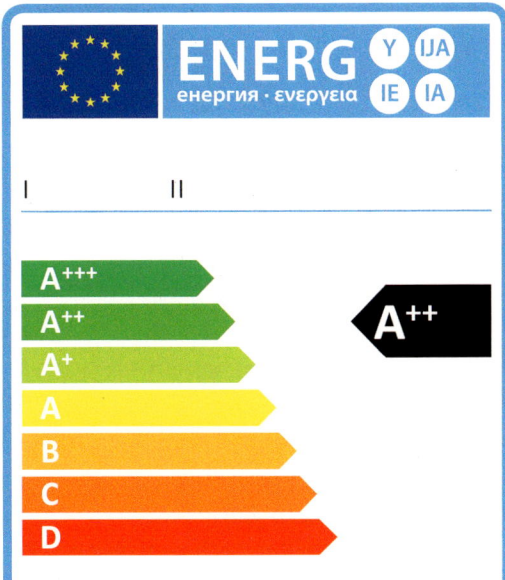

1 *Energielabel: Geräte mit Kennzeichnung A+++ benötigen am wenigsten Energie*

1 Fragen zum Text

a) Erkläre mit einem je-desto-Satz, wovon der jährliche Energiebedarf eines Geräts abhängig ist.

b) Beschreibe den Stand-by-Betrieb von Geräten.

c) Nenne Gründe für energiesparendes Verhalten.

2 Energie sparen

a) Weiter unten stehen einige Tipps zum Energiesparen. Sammelt zu zweit weitere Vorschläge und tragt sie in eine Liste ein.

b) Gemeinsam könnt ihr in der Klasse davon Plakate erstellen und an der Schule aushängen. Gliedert sie nach Tipps für die Küche, fürs Wäschewaschen, für Smartphones, Computer usw.

3 Internet-Router Tag und Nacht?

a) Begründe, weshalb es sinnvoll sein kann, den Internet-Router von 23.00 bis 7.00 Uhr abzuschalten.

b) ❶ Rechne aus, wie viel Geld man dann spart, wenn der Router im Stand-by-Betrieb 200 Wh Energie pro Tag benötigt. Verwende: 1 kWh: 0,30 €.

Wärme. In einem durchschnittlichen Haushalt werden im Jahr rund 50–120 € Stromkosten durch den Stand-by-Betrieb verursacht.

Was kann man tun? Fernseher, Computer, Drucker und Zubehör kann man über Steckdosenleisten mit Schalter betreiben. Bei anderen Geräten kann man abschaltbare Zwischenstecker nutzen.

Sparsame Geräte. Beim Kauf sollte man auf die Angaben des Energielabels achten (Abb. 1). Neue Geräte sind oft sparsamer als ältere. Ein sparsames Gerät kann langfristig Geld sparen, auch wenn es etwas mehr kostet als ein anderes. Das zeigt eine Beispielrechnung für einen Kühlschrank (Abb. 2).

Vergleichsrechnung	Gerät 1	Gerät 2
Energieverbrauch in kWh pro Jahr	272	147
Energiekosten pro Jahr X kWh · 0,30 €/kWh	81,60 €	44,10 €
Energiekosten für 15 Jahre	1224 €	661,5 €
Kaufpreis	440 €	710 €
Gesamtkosten in 15 Jahren	1664 €	1371,50 €
Ersparnis für Gerät 2	292,50 €	

2 *Sparsame Geräte lohnen sich oft auch finanziell*

- Sparsame Geräte kaufen und sinnvoll nutzen
- Schnellkochtöpfe verwenden
- Backofentüren nicht unnötig öffnen
- Spül- und Waschmaschinen erst einschalten, wenn sie vollständig gefüllt sind
- Wäsche möglichst auf der Leine trocknen
- Kühl- und Gefrierschranktüren rasch wieder schließen
- Elektrogeräte durch schaltbare Steckdosen komplett vom Netz nehmen (Stand-by vermeiden)

3 *Energiespar-Tipps bei Elektrogeräten*

Energieumwandlung in Kraftwerken

1 Strom „aus der Steckdose"

3 Wärmekraftwerk

Wir nutzen täglich verschiedene elektrische Geräte mit Strom „aus der Steckdose".

Überlege, woraus diese elektrische Energie gewonnen wird. Finde mehrere Beispiele.

Kraftwerke erzeugen elektrischen Strom durch Energieumwandlung. Es gibt mehrere Arten der Stromerzeugung:

Manche Kraftwerke nutzen die Bewegungsenergie des Windes oder von Wasser. Solarzellen erzeugen Strom aus der Strahlung der Sonne. **Wärmekraftwerke** verbrennen Brennstoffe.

Energieumwandlung in Wärmekraftwerken. Alle Wärmekraftwerke arbeiten nach dem gleichen Prinzip:

▶ Der Brennstoff verbrennt und erhitzt damit Wasser bis Wasserdampf entsteht. Chemische Energie ist in Wärmeenergie umgewandelt worden.

▶ Der Wasserdampf treibt die Schaufelräder einer Turbine an. Aus Wärmeenergie ist Bewegungsenergie geworden.

▶ Die drehende Turbine treibt einen Stromgenerator an. Bewegungsenergie wird so in elektrische Energie umgewandelt.

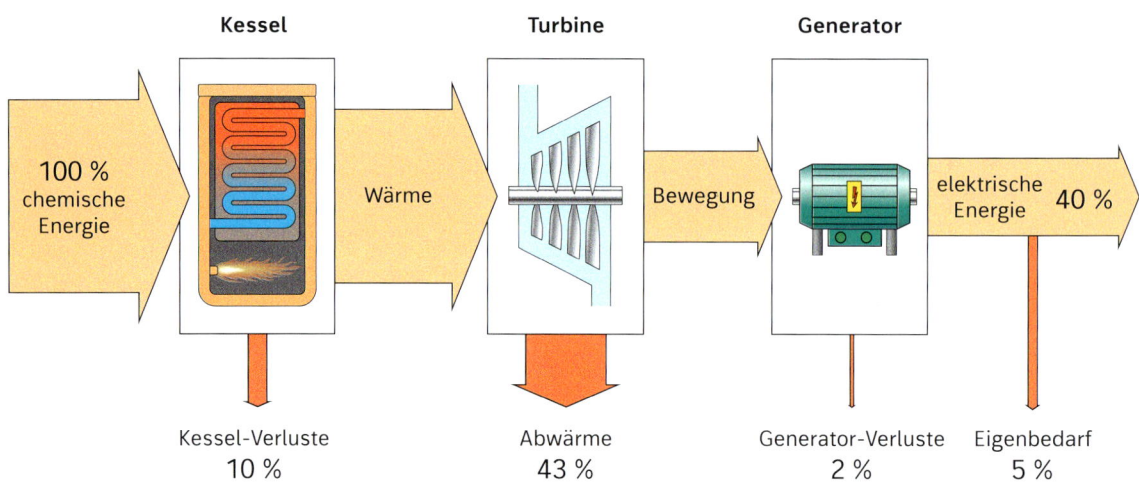

2 Energieumwandlung bei Wärmekraftwerken

Energieentwertung im Wärmekraftwerk. Ein ideales Kraftwerk würde 100 % der zugeführten chemischen Energie in elektrische Energie umwandeln. Doch davon sind auch die modernsten Wärmekraftwerke weit entfernt.
Ein großer Teil der Wärme entweicht über die Kamine in die Umwelt. Hinzu kommen die Reibungsverluste bei Turbinen und Generatoren. Diese Energie ist nicht nutzbar. Sie wird als **entwertete Energie** an die Umgebung abgegeben.

Energieerhaltungssatz. Obwohl nur ein Teil der ursprünglich eingesetzten Energie in nutzbare Energie umgewandelt werden kann, geht insgesamt gesehen keine Energie verloren. Der Energieerhaltungssatz gilt also weiterhin.

Wirkungsgrad. Braunkohlekraftwerke setzen nur etwa 35 % der Brennstoffenergie in elektrische Energie um. Dagegen setzen moderne Gaskraftwerke etwa 50 % der Brennstoffenergie in elektrische Energie um. Das Verhältnis von nutzbarer Energie zu eingesetzter Energie nennt man **Wirkungsgrad**:

$$\text{Wirkungsgrad} = \frac{\text{nutzbare Energie}}{\text{eingesetzte Energie}} \cdot 100 \%$$

Rechenbeispiel: Das Gaskraftwerk Irsching erzeugt 578 MW elektrischen Strom. Dabei wurde Gas mit einem Energiegehalt von 963 MW eingesetzt.

$$\text{Wirkungsgrad} = \frac{578 \text{ MW}}{963 \text{ MW}} \cdot 100 \% = 0{,}6 \cdot 100 \% = 60 \%$$

Energiewandler	Wirkungsgrad
Glühlampe	5 %
Halogenlampe	15 %
Energiesparlampe	25 %
LED-Lampe	35 %
Benzinmotor	30–35 %
Elektromotor	60–95 %
Tauchsieder	98 %

1 Wirkungsgrad verschiedener Geräte

Kraft-Wärme-Kopplung. Der Wirkungsgrad von Wärmekraftwerken lässt sich bis auf etwa 90 % steigern, wenn man mit der anfallenden Wärme Wohnungen heizt. Man kann sie zum Beispiel in ein Fernwärmenetz einspeisen. Diese besonders wirkungsvolle Art der Energieausnutzung nennt man Kraft-Wärme-Kopplung.

MERKE
- ▶ Wärmekraftwerke: Chemische Energie wird erst in Wärmeenergie, dann in Bewegungsenergie und schließlich in elektrische Energie umgewandelt.
- ▶ Bei der Umwandlung der Energieformen geht relativ viel Energie als Wärme an die Umgebung abgegeben.
- ▶ Der Wirkungsgrad ist das Verhältnis von nutzbarer Energie zu eingesetzter Energie.

1 Fragen zum Text
a) Beschreibe, wie elektrischer Strom in Wärmekraftwerken erzeugt wird.
b) Notiere die Energieumwandlungskette, die in einem Wärmekraftwerk abläuft.
c) Wie kann der Wirkungsgrad berechnet werden?

2 Wirkungsgrad
a) Suche eine Erklärung für den hohen Wirkungsgrad von Tauchsiedern.
b) Erläutere die Abbildung 2 zum Wirkungsgrad beim Auto mit Benzinmotor.

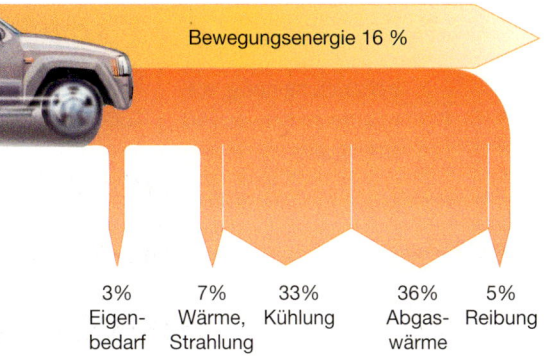

Bewegungsenergie 16 %

| 3% | 7% | 33% | 36% | 5% |
| Eigen- bedarf | Wärme, Strahlung | Kühlung | Abgas- wärme | Reibung |

2 Wirkungsgrad beim Auto (Benzinmotor)

Kraftwerke im Vergleich

1 Tabelle

a) Betrachte die Tabelle unten. Finde die größten Nachteile von Wärmekraftwerken und von Kraftwerken mit erneuerbaren Energieträgern.

b) Erläutere die Grafik S. 67 rechts oben.

Wirtschaftlichkeit. Ein Kraftwerk ist umso wirtschaftlicher, je weniger die Erzeugung einer Megawattstunde elektrischer Energie kostet:

▶ Je größer der Wirkungsgrad des Kraftwerks und

▶ je geringer die Kosten für die eingesetzten Energieträger sind, desto besser.

Mit eingerechnet werden müssen die Kosten für den Bau des Kraftwerks, Kreditkosten, die Personalkosten für den Betrieb, der angestrebte Gewinn, die Kosten für die Entsorgung der entstehenden Abfälle sowie eventuelle Umweltschäden und mehr. Positiv dagegen zählt eine mögliche Unterstützung durch den Staat (Subventionen).

Der Standort. Wasserkraftwerke kann man nur dort bauen, wo ein Stausee oder ein Flusslauf mit Gefälle vorhanden ist. Solarzellen benötigen relativ viel Platz. Windräder sind vor allem dort sinnvoll, wo relativ viel Wind weht. Auch die Frage nach dem Standort spielt also eine große Rolle.

Politik und Umwelt. Früher wurde die Kernenergie vom Staat stark gefördert. Vor einigen Jahren hat die Politik entschieden, aus Gründen der Sicherheit aus der Kernkraft auszusteigen.

Jetzt werden Kraftwerke mit erneuerbaren Energieträgern vom Staat gefördert. Wegen des Klimawandels durch den Treibhauseffekt sollen sie in Zukunft die Wärmekraftwerke ersetzen, weil diese viel CO_2 in die Luft abgeben.

Die Entscheidung für oder gegen einen Kraftwerkstyp hängt also auch stark von politischen Entscheidungen ab.

	Wärmekraftwerk Heizöl, Kohle	Wärmekraftwerk Erdgas	Blockheizkraftwerk Kraft-Wärme-Kopplung	Kernkraftwerk
Energieträger	Heizöl, Kohle	Erdgas	Diesel, Biogas	Uran
Erneuerbar?	nein	nein	nein	nein
Wirkungsgrad	35–45 %	50–60 %	um 90 %	etwa 35 %
Umweltverträglichkeit	– hoher Ausstoß von CO_2 – aufwändige Abgasbehandlung nötig, v. a. bei Braunkohle wg. SO_2, NO_x, Staub	– CO_2-Ausstoß u. a. Abgase, aber deutlich geringer als bei Heizöl oder Kohle	– CO_2-Ausstoß	– kein CO_2-Ausstoß – Abgabe geringer Mengen radioaktiver Stoffe – bei Störfall dramatische Folgen möglich – langfristige Entsorgung der Abfälle ungeklärt
Ergänzende Hinweise	Braunkohleabbau belastet Umwelt massiv	Erdgas ist sehr flexibel einsetzbar	sehr hoher Wirkungsgrad, da Strom und Abwärme genutzt werden	– sehr hohe Sicherheitsanforderungen nötig – benötigen Flusswasser zur Kühlung

1 *Kraftwerkstypen zur Stromerzeugung im Vergleich*

Technische Probleme. Erneuerbare Energieträger haben einen großen Nachteil: Sonne und Wind liefern den elektrischen Strom nicht dauernd und zuverlässig. Leider gibt es zurzeit noch keine überzeugende Lösung, die Energie aus solchen Kraftwerken preiswert zu speichern. Dann könnte man sie abrufen, wenn es dunkel ist oder wenn kein Wind weht.

MERKE

▶ Es gibt viele Gesichtspunkte zu beachten, wenn man die Vor- und Nachteile verschiedener Kraftwerke miteinander vergleicht.

1 Fragen zum Text

a) Nenne einige Dinge, die bewirken, wie wirtschaftlich ein Kraftwerk ist.
b) Welche weiteren Themen spielen eine Rolle?
c) Begründe, weshalb die schlechte Speichermöglichkeit von Energie eine große Rolle spielt.

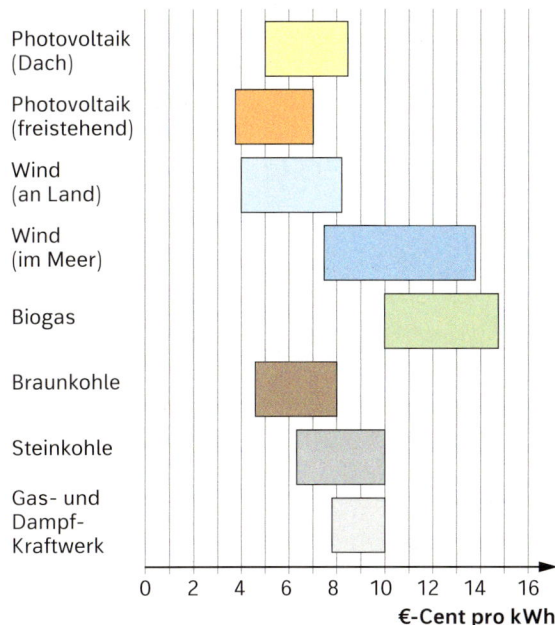

1 Kosten pro Kilowattstunde Energie (Deutschland) bei neuen Kraftwerken

Biogasanlage	Wasserkraftwerk	Solarkraftwerk	Windkraftwerk
Holz, Stroh, Mist	Wasser	Sonnenlicht	Wind
nachwachsend	ja	ja	ja
etwa 40 %	bis 90 %	etwa 20 %	etwa 45 %
– CO_2-Bilanz ist ausgeglichen	– kein CO2-Ausstoß – Großkraftwerke mit hohen Staumauern sind ein massiver Eingriff in die Umwelt	– kein CO_2-Ausstoß – großer Flächenbedarf	– kein CO_2-Ausstoß – Vogelschlag – Geräusche u. ggf. Schatten i. d. Nähe der Anlagen
es sollten nur Abfälle genutzt werden, da sonst Konkurrenz zum Lebensmittelanbau	– nur an Gewässern möglich – weiterer Ausbau stark begrenzt	liefert Strom nur am Tag	– liefert Strom nur bei Wind – stark vom Standort abhängig

1 Laufwasser-Kraftwerk Jochenstein bei Passau

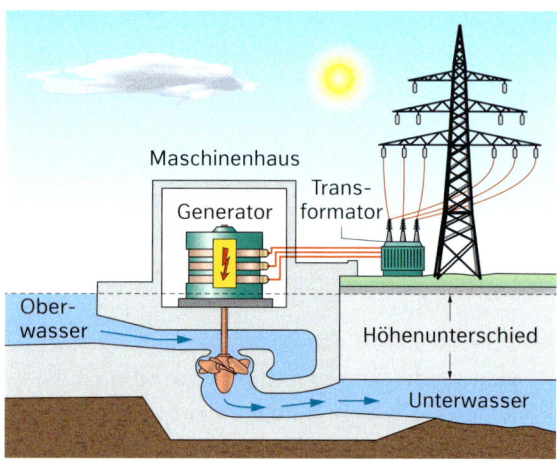

2 So funktioniert ein Laufwasser-Kraftwerk

1 Erneuerbare Energieträger

a) Sonne, Wasser und Wind gehören zu den „erneuerbaren Energieträgern". Erkläre diese Formulierung.

b) Du hast bereits früher das Walchensee-Wasserkraftwerk kennengelernt. Wie unterscheidet es sich von dem Kraftwerk oben?

Kraftwerke für erneuerbare Energieträger sind **umweltfreundlich**, denn sie benötigen keinen Brennstoff. Sonne, Wind und Wasser verursachen also im Betrieb kein CO_2 und keine sonstigen Schadstoffe.

Wind und Sonne. Windkraftwerke wandeln die Bewegungsenergie des Windes mit einem Wirkungsgrad von rund 45 % in elektrische Energie um; bei Solarkraftwerken sind es etwa 20 %.

3 Energiewandler Solarkraftwerk

Hier spielt der Standort eine große Rolle. Man kann sich auch nicht darauf verlassen, dass der Wind immer dann weht, wenn man den Strom braucht. Und bekanntlich kann die Sonne nur tagsüber Energie liefern. Da wäre es hilfreich, wenn man die Energie von Wind und Sonne besser speichern könnte.

Wasserkraft. Laufwasser-Kraftwerke an Flüssen erreichen hohe Wirkungsgrade von etwa 90 %. Das Wasser dreht Turbinen, diese bewegen Generatoren. Die Bewegungsenergie wird direkt in elektrische Energie umgewandelt. Sie steht gleichmäßig und zuverlässig zur Verfügung, Tag und Nacht. Allerdings gibt es bei uns kaum noch neue geeignete Standorte.

MERKE

▶ Energieträger wie Wind, Sonne und Wasser erneuern sich immer wieder.
▶ Sie sind umweltfreundlich, weil sie keine Brennstoffe benötigen und keine Abgase entstehen.

2 Fragen zum Text

a) Nenne Vorteile von Kraftwerken für erneuerbare Energieträger.

b) Vergleiche Laufwasser-Kraftwerke mit Windkraftanlagen.

c) Überlege, wie man Wind- und Sonnenenergie besser nutzen könnte.

Vom Kraftwerk zur Steckdose

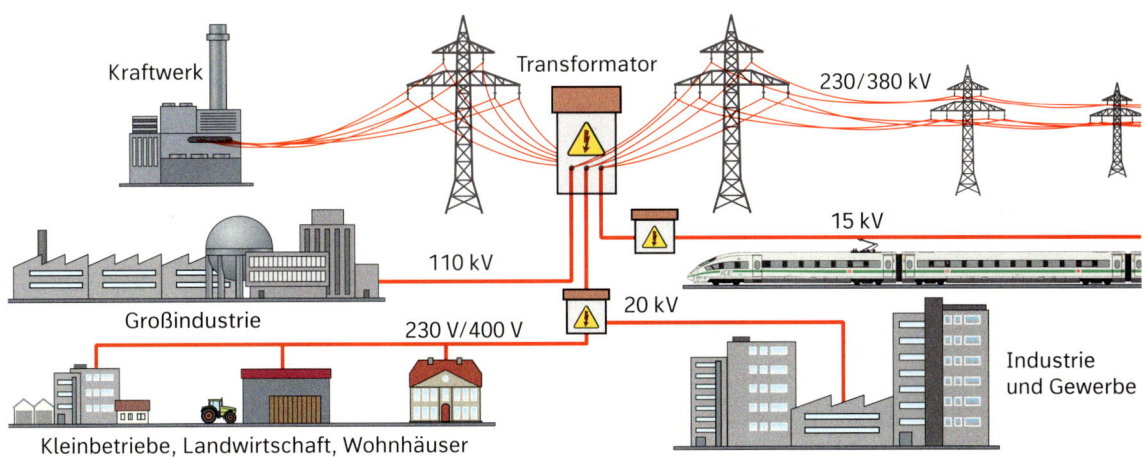

1 *So kommt der Strom zum Nutzer*

1 Energienetz

a) Betrachte die Abbildung oben genau.
b) Vergleiche die unterschiedlichen Spannungen bei den verschiedenen Stationen. Welchen Sinn könnte dies haben?

Jeder braucht elektrischen Strom. Doch das nächste Kraftwerk ist oft viele Kilometer entfernt. Elektrische Energie muss deshalb oft über weite Strecken transportiert werden.

Problem: Übertragungsverluste. Wenn der elektrische Strom über sehr lange Leitungen fließt, erwärmen sich diese. Das liegt an dem elektrischen Widerstand, den jeder Draht hat. Er ist umso größer, je länger der Draht ist.
Die Wärme kann nicht weiter genutzt werden (entwertete Energie). Sie ist deshalb für den Energietransport verloren. Man spricht hier auch von Übertragungsverlusten. Diese Verluste sind besonders groß, wenn die Stromstärke groß ist.

Lösung: Transport mit hoher Spannung. Um möglichst wenig Verluste zu bekommen, greift man zu einem „Trick": Mit Hilfe von Transformatoren wandelt man die Spannung am Kraftwerk in eine sehr hohe Spannung um. Wenn die Spannung sehr **hoch** ist, bekommt man bei gleicher Energiemenge eine sehr **kleine** Stromstärke. Und eine **kleine** Stromstärke

in den Leitungen führt zu **kleinen** Übertragungsverlusten. Das ist der Grund dafür, dass die elektrische Energie über weite Strecken mit Hochspannung übertragen wird.

Ein großes Netzwerk. Von den Kraftwerken gelangt der Strom mit einer Spannung von bis zu 380 000 Volt auf die Hochspannungsleitungen. So kommt die elektrische Energie auch in entfernte Regionen. Erst in der Nähe von Städten oder großen Fabriken wandeln **Umspannwerke** mit Transformatoren die Spannung zum Beispiel auf 110 000 V oder 20 000 V um; der Zugverkehr benötigt 15 000 V. Für die Landwirtschaft, Kleinbetriebe und Steckdosen in Wohnungen reduziert man die Spannung auf 230 V.

MERKE
▶ Elektrischer Strom kann mit Hochspannung über große Strecken transportiert werden.
▶ Wegen der hohen Spannung sind die Verluste klein.

2 Fragen zum Text

a) Beschreibe, welche Probleme lange Leitungen beim Stromtransport verursachen.
b) Erkläre, wie man das Problem lösen kann.
c) Wie wird die Spannung jeweils umgewandelt?

▶ Energie tritt in vielen verschiedenen Formen auf, z. B. als Lageenergie, Bewegungsenergie, Wärmeenergie, Spannenergie, elektrische Energie, chemische Energie, Strahlungsenergie.

▶ Energie wird in der Einheit Joule gemessen, 1 J (Joule) = 1 Nm (Newtonmeter); 1 kJ = 1 000 J

▶ Bei vielen Vorgängen kommt es zu einer Umwandlung der Energieformen. Dabei entsteht immer auch Wärme.

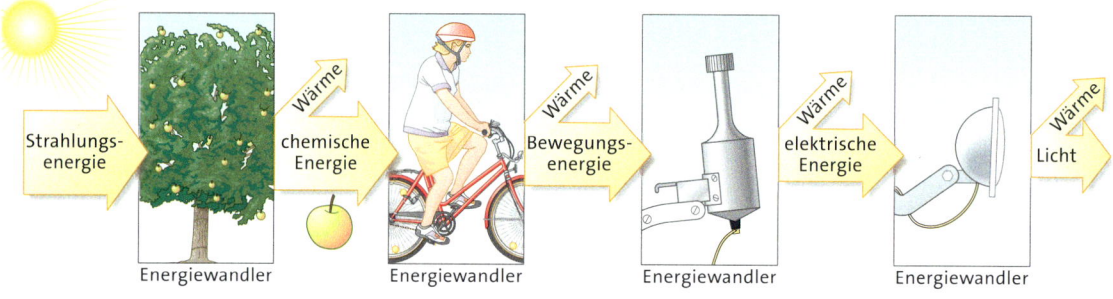

| Strahlungs-energie | Wärme | chemische Energie | Wärme | Bewegungs-energie | Wärme | elektrische Energie | Wärme | Licht |

Energiewandler   Energiewandler   Energiewandler   Energiewandler

▶ Wärme, die nicht weiter genutzt werden kann, bezeichnet man auch als entwertete Energie.

▶ Ein Verbrennungsmotor wandelt die chemische Energie des Benzins erst in Wärmeenergie, dann in Bewegungsenergie um.

▶ Insgesamt wird dabei viel Wärme an die Umgebung abgegeben (Energieentwertung).

▶ Nach dem Satz zur Erhaltung der Energie kann Energie nicht „hergestellt" werden, aber auch nicht „verlorengehen". Energie wird immer nur von einer Energieform in eine andere umgewandelt.

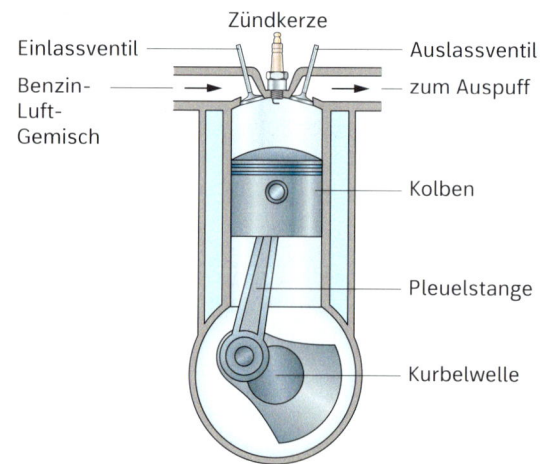

Zündkerze
Einlassventil — Auslassventil
Benzin-Luft-Gemisch — zum Auspuff
Kolben
Pleuelstange
Kurbelwelle

▶ Elektrische Leistung: Das Produkt aus elektrischer Spannung U und Stromstärke I ist die elektrische Leistung P:
$$P = U \cdot I$$

▶ Die Einheit der Leistung ist das Watt (W).

▶ Ein Gerät braucht umso mehr Energie,
  – je größer die benötigte Leistung ist und
  – je länger es in Betrieb ist.

▶ Energie sparen schont die Umwelt und spart Geld.

▶ ➊ Elektrische Energie: Man erhält die genutzte elektrische Energie eines Gerätes, wenn man die elektrische Leistung mit der Zeit multipliziert:
$$E = P \cdot t = U \cdot I \cdot t$$

▶ ➋ Die Einheit lautet Wattsekunde (Ws) = Joule (J). Bei größeren Energiemengen verwendet man die Einheit Kilowattstunde (kWh).
Im Haushalt wird die elektrische Energie mit „Stromzählern" gemessen.

▶ In Wärmekraftwerken wird chemische Energie erst in Wärmeenergie, dann in Bewegungsenergie und schließlich in elektrische Energie umgewandelt. Hierbei wird relativ viel Energie an die Umgebung abgegeben.

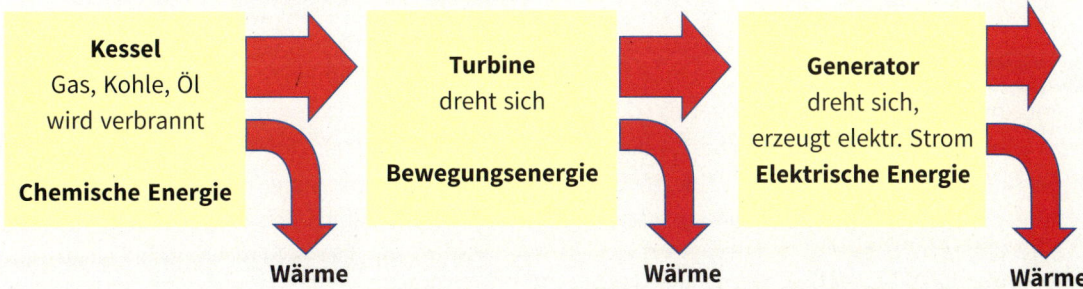

Kessel	Turbine	Generator
Gas, Kohle, Öl wird verbrannt	dreht sich	dreht sich, erzeugt elektr. Strom
Chemische Energie	**Bewegungsenergie**	**Elektrische Energie**
Wärme	Wärme	Wärme

▶ Der Wirkungsgrad ist das Verhältnis von nutzbarer Energie zu eingesetzter Energie. Je höher er ist, desto mehr Energie kann tatsächlich genutzt werden.

▶ Ein Kraftwerk ist umso wirtschaftlicher, je größer der Wirkungsgrad ist und je geringer die Kosten für den eingesetzten Energieträger sind. Die höchsten Wirkungsgrade haben Wasserkraftwerke.

▶ Energieträger wie Wind, Sonne und Wasser erneuern sich immer wieder. Sie sind umweltfreundlich, weil sie keine Brennstoffe benötigen und keine Abgase entstehen.

▶ Elektrischer Strom wird über große Strecken transportiert. Durch Hochspannung sind die Verluste klein.

1 Energieformen

a) Betrachte die Abbildung oben. Welche Energieform wird hier genutzt?

b) Welche Energieformen kommen bei den folgenden Beispielen vor?
- ▶ Ein Bogenschütze spannt seinen Bogen.
- ▶ Ein Kind fährt mit einem Roller.
- ▶ Ein Mann isst eine Banane.
- ▶ Eine Frau schaltet ein Smartphone ein.

c) Finde ein Beispiel für die Lageenergie.

d) ❼ Ein Kugelstoßer hebt eine 7,25 kg schwere Kugel auf eine Höhe von 2 m. Wieviel Energie hat er aufgewendet?

2 Der springende Ball

a) Bei einem springenden Ball kommt es ständig zu Energieumwandlungen. Beschreibe dies.

b) Begründe, weshalb der Ball im Laufe der Zeit immer weniger Höhe schafft und schließlich liegenbleibt.

c) Wie nennt man die Energie, die man nicht mehr nutzen kann?

3 Energieumwandlungen – ganz alltäglich

Beschreibe, welche Energieformen hier jeweils umgewandelt werden:

a) Kemal fährt mit dem Fahrrad los, als die Ampel grün zeigt.

b) Alina schaltet in der Küche den Toaster ein.

c) Max lässt einen Steinbrocken auf den Boden fallen.

d) Mira schaltet eine Taschenlampe ein.

4 Energieumwandlung beim Automotor

a) In welcher Energieform ist die Energie im Benzin gespeichert?

b) Welche Energieumwandlung liegt vor, wenn das Benzin verbrennt?

c) Beschreibe, wie es anschließend zur weiteren Umwandlung in Bewegungsenergie kommt.

d) Nenne die Teile, die sich dann im Motor bewegen.

e) Der Kolben im Motor bewegt sich auf und ab. Was muss geschehen, damit ein Auto fahren kann?

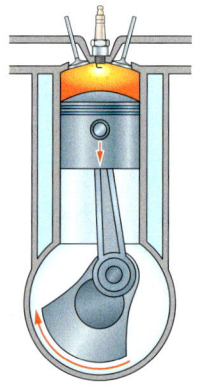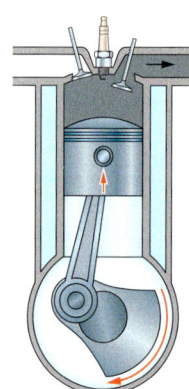

5 Elektrische Leistung

a) Nenne die Formel für die Berechnung der elektrischen Leistung.

b) Ein Wasserkocher erbringt eine elektrische Leistung von 2 000 Watt. Berechne die Stromstärke bei einer Spannung von 230 V.

c) Bei dem kleinen Reise-Wasserkocher fließt ein Strom von 3,91 A. Berechne seine elektrische Leistung.

d) In welchem Wasserkocher wird 500 ml Wasser schneller heiß?

6 Das Typenschild

a) Gib an, mit welcher Spannung das Gerät mit diesem Typenschild betrieben wird.

b) Berechne die elektrische Stromstärke.

c) ➊ Berechne die benötigte elektrische Energie, wenn das Gerät 24 Stunden in Betrieb ist.

7 ➊ Elektrische Energie

a) Wie viel elektrische Energie wurde im Haushalt mit dem abgebildeten Stromzähler eingesetzt?

b) Berechne die Kosten, wenn eine Kilowattstunde mit 0,30 € abgerechnet wird.

c) Ein Handyladegerät hat eine Leistung von 10 Watt. Es braucht zwei Stunden, bis der Akku voll ist. Berechne die jährlichen Kosten, wenn du jeden Tag dein Handy auflädst.

8 Elektrische Energie sparsam nutzen

a) Erkläre, was „Stand-by"-Betrieb bei Elektrogeräten bedeutet.

b) Im Internetshop wird ein Staubsauger mit dem Energielabel C für etwa 169,99 € angeboten. Ein vergleichbares Gerät hat das Energielabel A, kostet aber 199,00. Begründe, wie du dich entscheiden würdest.

c) Nenne einige Tipps, wie man Energie sparsam nutzen kann.

9 Den Energiebegriff richtig verwenden

a) Oft liest man, dass Kraftwerke Energie „herstellen" und Elektrogeräte Energie „verbrauchen". Erkläre, weshalb diese Formulierungen so nicht richtig sind.

b) ➊ Wie könnte man es physikalisch besser formulieren?

10 Wärmekraftwerke

a) Nenne drei Beispiele für Wärmekraftwerke.

b) Erkläre, was in einem Wärmekraftwerk geschieht.

c) Beschreibe, welche Energieformen in einem Wärmekraftwerk der Reihe nach vorkommen.

11 Verschiedene Kraftwerkstypen

a) Ordne die Kraftwerke nach steigendem Wirkungsgrad an:
Wasserkraftwerk – Solarkraftwerk – Braunkohlekraftwerk – Erdgaskraftwerk

b) Nenne zwei Gründe, die gegen den weiteren Betrieb von Braunkohlekraftwerken sprechen.

c) Erkläre, was für Wasser-, Sonnen- und Windkraftwerke spricht.

d) Was muss bei erneuerbaren Energieträgern noch verbessert werden, damit die Energie besser genutzt werden kann?

e) Begründe, warum der Strom über weite Strecken mit Hochspannung transportiert wird.

Wenn du Hilfe bei den Aufgaben brauchst, schau auf den folgenden Seiten nach:

Aufgabe	Hilfe	Aufgabe	Hilfe
1	S. 54, 55	6 c, 7	S. 61
2, 3	S. 56. 57	8	S. 62, 63
4	S. 58, 59	9	S. 65
5	S. 60	10	S. 64-67
6 a, b	S. 60	11	S. 66-69

Lösungsvorschläge zu den Trainer-Aufgaben findest du im Anhang des Buches.

Stoffe setzen Energie frei: exotherme Reaktionen

1 Magnesium

2 Ein Magnesiumband verbrennt

3 Magnesiumoxid

Ein Stück Magnesiumband (GHS 2) wird blank geschmirgelt. Dann hält man es mit einer Tiegelzange kurz in die rauschende Flamme eines Gasbrenners. Achtung: Nicht direkt in die Flamme schauen, Abblendschirm vor die Flamme halten.

a) Beschreibe, was geschieht, wenn die Lehrkraft das brennende Magnesiumband aus der Brennerflamme genommen hat.

b) Notiere deine Vermutung, was für ein Stoff bei der Verbrennung entsteht.

c) Stelle eine Wortgleichung der Reaktion auf.

2 Holzkohle verbrennen

a) Lege kleine Holzkohlestückchen auf ein Drahtgitter oder auf eine Keramikplatte. Entzünde die Holzkohle mit Hilfe eines Gasbrenners.

b) Schalte dann den Brenner ab. Beobachte, was weiter geschieht.
Achtung: Die heiße Holzkohle muss später von der Lehrkraft fachgerecht entsorgt werden.

c) Beurteile, ob bei der Holzkohle mehr Energie für das Anzünden benötigt wird als nachher beim weiteren Verbrennen frei wird.

Magnesium ist ein Metall, das an vielen Schulen als schmales, silbrig glänzendes Band vorrätig ist. Wenn es schon länger an der Luft gelegen hat, sieht es eher matt und grau aus. Man kann diesen Belag aber mit etwas feinem Schmirgelpapier leicht entfernen.

Magnesium – ein Metall verbrennt. Hält man ein Stück Magnesiumband mit einer Tiegelzange kurz in eine Flamme, beginnt eine heftige Reaktion: Das Magnesiumband verbrennt mit grell-weißer Flamme zu einem weißen Pulver.

Dabei wird sehr viel Energie in Form von Licht und Wärme frei. Chemische Reaktionen, bei denen Energie abgegeben wird, heißen **exotherme Reaktionen**. Wenn Magnesium an der Luft verbrennt, reagiert es mit dem Sauerstoff der Luft zu Magnesiumoxid. Es handelt sich also um eine Oxidation.

Aktivierungsenergie. Das Magnesiumband muss erst entzündet werden, damit die Reaktion mit Sauerstoff beginnt. Die Energie, die man zum Start einer Reaktion zuführen muss, heißt **Aktivierungsenergie.**

Wenn eine exotherme Reaktion erst einmal gestartet ist, läuft sie weiter, bis die Stoffe umgesetzt sind.

Der Reaktionsverlauf exothermer Reaktionen. Die Abbildung 3 (rechte Seite, unten) zeigt, dass die Ausgangsstoffe eine bestimmte Menge an chemischer Energie enthalten. Die zugeführte Aktivierungsenergie erhöht die Energiemenge so weit, dass die Reaktion

1 Holzkohle wird entzündet

2 Holzkohle glüht nach dem Entzünden weiter

starten kann. Während der Reaktion wird Energie frei, hier in Form von Licht und Wärme. Das Endprodukt besitzt daher weniger chemische Energie als die Ausgangsstoffe.

Energiebetrachtung. Insgesamt bleibt die Energiemenge vor und nach der Reaktion gleich. Die Energie, die freigesetzt wird, stammt aus dem Energieunterschied zwischen Ausgangsstoffen und Endstoffen. Addiert man die freigewordene Energie zur Energie der Endstoffe, erhält man die Energie der Ausgangsstoffe.

Holzkohle brennt: auch eine exotherme Reaktion. Es ist gar nicht so leicht, Holzkohle zu entzünden. Aber nach einiger Zeit klappt es doch.
Auch hier muss man also erst **Aktivierungsenergie** zuführen, damit die Verbrennung starten kann.

Ist die Holzkohle aber einmal entzündet, glüht sie von allein immer weiter, ohne weitere Energiezufuhr. Bei der Verbrennung von Holzkohle wird insgesamt viel mehr Energie frei, als man am Anfang zugeführt hat. Es handelt sich hier also auch um eine **exotherme** Reaktion.
Da Holzkohle vor allem aus Kohlenstoff und Kohlenstoffverbindungen besteht, entstehen bei der Verbrennung vor allem Kohlenstoffdioxid und Wasserdampf.

MERKE
▶ Bei exothermen Reaktionen wird während der Reaktion Energie freigesetzt.
▶ Damit eine exotherme Reaktion startet, muss man in der Regel Energie zuführen, die so genannte Aktivierungsenergie.

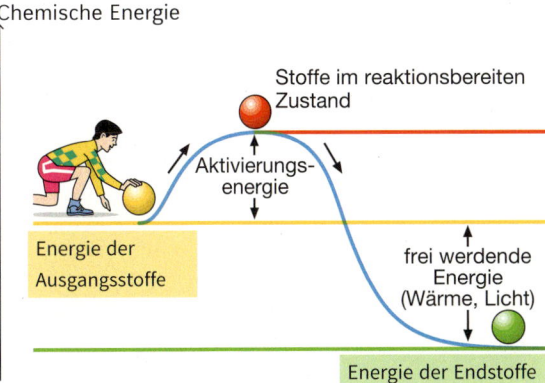

3 Reaktionsverlauf bei exothermen Reaktionen

1 Fragen zum Text
a) Was muss man tun, um ein Magnesiumband zu verbrennen?
b) Beschreibe den Verlauf dieser Reaktion.
c) Erkläre, was eine exotherme Reaktion ist.
d) Woher stammt die freiwerdende Energie bei exothermen Reaktionen?
e) Nenne die Gemeinsamkeiten bei der Verbrennung von Holzkohle und von Magnesium.
f) Beschreibe, was die Abbildung 3 (S. 75) zeigt.

1 Lehrerversuch: Wasser lässt sich spalten

a) Die Lehrkraft füllt einen Hofmannschen Apparat mit destilliertem Wasser, dem man zuvor noch 2 Spatel Natriumsulfat zugegeben hat (um die Leitfähigkeit zu erhöhen).
Die Elektroden werden mit dem Plus- bzw. dem Minuspol verbunden. Mit einem Transformator wird eine Gleichspannung angelegt (ca. 6-12 V).

b) Die Lehrkraft fängt die beiden Gase auf (Gas 1: GHS 3; Gas 2: GHS 2).

c) Beobachte und beschreibe.

d) Mit welchen Proben kann festgestellt werden, um welche Gase es sich handelt?

1 *Hofmannscher Apparat*

Elektrolyse von Wasser. Wenn man das Gerät in Abb. 1 an eine Gleichspannungsquelle anschließt, kann man beobachten, dass Gasbläschen an den Elektroden aufsteigen. Der Wasserstand in der mittleren Glasröhre nimmt im Laufe der Zeit ab.

Die Wassermenge nimmt ab, zwei Gase entstehen neu: Das Wasser wird durch den elektrischen Strom in zwei Gase zerlegt.

Das Gas am Pluspol ist **Sauerstoff**. Mit der Glimmspanprobe lässt es sich nachweisen.

Das Gas am Minuspol ist **Wasserstoff**. Das zeigt die Knallgasprobe. Lässt man das Gas neben einer Flamme wieder entweichen, verbrennt es mit einem pfeifenden Knall.

Energiebetrachtung. Die Zerlegung von Wasser ist eine chemische Reaktion, denn es entstehen aus einem Stoff zwei neue Stoffe mit anderen Eigenschaften. Anders als bei der Verbrennung von Magnesium muss hier aber ständig Energie zugeführt werden. Solche Reaktionen heißen **endotherme Reaktionen**.

2 *Die Knallgasprobe*

3 *Die Glimmspanprobe*

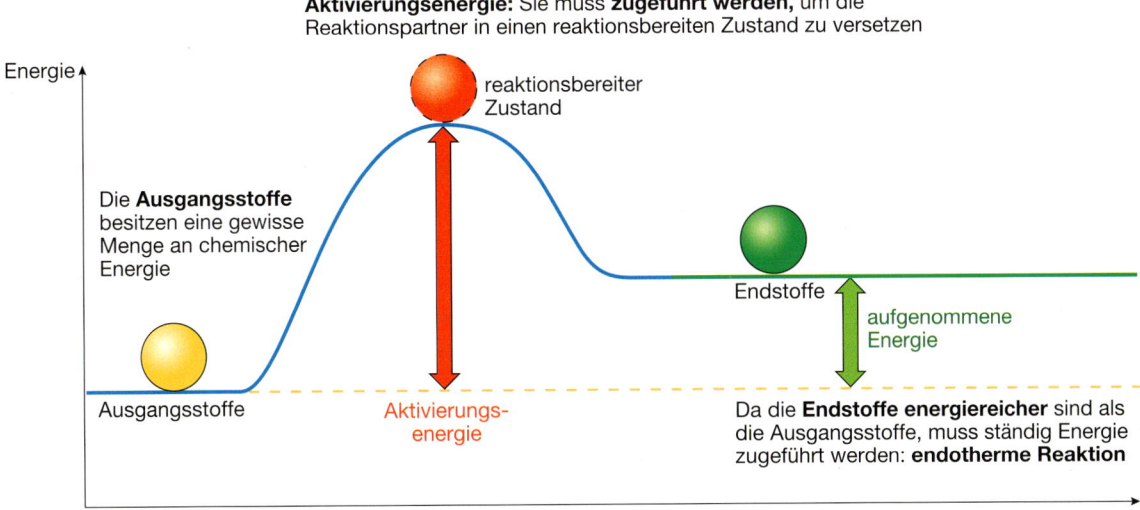

Aktivierungsenergie: Sie muss **zugeführt werden,** um die Reaktionspartner in einen reaktionsbereiten Zustand zu versetzen

Energie

reaktionsbereiter Zustand

Die **Ausgangsstoffe** besitzen eine gewisse Menge an chemischer Energie

Endstoffe

aufgenommene Energie

Ausgangsstoffe

Aktivierungs-energie

Da die **Endstoffe energiereicher** sind als die Ausgangsstoffe, muss ständig Energie zugeführt werden: **endotherme Reaktion**

Reaktionsverlauf

1 Reaktionsverlauf bei endothermen Reaktionen

Reaktionsverlauf endothermer Reaktionen. Bei **endothermen** Reaktionen besitzen die Ausgangsstoffe **weniger** Energie als die Endstoffe. Das ist auch in der Abbildung 1 (oben) zu erkennen.
Bei unserem Beispiel Wasser heißt das:
Die zugeführte Energie wird als Aktivierungsenergie benötigt, um die Wasser-Moleküle reaktionsbereit zu machen.
Außerdem wird sie benötigt, um die Wasser-Moleküle zu zerlegen.
Die Endstoffe Wasserstoff und Sauerstoff besitzen insgesamt mehr Energie als der Ausgangsstoff Wasser. Das ist bei allen endothermen Reaktionen so.

1 Fragen zum Text

a) Nenne den Apparat, mit dem Wasser in zwei Gase zerlegt werden kann.
b) Wie kann man Wasserstoff nachweisen?
c) Nenne das Gas, das am Pluspol des Wasserzersetzungsapparates entsteht.
d) Was geschieht, wenn ein glimmender Holzspan in ein Gefäß mit Sauerstoff getaucht wird?

2 Die Fotosynthese

Auch die Fotosynthese ist eine chemische Reaktion. Handelt es sich dabei um eine exotherme oder endotherme Reaktion? Begründe deine Entscheidung.

MERKE

▶ Mit elektrischer Energie lässt sich Wasser in Wasserstoff und Sauerstoff zerlegen (Elektrolyse).
▶ Es ist eine endotherme Reaktion.
▶ Bei endothermen Reaktionen muss ständig Energie zugeführt werden, damit sie ablaufen können.

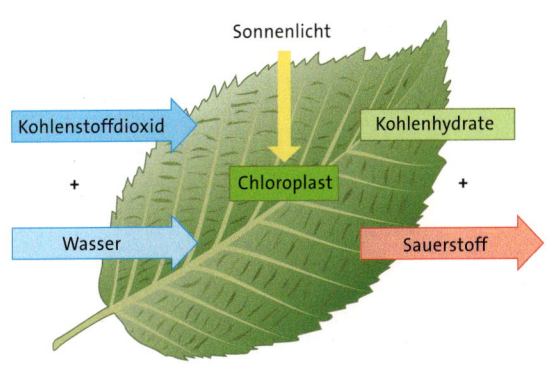

 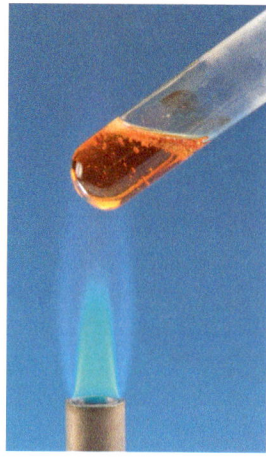

1 Zucker wird erhitzt

a) Fülle etwas Haushaltszucker in ein Reagenzglas und erhitze es.

b) Beschreibe die Veränderungen.

Zucker wird erhitzt. Der Zucker in einem Reagenzglas (Abb. oben) verändert sich beim Erhitzen. Er schmilzt und verändert die Farbe von weiß über gelb zu einem braunen Farbton. Der Zucker karamellisiert und riecht auch nach Karamellzucker. Es ist brauner Karamell entstanden.

Das typische Aroma kennst du vielleicht von Karamell-Bonbons oder von gebrannten Mandeln; denn dabei wird auch Zucker so lange erhitzt, bis er braun wird.

Eine endotherme Reaktion. Beim Erhitzen von Zucker verändern sich Farbe und Geruch dauerhaft – aber nur, wenn man ständig Energie zuführt. Es handelt sich also um eine chemische Reaktion – und zwar eine endotherme Reaktion.

Energiebetrachtung. Die Energie, die in einem Stoff gespeichert ist, nennt man **chemische Energie**. Erhitzt man Stoffe, **führt** man ihnen **Wärmeenergie zu**. Dies verstärkt die Bewegung der Stoffteilchen. Die Summe aus chemischer Energie und Wärmeenergie nennt man **innere Energie**:

**Innere Energie =
chemische Energie + Wärmeenergie**

Beim **Erhitzen** eines Stoffes wird die innere Energie **größer**, da man ja Wärmeenergie zuführt.
Kühlt der Stoff wieder **ab**, wird die innere Energie wieder **kleiner**.

MERKE

▶ Erhitzt man Zucker, wird er flüssig; Farbe und Geruch ändern sich. Es entstehen neue Stoffe mit anderen Eigenschaften.

▶ Dieses Karamellisieren ist eine endotherme Reaktion. Man muss also ständig erhitzen.

▶ Innere Energie ist die Summe aus chemischer Energie und Wärmeenergie.

▶ Beim Erhitzen eines Stoffes wird die innere Energie größer; beim Abkühlen wird sie kleiner.

a) Wie verändert sich Zucker, wenn er stark erhitzt wird?

b) Nenne das Produkt, das beim Erhitzen entsteht.

c) Erkläre den Fachbegriff „innere Energie".

2 Gebrannte Mandeln mit braunem Karamellzucker

Katalysatoren senken die Aktivierungsenergie

1 *Modellvorstellung zu Katalysatoren*

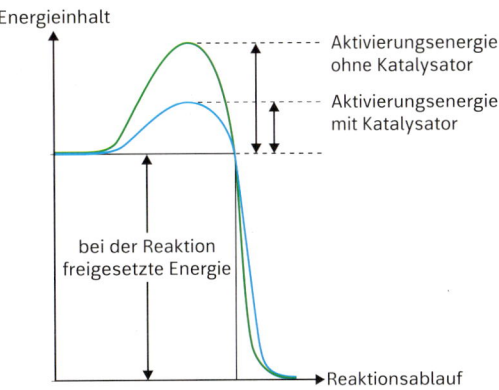

3 *Energiediagramm ohne und mit Katalysator*

1 Modell zu Katalysatoren

Versucht zu erklären, was Abbildung 1 aussagen will. (Hinweis: Es gibt zwei Wege, um den Berg zu überwinden. Welcher Weg spart Energie?)

Abgaskatalysatoren helfen, Abgase zu reinigen. Zwischen Motor und Schalldämpfer werden bei Autos schon seit vielen Jahren Katalysatoren eingebaut. Sie wandeln giftige Anteile im Abgas um in ungiftige.

Aufbau eines Auto-Katalysators. Der Katalysator besteht aus einem Keramikkörper, der von feinen Kanälen durchzogen ist. Auf der Oberfläche dieser feinen Kanäle befindet sich eine sehr dünne Schicht eines speziellen Metallgemischs, eine Platin-Rhodium-Legierung. Dies ist der eigentliche Katalysator.

Wirkung. Der Abgas-Katalysator sorgt dafür, dass durch chemische Reaktionen das giftige Kohlenstoffmonooxid in das ungiftige Kohlenstoffdioxid umgewandelt werden kann. Stickstoffoxide werden zu Stickstoff umgesetzt.
Ein Sensor, die Lambdasonde, misst die Zusammensetzung der Abgase. Mit diesen Werten wird die Verbrennung im Motor gesteuert.

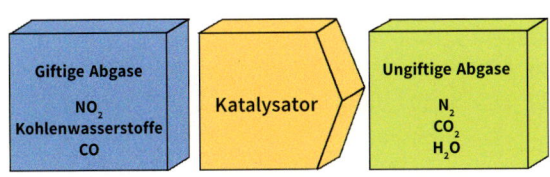

2 *Wirkung von Auto-Abgaskatalysatoren*

Katalysatoren ermöglichen und erleichtern chemische Reaktionen. Katalysatoren senken die Aktivierungsenergie bei chemischen Reaktionen. Erst dadurch gelingt es, chemische Reaktionen unter bestimmten Bedingungen ablaufen zu lassen.
Die Abgase reagieren daher schon bei niedrigeren Temperaturen zu unschädlicheren Stoffen.

MERKE
▶ **Katalysatoren beim Auto helfen, die Abgase zu reinigen.**
▶ **Katalysatoren senken die Aktivierungsenergie bei chemischen Reaktionen.**

2 Fragen zum Text
a) Nenne die Aufgabe von Auto-Abgaskatalysatoren.
b) Welcher Stoff ist der eigentliche Katalysator?
c) Nenne zwei giftige Autoabgase.
d) Beschreibe die Wirkung von Katalysatoren allgemein.

3 Katalysatoren in der Industrie
Katalysatoren sorgen dafür, dass chemische Reaktionen schon bei niedrigeren Temperaturen ablaufen, manche beschleunigen auch chemische Reaktionen. Begründe, dass in der chemischen Industrie heutzutage sehr viele Stoffe mit Hilfe von Katalysatoren hergestellt werden.

1 Enzyme sind in vielen Waschmitteln enthalten

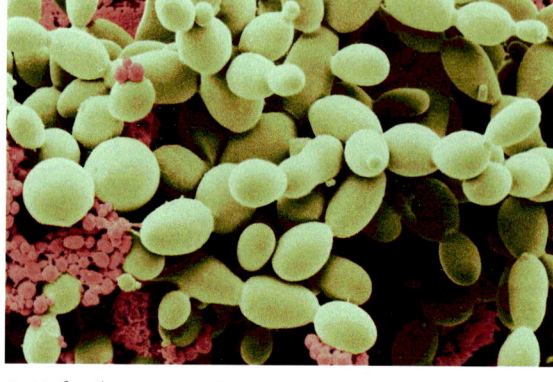

3 Hefepilze nutzen Enzyme

1 Waschen leicht gemacht

Suche auf Waschmittelpackungen die Liste der Inhaltsstoffe. Prüfe, ob Enzyme genannt werden oder Stoffe, die mit dem Wortteil -ase enden.

Enzyme beim Waschen. Hersteller für Waschmittel werben damit, dass ihre Produkte schon bei niedrigen Temperaturen aktiv sind. Möglich wird das vor allem durch Enzyme. In der Waschlauge spalten die Enzyme die großen Moleküle in den Stärke-, Fett- oder Eiweißflecken und lösen sie von den Textilfasern. Das spart Energie und schont die Textilien.

Enzyme sind Bio-Katalysatoren. Die Vorsilbe Bio kommt daher, weil diese Stoffe aus der Natur stammen. Früher wurden Enzyme direkt aus Zellen von Organismen isoliert. Heutzutage gewinnt man sie gentechnisch aus Mikroorganismen.
Wie andere Katalysatoren **senken** Enzyme die **Aktivierungsenergie.** Sie machen damit viele chemische Reaktionen erst möglich.

Enzyme in der Lebensmittelherstellung. Bei der Herstellung von Hefeteig, Wein oder Bier „arbeiten" Hefepilze mit Hilfe von Enzymen. Diese chemischen Reaktionen verlaufen energiesparend bei niedrigen Temperaturen. Da Enzyme bei der Reaktion nicht verbraucht werden, benötigt man nur kleine Mengen.

Schlüssel-Schloss-Prinzip. Auch komplizierte Reaktionen verlaufen mit Enzymen mit hoher Ausbeute; denn viele Enzyme sind spezialisiert auf bestimmte Reaktionsschritte mit ganz bestimmten Stoffen. Das funktioniert nach dem Schlüssel-Schloss-Prinzip: Der Stoff, der verändert werden soll und das Enzym passen räumlich ineinander – wie ein Schlüssel in das zugehörige Schloss. Nur dann erfolgt die Reaktion.

MERKE

▶ Enzyme sind Bio-Katalysatoren. Sie ermöglichen chemische Reaktionen bei niedrigen Temperaturen.
▶ Enzyme nutzt man bei der Lebensmittelherstellung und in Waschmitteln.
▶ Enzyme arbeiten nach dem Schlüssel-Schloss-Prinzip.

2 Fragen zum Text

a) Nenne Einsatzmöglichkeiten für Enzyme.
b) Beschreibe die Wirkungsweise von Enzymen in Waschmitteln.
c) Erkläre kurz das Schlüssel-Schloss-Prinzip.
d) Wie werden Enzyme gewonnen?

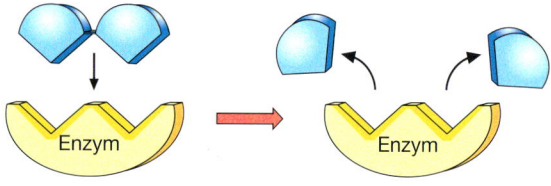

2 Wirkschema von Enzymen

1 *Kupferacetat ist ein blaugrüner Stoff*

1 Kupfer und Essig

Material: Streifen Kupferblech, Essigessenz (25 %ig), (GHS 7), Porzellanschale.

Durchführung: Stelle den Kupferblechstreifen in ein Becherglas mit Essigessenz (etwa 2 cm hoch). Mindestens die Hälfte des Kupferstreifens muss aus der Flüssigkeit ragen und so Luftkontakt haben.

Auswertung: Beschreibe die farbliche Veränderung, die du nach einigen Tagen am Kupferblechstreifen feststellen kannst.

2 Kupferacetat erhitzen

Material: Kupferacetat-Pulver (GHS 5, 7, 9), Reagenzglas, Gasbrenner.

Durchführung: Erhitze 1 Spatelspitze Kupferacetat im Reagenzglas. Achte darauf, dass die entstehenden Dämpfe abziehen können. Dämpfe nicht einatmen.

Auswertung: Beschreibe die farbliche Veränderung, die du im Reagenzglas feststellst.

Hin-Reaktion. Stellt man einen Kupferstreifen in Essigsäure, bildet sich nach einigen Tagen ein blaugrüner Stoff. Es ist die Verbindung Kupferacetat entstanden. Die Reaktion verläuft schwach **exotherm**; da sie aber relativ langsam abläuft, bemerkt man dies nicht.

Kann man diese Reaktion wieder umkehren? Ja, das geht.

Rück-Reaktion. Erhitzt man Kupferacetat, entstehen stechend riechende Essigdämpfe. Im Reagenzglas bildet sich ein bräunlicher Niederschlag. Er glänzt metallisch: Kupfer! Aus Kupferacetat ist tatsächlich wieder Kupfer und Essigsäure entstanden.

Die Umkehr-Reaktion von Kupferacetat zu Kupfer und Essigsäure ist stark **endotherm**.

In der Chemie sind viele **chemische Reaktionen** grundsätzlich **umkehrbar**.

MERKE

▶ Reagiert Kupfer mit Essig, entsteht Kupferacetat. Diese Reaktion ist umkehrbar.

▶ Viele chemische Reaktionen sind grundsätzlich umkehrbar.

3 Fragen zum Text

a) Beschreibe die Reaktion von Kupfer mit Essigsäure.

b) Wie gelingt die umgekehrte Reaktion?

c) Schreibe die Wortgleichung für beide Reaktionen.

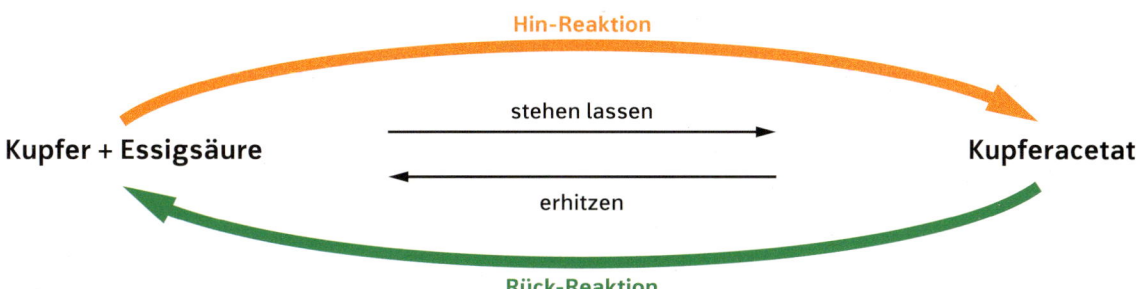

2 *Die Reaktion von Kupfer mit Essigsäure zu Kupferacetat ist eine umkehrbare Reaktion*

exotherme Reaktion

▶ Bei exothermen Reaktionen wird während der Reaktion Energie freigesetzt.
Beispiel: Verbrennung von Magnesium oder Holzkohle

▶ Damit eine chemische Reaktion in Gang kommt, muss vorher Energie aufgewendet werden, die so genannte Aktivierungsenergie.

▶ Bei endothermen Reaktionen muss ständig Energie zugeführt werden, damit sie ablaufen.
Beispiel: Zerlegung von Wasser

▶ Bei der Zerlegung von Wasser mit Hilfe von elektrischer Energie entstehen Wasserstoff und Sauerstoff.

▶ Ein Energiediagramm zeigt den Energieumsatz während einer chemischen Reaktion.

Exotherme Reaktion:

Chemische Energie

Stoffe im reaktionsbereiten Zustand

Aktivierungs-energie

Energie der Ausgangsstoffe

frei werdende Energie (Wärme, Licht)

Energie der Endstoffe

▶ ☛ Brauner Karamell entsteht, wenn Zucker erhitzt wird. Es ist eine endotherme Reaktion.

▶ ☛ Die innere Energie von erhitztem Zucker ist höher als von Zucker, denn:

▶ ☛ Die innere Energie ist die Summe aus chemischer Energie und Wärmeenergie.

▶ Katalysatoren senken die Aktivierungsenergie bei chemischen Reaktionen.

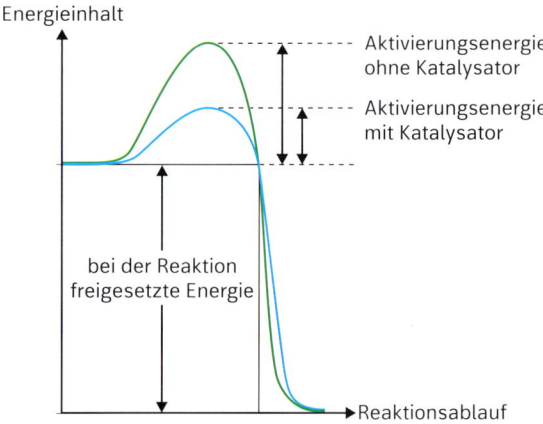

Energieinhalt

Aktivierungsenergie ohne Katalysator

Aktivierungsenergie mit Katalysator

bei der Reaktion freigesetzte Energie

Reaktionsablauf

▶ Beim Auto hilft der Abgaskatalysator, die Abgase zu entgiften.

▶ ☛ Enzyme sind Bio-Katalysatoren. Wie andere Katalysatoren senken sie die Aktivierungsenergie bei chemischen Reaktionen.

▶ ☛ Sie werden in der Lebensmittelherstellung und in Waschmitteln eingesetzt.

▶ ☛ Viele chemische Reaktionen sind grundsätzlich umkehrbar.
Beispiel: Bildung und Zerlegung von Kupferacetat:

Kupfer + Essigsäure ⇄ Kupferacetat

1 Magnesium verbrennt

a) Ist ein Magnesiumband einmal entzündet, brennt es ohne weitere Energiezufuhr mit heller Flamme ab. Wie wird so eine Reaktion bezeichnet?

b) Erläutere den Begriff Aktivierungsenergie an einem Beispiel.

2 Exotherm oder endotherm?

a) Nenne ein Beispiel für eine endotherme Reaktion.

b) Handelt es sich bei der Verbrennung von Holzkohle um eine exo- oder eine endotherme Reaktion? Begründe deine Aussage.

c) Wie heißen chemische Reaktionen, bei denen die Endprodukte einen höheren Energiegehalt haben, als die Ausgangsstoffe?

d) Beschreibe die Abbildung unten. Um welchen Reaktionstyp geht es hier?

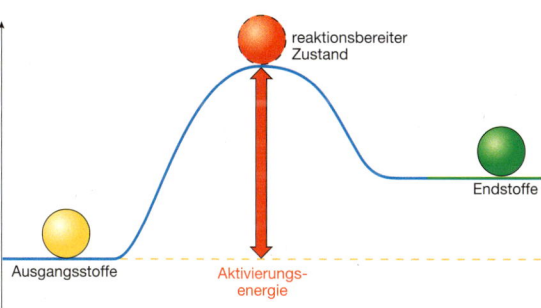

3 Wasser zerlegen

a) Beschreibe kurz, wie man mit Hilfe von elektrischem Strom Wasser in Wasserstoff und Sauerstoff zerlegen kann.

b) Erkläre, wie die du die Gase nachweisen kannst.

c) Begründe, was geschieht, wenn der Strom beim Hofmannschen Apparat abgeschaltet wird.

d) Zu welchem Reaktionstyp gehört die Reaktion?

4 ◗ Innere Energie

Alle Stoffe besitzen eine bestimmte Menge an chemischer Energie.

a) Was geschieht, wenn man einen Stoff erhitzt?

b) Nenne die Energieform, die man dem Stoff dann zuführt.

c) Wie heißt die Summe aus chemischer Energie und Wärmeenergie eines Stoffes?

5 Katalysatoren: nützliche Helfer

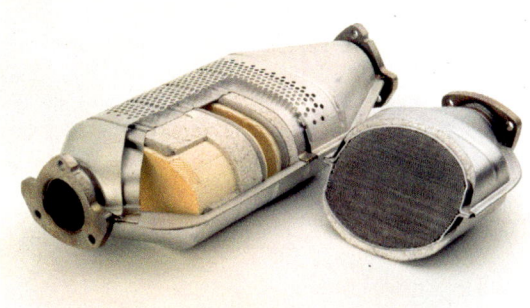

a) Nenne die Aufgabe des Abgaskatalysators beim Auto.

b) Beschreibe die Wirkung des Abkaskatalysators.

c) ◗ Vergleiche die Funktion des Abgaskatalysators mit der eines Filters.

6 ◗ Enzyme, weil sie vieles leichter machen

a) Beschreibe die Wirkung von Enzymen allgemein.

b) Nenne die Vorteile von Enzymen in Waschmitteln.

c) Enzyme können Allergien auslösen. Begründe, wie man sich dann verhalten sollte.

7 ◗ Umkehrbare Reaktionen

a) Erläutere an einem Beispiel, dass chemische Reaktionen grundsätzlich umkehrbar sind.

b) Kennst du ein weiteres Beispiel? Nenne es.

Wenn du Hilfe bei den Aufgaben brauchst, schau auf den folgenden Seiten nach:

Aufgabe	Hilfe auf	Aufgabe	Hilfe auf
1	S. 74, 75	5	S. 79
2	S. 74, 75, 76, 77	6	S. 80
3	S. 76, 77	7	S. 81
4	S. 78		

Lösungsvorschläge zu den Trainer-Aufgaben findest du im Anhang des Buches.

Gesundheit!

Nicht jeder wird gleich krank, wenn er in einer voll besetzten Bahn einem verschnupften Menschen begegnet. Unser Immunsystem hilft dabei, Krankheitserreger abzuwehren.

Infektionskrankheiten werden durch Pilze, Viren oder Bakterien übertragen. Sie sind so klein, dass man sie höchstens unter dem Mikroskop sehen kann. Damit man sich vor einer Ansteckung schützen kann, ist es gut zu wissen, auf welchem Weg die Erreger übertragen werden.

Mensch
und
Gesundheit

Hilfreiche Bakterien

Dass Bakterien auch sehr nützlich sein können, sieht man bei den Milchsäurebakterien. Wie der Name schon ahnen lässt, kommen sie in Milch und Milchprodukten vor. Man setzt sie zum Beispiel für die Herstellung von Joghurt, Käse, Sauerteig und Sauerkraut ein.

Auch im Darm des Menschen kommen sie vor. Dort hemmen sie das Wachstum schädlicher Bakterien.

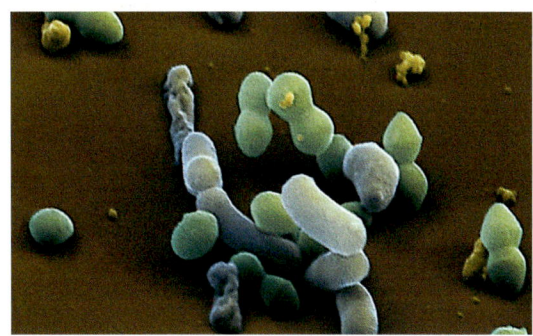

Volle Power!

Musik an, Umwelt aus.
Viele Jugendliche hören gerne Musik, um abschalten zu können. Wichtig ist aber, dass man das Gehör nicht zu sehr belastet. Nur so kann man es vor dauerhaften Schäden bewahren.

Voll zugedröhnt

Ausnahmsweise einen Schluck zu viel? Wo beginnt die Sucht und wie kann ich mich und andere davor schützen?

ENTDECKE...

- ▶ die Vielfalt und die Bedeutung von Mikroorganismen
- ▶ wie Mikroorganismen helfen, Lebensmittel herzustellen
- ▶ die Übertragung und Anzeichen verschiedener Infektionskrankheiten
- ▶ wie man sich vor Ansteckung schützen kann
- ▶ wie das menschliche Immunsystem funktioniert
- ▶ was Sucht ist und welche Ursachen sie haben kann
- ▶ verschiedene Suchmittel
- ▶ wie du dich und andere vor einer Sucht schützen kannst
- ▶ den weiblichen Zyklus
- ▶ die Entwicklung des ungeborenen Kindes im Mutterleib
- ▶ die richtigen Verhaltensweisen während der Schwangerschaft
- ▶ Methoden zur Empfängnisverhütung
- ▶ Hilfen in der Schwangerschaft
- ▶ den Schall und seine Ausbreitung
- ▶ die Funktion des Ohrs
- ▶ die Möglichkeiten, das Gehör zu schützen

1 *Bedeutung von Kleinstlebewesen*

1 So vielfältig

a) Betrachte die Bilder in Abb 1. Formuliere jeweils einen Satz darüber, welche Rolle hier Kleinstlebewesen spielen.

b) Welche Kleinstlebewesen kennst du bereits? Nenne Beispiele.

2 Vergängliches Leben

Solche Baumstümpfe findest du häufig im Wald.

a) Beschreibe das Aussehen des Baumstumpfs.

b) Was passiert, wenn er nicht entfernt wird?

c) Welche Vorteile hat das für die Natur?

Mikroorganismen. So werden kleinste Lebewesen genannt, die mit bloßem Auge nicht erkennbar sind. Sie kommen in den unterschiedlichsten Formen vor. Dazu gehören zum Beispiel Bakterien, Einzeller wie das Pantoffeltierchen oder kleine Algen. Auch bestimmte Pilze, wie der Hefepilz, zählen zu den Mikroorganismen.

Bedeutung. Mikroorganismen kommen überall auf der Erde vor, selbst in Gegenden mit extremen Temperaturen oder in völliger Dunkelheit. Für das Leben auf der Erde haben sie eine große Bedeutung. Sie sind nämlich an wichtigen Stoffkreisläufen beteiligt. Der Mensch nutzt sie außerdem zur Herstellung von Lebensmitteln, Arzneimitteln sowie zur Abwasserreinigung in Kläranlagen.
Auch auf und im menschlichen Körper befindet sich eine Vielzahl an Mikroorganismen. Die meisten davon sind für uns nützlich. Jedoch gibt es auch einige Arten, die Krankheiten verursachen.

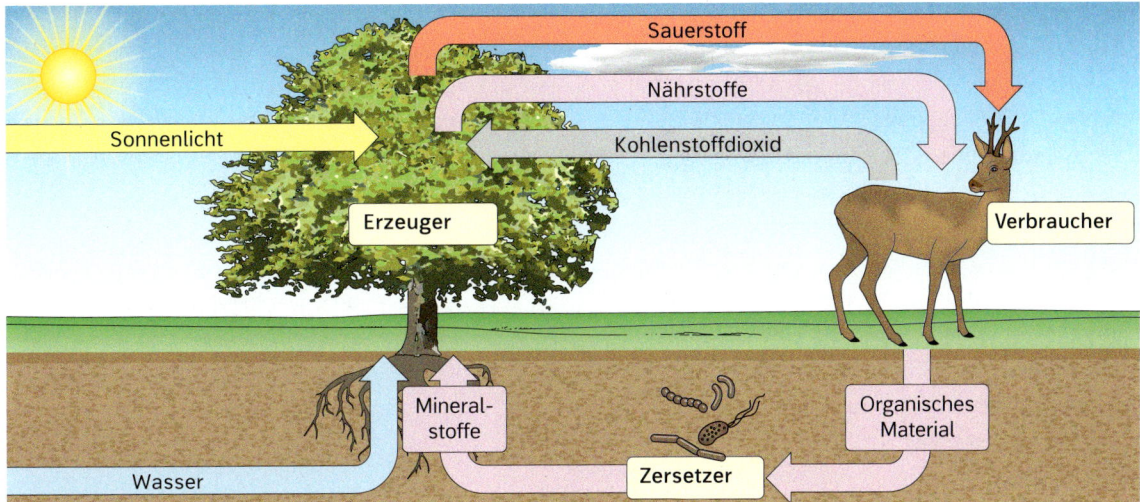

1 Stoffkreislauf in der Natur

Pilze und Bakterien als Zersetzer. Im Stoffkreislauf der Natur haben die Kleinstlebewesen eine wichtige Aufgabe. Als **Zersetzer** (Destruenten) wandeln sie totes Material wie Laub oder abgestorbene Pflanzen in Mineralstoffe und Kohlenstoffdioxid um. Die Pflanzen als **Erzeuger** (Produzenten) können daraus wieder neue Nährstoffe herstellen.

Stickstoffkreislauf. Alle Lebewesen benötigen für ihr Wachstum das Element Stickstoff. Den Stickstoff der Luft können sie aber nicht verwerten. Die Lebewesen verarbeiten das Element nur als Stickstoffverbindung (z. B. Nitrat). Am Aufbau dieser Verbindung aus Stickstoff sind bestimmte Bakterien beteiligt. Sie sind damit ein wichtiger Teil des Stickstoffkreislaufs.

1 Fragen zum Text
a) Was sind Mikroorganismen?
b) Welche Bedeutung haben Mikroorganismen für das Leben auf der Erde? Nenne Beispiele.
c) Erkläre ihre Aufgabe als Destruenten.

2 Der Stoffkreislauf in der Natur
Erkläre den Stoffkreislauf der Natur. Formuliere dazu mindestens drei Sätze, etwa:

Pflanzen produzieren ... .
Tiere und Menschen ... .
Bakterien und Pilze ... .

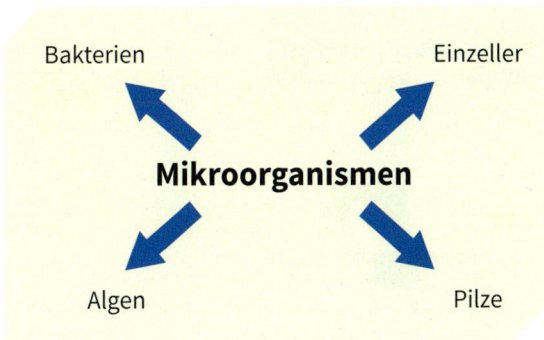

2 Es gibt verschiedene Mikroorganismen

Pilze – nicht nur im Wald

Pilze kennst du wahrscheinlich von Spaziergängen in der Natur. Als Kind hast du gehört, dass es giftige Arten wie den Fliegenpilz gibt. Aber weißt du auch, dass es ganz kleine Pilze gibt, die man gar nicht sehen kann? Ist dir bekannt, dass Pilze Krankheiten hervorrufen oder zur Lebensmittelherstellung genutzt werden?

Forscher vermuten, dass Pilze schon seit ca. 1 000 Millionen Jahren existieren. Es gibt wohl Millionen Arten, von denen die meisten aber bisher unbekannt sind. Pilze gehören nicht zu den Pflanzen, sondern bilden ein eigenes Reich.

Das, was man im Allgemeinen als Pilz sieht, ist oft nur ein kleiner Teil des Ganzen, der Fruchtkörper. Der weitaus größere Teil liegt versteckt, das sind die Pilzfäden (Myzel).

1 Pilze überall

a) Welche Arten von Pilzen werden beschrieben?
b) Nenne Beispiele für deren Einsatz.
c) Überlege: Warum sollte man Waldpilze gut kennen, wenn man sie sammelt?

900 km²

Dunkler Hallimasch in Oregon
– wahrscheinlich größtes Lebewesen der Welt
– Myzel (Pilzfäden) über 900 km² groß
– Gewicht 600 Tonnen
– Myzel leuchtet im Dunkeln (Biolumineszenz)

einige km²

Waldpilze
– Speisepilze
– giftige und tödliche Pilze

einige cm²

Schimmelpilz
– zur Veredelung von Lebensmitteln
– auf verdorbenen Lebensmitteln
– auf feuchten Wänden oder Holz
– Herstellung von Antibiotika (Penicillin)

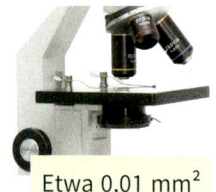

Etwa 0,01 mm²

Hefepilz
– Herstellung von Wein, Bier oder Gebäck
– können krank machen

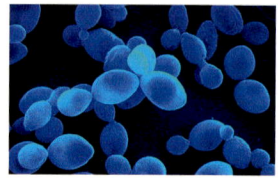

Bakterien sind überall

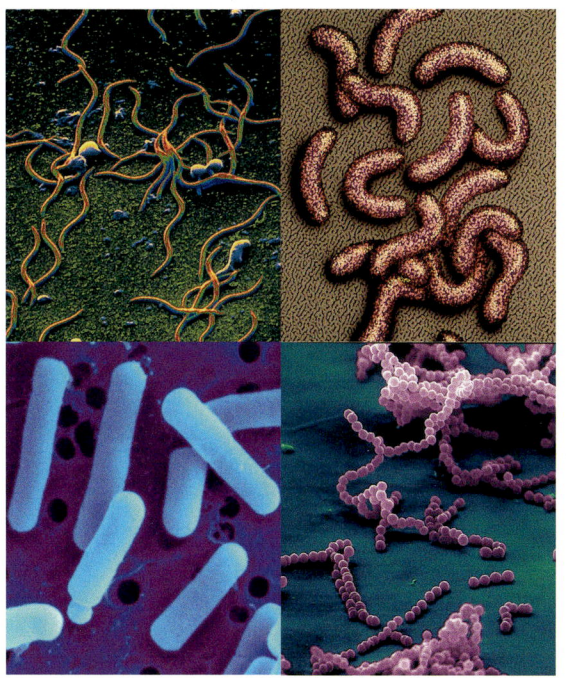

1 Verschiedene Bakterienformen

Die meisten Menschen denken an Krankheiten, wenn von Bakterien die Rede ist. Dabei wäre ein Leben ohne Bakterien gar nicht vorstellbar.

Bakterien kommen praktisch überall vor, auf sämtlichen Gegenständen deiner Umwelt und auch auf und in deinem Körper. Es gibt sie in unterschiedlichen Formen und Größen, von 0,0001 mm bis 0,01 mm. Erkennen kannst du sie nur mit einem Mikroskop.

Dünger aus der Natur. An den Wurzeln einiger Pflanzen befinden sich Verdickungen (Wurzelknöllchen), in denen Bakterien leben. Diese können den Stickstoff der Luft binden und umwandeln. Das entstandene Nitrat können die Pflanzen nutzen. Der Boden wird somit ganz natürlich gedüngt.

Verdauung. Im Darm von Menschen und Tieren gibt es eine Vielzahl an Mikroorganismen **(Darmflora).** Bereits bei der Geburt wird der Darm von Bakterien besiedelt, die vor anderen, krankmachenden Arten schützen. Bei einem Erwachsenen leben dort 10 bis 100 Billionen Bakterien. Sie unterstützen nicht nur die Verdauung, sondern auch das Immunsystem.

Medikamentenherstellung. Mit gentechnisch veränderten Bakterienzellen hat man eine Möglichkeit gefunden, Stoffe wie Insulin herzustellen. Insulin wird von Diabetikern („Zuckerkranken") als Medikament benötigt.

Die Erbsubstanz der Bakterienzelle wird so verändert, dass das Bakterium den gewünschten Wirkstoff produziert. Das ist vor allem bei Stoffen nützlich, die chemisch nur schwer hergestellt werden können.

Bakterien schützen auch. An den bisherigen Beispielen konntest du feststellen, dass Bakterien viele wichtige Aufgaben erfüllen. Oft schützen sie sogar vor ihren krankmachenden Verwandten. Auf der Haut befindet sich eine Vielzahl von Bakterien. Sie bilden eine Art Schutzmantel. Dort können sich keine anderen Bakterien ansiedeln. Es ist also nicht gut, überall Desinfektionsmittel einzusetzen.

1 Viele Formen

Ordne den Bakterienformen in Abb. 1 folgende Namen zu: Stäbchenbakterium – Schraubenbakterium – Kugelbakterium – Kommabakterium

2 Aufgaben

a) Erkläre, wie Bakterien Pflanzen unterstützen.
b) Nenne weitere wichtige Aufgaben von Bakterien.
c) ↺ Warum sollten Desinfektionsmittel überlegt verwendet werden?

2 Wurzelknöllchen

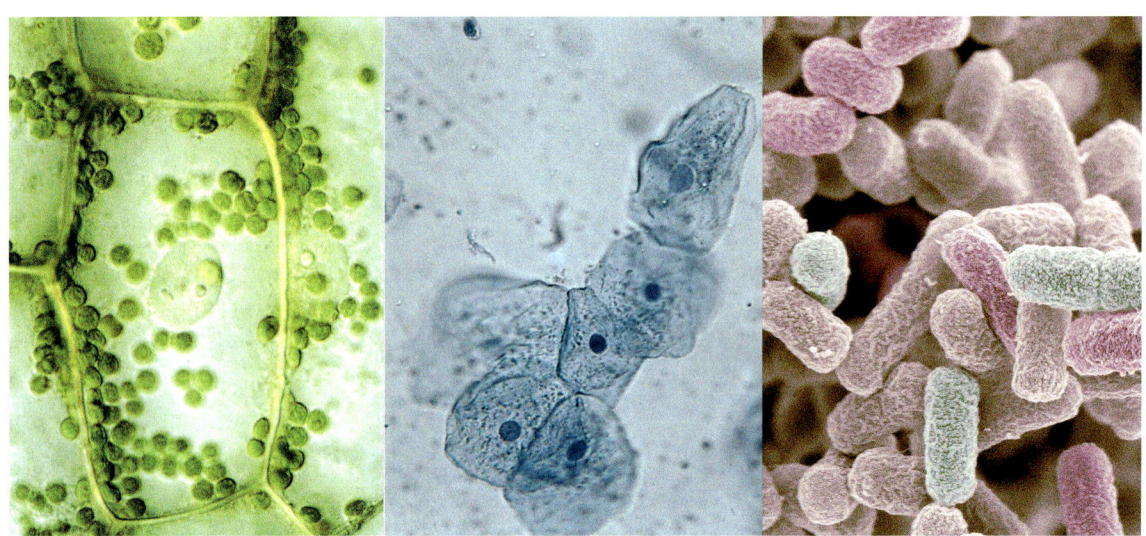

1 *Zellen unter dem Mikroskop*

1 Genau betrachtet
Betrachte die Präparate von roten Zwiebelzellen und deiner Mundschleimhaut unter dem Mikroskop.
a) Skizziere jeweils eine Zelle.
b) Benenne die Zellbestandteile, die du erkennen kannst.

2 Verschiedene Zellen
Betrachte Abbildung 1 auf S. 90 und die Abbildungen auf Seite 91.
a) Ordne die Mikroskop-Bilder den Skizzen zu.
b) Welche Unterschiede stellst du zwischen den verschiedenen Zellen fest?

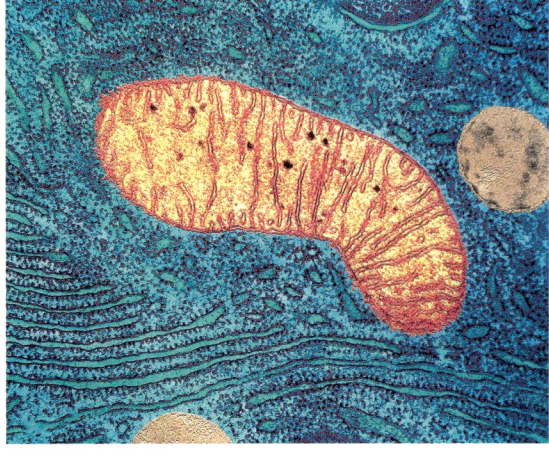

2 *Mitochondrium unter dem Elektronenmikroskop*

Grundbaustein Zelle. Alle Lebewesen sind aus Zellen aufgebaut. Allerdings unterscheiden sich diese in ihrer Anzahl und ihrem Aufbau. Manche Lebewesen bestehen aus nur einer Zelle, man nennt sie daher auch Einzeller. Andere, wie der Mensch, sind aus vielen verschiedenen Zellen aufgebaut. Die Zellen sind dann auf bestimmte Aufgaben spezialisiert.

Bakterienzelle. Bakterien sind einzellige Lebewesen. Sie bestehen aus einer einzigen Zelle, die von einer festen Zellwand umgeben ist. Eine Zellmembran schützt das Zellplasma. Die Erbsubstanz liegt frei, denn die Bakterienzelle besitzt im Gegensatz zu den anderen Zelltypen keinen Zellkern. Sie steuert die Vorgänge in der Zelle. Zur Fortbewegung haben einige Bakterienformen fadenförmige Anhänge, die Geißeln.

Tierzellen. Menschen und Tiere sind aus vielen Zellen aufgebaut. Jede Zelle ist von einer **Zellmembran** umgeben, die das **Zellplasma** schützt. Darin liegt der **Zellkern**, der die Erbinformationen enthält und die Vorgänge in der Zelle steuert. Tierische Zellen besitzen **Mitochondrien**, die auch als Kraftwerke der Zelle bezeichnet werden. Dort wird mit der Zellatmung Energie bereitgestellt. Als Abbauprodukte entstehen Wasser und Kohlenstoffdioxid.

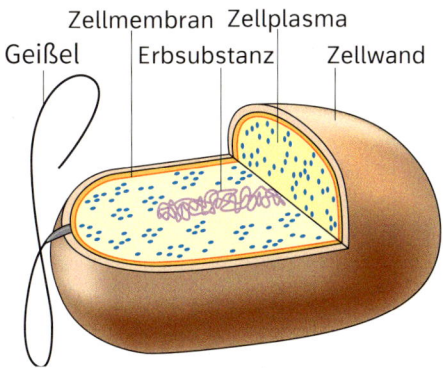

Geißel Zellmembran Zellplasma
       Erbsubstanz   Zellwand

1 Aufbau von Bakterien

Pflanzenzellen. Auch Pflanzen bestehen aus vielen Zellen. Sie besitzen eine feste **Zellwand**, die der Zelle Stabilität und ihre Form gibt. Eine **Zellmembran** umhüllt und schützt das **Zellplasma**. Darin befindet sich der **Zellkern**, der die Erbinformation enthält und die Zellvorgänge steuert. Auch Pflanzenzellen besitzen **Mitochondrien**. Außerdem liegen im Zellplasma die Blattgrünkörner (**Chloroplasten**). Damit kann die Pflanze Fotosynthese betreiben, also Sonnenlicht zur Herstellung von Nährstoffen nutzen. Eine weitere Besonderheit der pflanzlichen Zelle sind die mit Flüssigkeit gefüllten Zellsafträume (**Vakuolen**). Sie sorgen für zusätzliche Festigkeit.

1 Fragen zum Text
a) Nenne die Bestandteile einer Bakterienzelle.
b) Worin unterscheidet sich die Bakterienzelle von den anderen Zelltypen?
c) Erkläre die Aufgabe der Mitochondrien.
d) Zähle die zusätzlichen Bestandteile der Pflanzenzelle auf.

2 Gemeinsamkeiten und Unterschiede
Erstelle eine Tabelle, in die du Zellbestandteile und deren jeweilige Aufgabe einträgst. Notiere auch, welcher Zelltyp diesen Bestandteil hat.

Zellbestandteil	Aufgabe	Zelltyp
Zellwand	Stabilität und Form	Pflanzenzelle
Zellkern	????	????

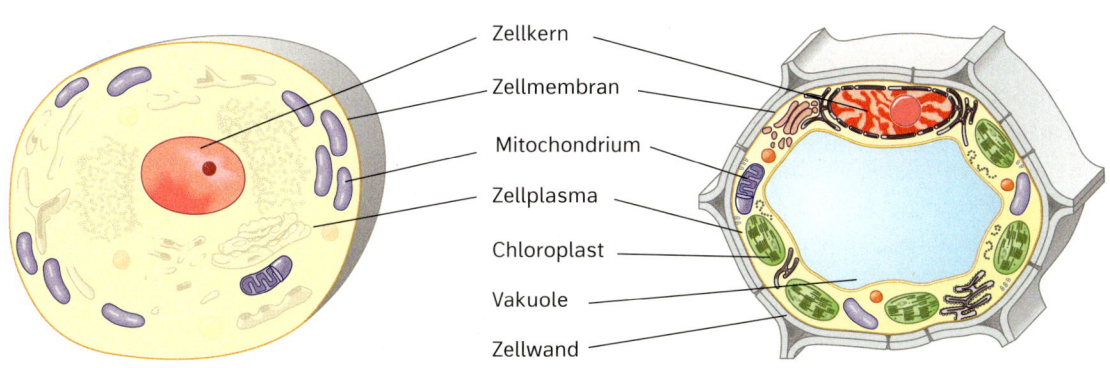

Zellkern
Zellmembran
Mitochondrium
Zellplasma
Chloroplast
Vakuole
Zellwand

2 Aufbau von Zellen; links: tierische Zelle, rechts: pflanzliche Zelle

Vermehrung der Bakterien

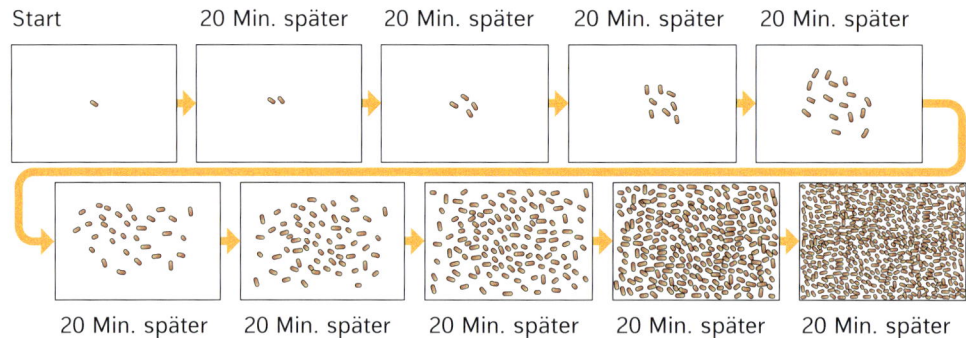

| Start | 20 Min. später | 20 Min. später | 20 Min. später | 20 Min. später |

| 20 Min. später | 20 Min. später | 20 Min. später | 20 Min. später | 20 Min. später |

1 *Vermehrung von Bakterien bei optimalen Bedingungen*

1 Rasante Vermehrung

a) Beschreibe Abbildung 1.
b) Berechne, wie viele Bakterien nach 3 Stunden vorhanden sind. Erstelle dazu eine Tabelle.

2 Vorsicht Infektionsgefahr!

Wegen des gehäuften Auftretens von Durchfallerkrankungen bleibt eine Mittelschule auch heute noch geschlossen. Nach einem privaten Sommerfest am Wochenende klagten zahlreiche Besucher über heftige Magen-Darm-Beschwerden. Die Behörden vermuten, dass ein mitgebrachtes Tiramisu mit rohen Eiern der Auslöser der Infektion war.

a) Vermute, welche Ursache die oben beschriebene Erkrankung haben könnte.
b) Formuliere Ratschläge, wie man sich verhalten sollte, wenn rohe Eier im Essen sind.

Vermehrung durch Teilung. Bakterien vermehren sich durch **Zellteilung:** Eine Bakterienzelle teilt sich in zwei Zellen. Aus diesen zwei Zellen werden dann bei der nächsten Teilung vier Zellen, usw.
Wenn die Bedingungen optimal sind, bei Wärme und ausreichender Nahrung, verdoppelt sich die Zahl der Bakterien alle 20 Minuten. Die Vermehrung endet, wenn die Bedingungen schlechter werden. Dies geschieht nach einiger Zeit automatisch, da auch Nährstoffe und Platz knapp werden. Durch Einkapseln können Bakterienzellen aber trotzdem überleben.

Sie vermehren sich dann weiter, wenn die Bedingungen wieder besser werden. Dies ist auch der Grund, warum die Einhaltung der Kühlkette bei gekühlten Lebensmitteln sehr wichtig ist.

Bildung von Kolonien. Die einfache Teilung macht es möglich, dass sich Bakterien sehr schnell vermehren können. Man kann dann bald viele Zellen nebeneinander erkennen. Eine solche Ansammlung von Bakterienzellen nennt man Kolonie. Die rasante Vermehrung erklärt auch, warum bakterielle Infektionen (z.B. Salmonellenvergiftung) gefährlich werden können, wenn sie unbehandelt bleiben.

MERKE
▶ **Bakterien vermehren sich sehr schnell durch Zellteilung.**
▶ **Gute Bedingungen wie Wärme fördern die rasche Vermehrung.**
▶ **Eine Ansammlung von Bakterienzellen nennt man Kolonie.**

3 Fragen zum Text

a) Beschreibe die Vermehrung von Bakterien.
b) Unter welchen Bedingungen vermehren sich Bakterien besonders gut?
c) Erkläre, wie Bakterien ungünstige Bedingungen überstehen.
d) Welchen Vorteil hat diese Art der Vermehrung?

So legt man eine Bakterienkultur an

Wenn ein Arzt eine Infektion mit Bakterien vermutet, ist es manchmal nötig, den Erregertyp genau zu kennen. Nur dann kann er genau passende Arzneimittel verschreiben.

Blick ins Labor. Es ist gar nicht so einfach, die Erreger zu bestimmen. Dafür gibt es spezielle Labore. Sie benötigen aber eine gewisse Mindestmenge an Bakterien. Um die zu bekommen, müssen die Bakterien erst vermehrt werden. Dazu legen sie eine Bakterienkultur an.

Probennahme. Der Arzt entnimmt eine Probe, zum Beispiel mit einem Wattestäbchen von der Innenseite der Wange, und schickt sie an ein Labor.

Animpfen. Im Labor wird die Probe auf einen geeigneten Nährboden in einer Petrischale aufgebracht. Petrischalen sind 1-2 cm hohe runde Schalen aus Glas oder Kunststoff, mit Deckel.

Vermehrung im Wärmeschrank. Die beimpften Petrischalen kommen dann in einen Wärmeschrank (Inkubator). Bei etwa 37 °C (Körpertemperatur) vermehren sich krankmachende Bakterien besonders gut.
Wenige Tage später haben sich die Bakterien so stark vermehrt, dass man sie deutlich erkennen kann.

Auswertung mit dem Mikroskop. Aus der Bakterienkultur wird eine Probe unter dem Mikroskop untersucht. Mit verschiedenen Methoden ist es dann den Spezialisten möglich, die Bakterien zu identifizieren. So wird festgestellt, ob der Verdacht auf eine bestimmte Infektion richtig war.

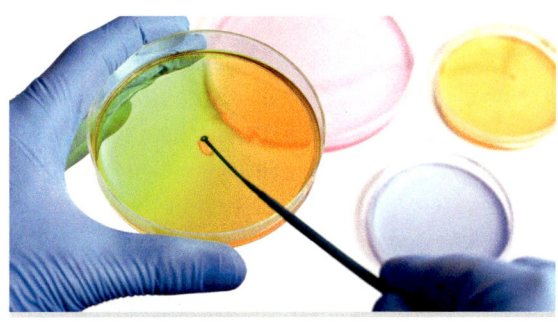

1 Hier werden Agarplatten beimpft. Man kann auch Agarplatten mit unterschiedlichen Nährböden einsetzen. Verschiedene Bakterienarten benötigen unterschiedliche Nährstoffe zur Vermehrung

2 Agarplatten im Wärmeschrank. Hier vermehren sich die Bakterien stark, sodass man nach einigen Stunden oder Tagen so genannte Kolonien sehen kann

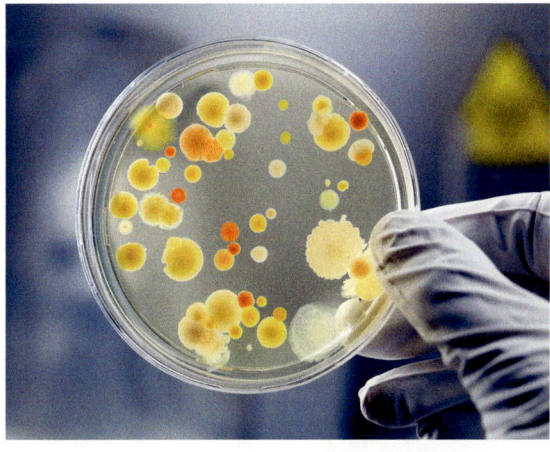

3 Hier sind mehrere verschiedene Bakterienkolonien zu erkennen. Jede hat ein typisches Aussehen

1 Sorgfältige Probennahme
Die Probe zur Bakterienkultur muss keimfrei entnommen und transportiert werden. Begründe, weshalb dies für die spätere Diagnose wichtig ist.

1 Bakterien im Joghurt

Joghurt enthält Milchsäurebakterien.

a) Gib einen Tropfen des wässrigen Überstandes von Joghurt auf einen Objektträger und lege ein Deckglas darüber. Betrachte dein Präparat unter dem Mikroskop (400fache Vergrößerung).

b) Zeichne und beschreibe, was du siehst.

2 Lebensmittel dank Mikroorganismen

Hefeweißbier   Sauerkraut   Weißweinessig

a) Überlege, aus welchen Grundstoffen die abgebildeten Lebensmittel hergestellt werden.

b) Was könnten Mikroorganismen bewirken? Vermute.

Herstellung von Joghurt. Die Herstellung von Joghurt aus Milch geschieht mithilfe der Milchsäurebakterien. Diese wandeln den in Milch enthaltenen Milchzucker in Milchsäure um. Diesen Vorgang nennt man Fermentation. Ideal sind dafür Temperaturen von 35-40 °C. Die Milchsäure lässt das Eiweiß der Milch fester werden. Das wird als Dicklegung bezeichnet. Es entsteht der säuerliche, feste Joghurt. Je nach weiterer Verarbeitung kann er stichfest oder gerührt sein. Es besteht auch die Möglichkeit, ihn zu Trinkjoghurt zu verarbeiten.

1 Joghurt gibt es in vielen Geschmacksrichtungen

2 Herstellung von Sauerkraut,
rechts: Milchsäurebakterien im Mikroskop

Herstellung von Sauerkraut. Auch die Herstellung von Sauerkraut geschieht mithilfe der Milchsäurebakterien. Schon seit Langem wird Weißkraut so zu einem haltbaren und vitaminreichen Lebensmittel verarbeitet. Dafür stampft man gehobelten frischen Kohl und Salz in einem Gefäß, bis sich Krautsaft bildet. Anschließend wird das Gefäß mit einem Deckel und Steinen beschwert, so dass es gut verschlossen ist. Eine Woche lang lässt man das Kraut bei Zimmertemperatur gären, bevor es für 4-6 Wochen an einen kühlen Ort kommt. Die Milchsäurebakterien vergären in dieser Zeit Zucker zu Milchsäure.

MERKE

▶ Milchsäurebakterien ermöglichen die Herstellung von Joghurt und Sauerkraut.

▶ Lebensmittel können so haltbarer gemacht werden.

3 Fragen zum Text

a) Welche Bakterien sind an der Herstellung von Joghurt und Sauerkraut beteiligt?

b) Beschreibe, was diese Bakterien bewirken.

4 ⬥ Weitere Lebensmittel

Informiere dich im Internet, welche Lebensmittel mithilfe von Bakterien hergestellt werden. Präsentiere dein Ergebnis übersichtlich.

Joghurt, selbst gemacht

Joghurt schmeckt gut! Fertiger Fruchtjoghurt enthält aber oft sehr viel Zucker und manchmal auch Zusatzstoffe. Du kannst Joghurt auch ganz leicht selbst herstellen und nach deinem Geschmack verfeinern.

Du brauchst:

1 Liter H-Milch
1 Becher Natur-Joghurt (nicht pasteurisiert)
Heißes Wasser
Thermometer
Gläser mit Deckel
Topf, kleinen Löffel, Schneebesen zum Umrühren
Heizplatte oder Herd

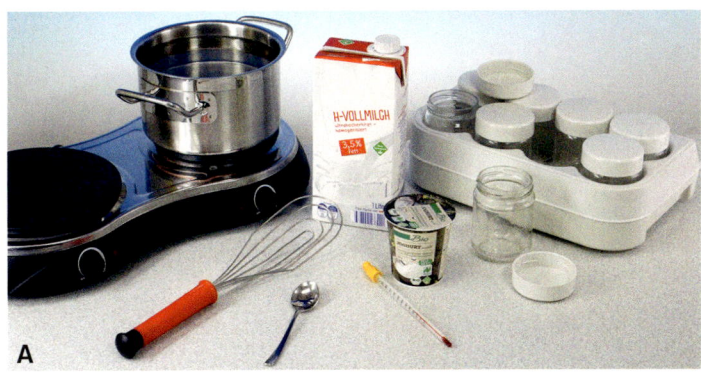

A

So geht's:

Spüle die Gläser und Deckel mit heißem Wasser aus. Erwärme die Milch in einem Topf auf etwa 35-40 °C. Achte unbedingt genau auf die Temperatur. Die Milch darf auf keinen Fall zu warm sein. Gib dann den Becher Joghurt dazu.

Jetzt müssen die Gläser für ungefähr 10 Stunden an einen warmen Ort, zum Beispiel auf die Heizung. Es gibt aber auch spezielle Joghurtbereiter, die für eine optimale Temperatur sorgen.

B

Rühre gut um, damit sich keine Klumpen bilden. Verteile die Masse gleichmäßig auf alle Gläschen. Verschließe sie anschließend sorgfältig mit einem Schraubdeckel.

D

Nach dieser Zeit ist der Joghurt fertig und du musst ihn bis zum Verzehr in den Kühlschrank stellen. Verfeinere ihn doch vor dem Essen noch mit Nüssen oder frischem Obst. Guten Appetit!

C

E

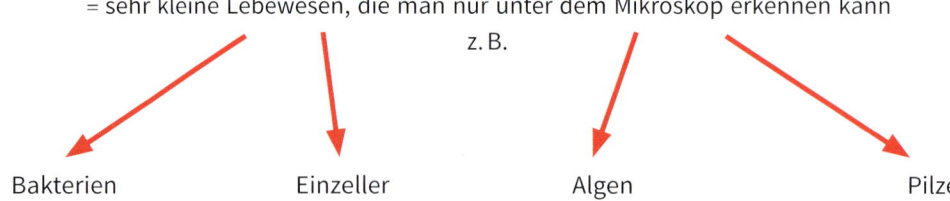

Mikroorganismen

= sehr kleine Lebewesen, die man nur unter dem Mikroskop erkennen kann

z. B.

| Bakterien | Einzeller | Algen | Pilze |

▸ Mikroorganismen kommen überall auf der Erde vor.

▸ Sie sind an der Umwandlung in Stoffkreisläufen beteiligt.

▸ Pilze und Bakterien sind Destruenten (= Zersetzer). Sie wandeln abgestorbene Pflanzen und Tiere in Mineralstoffe um. Dabei wird Kohlenstoffdioxid frei.

▸ ➊ Alle Lebewesen sind aus Zellen mit einer Zellmembran und Zellplasma aufgebaut

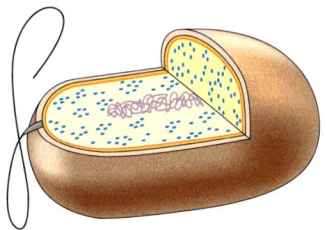 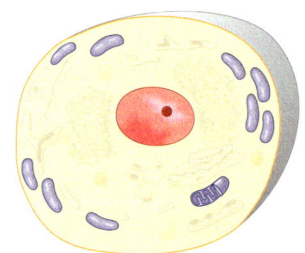 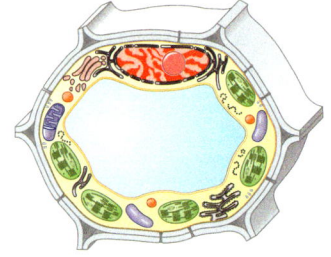

▸ ➊ Bakterien sind einzellige Lebewesen und besitzen keinen Zellkern.

▸ ➊ Menschen und Tiere bestehen aus Zellen mit einem Zellkern und Mitochondrien

▸ ➊ Pflanzenzellen haben außer einem Zellkern und Mitochondrien auch noch eine Zellwand, Vakuolen und Chloroplasten.

▸ ➊ Bakterien vermehren sich unter guten Bedingungen sehr schnell, indem sie sich teilen.

▸ ➊ Eine Ansammlung von Bakterienzellen nennt man Kolonie.

▸ Milchsäurebakterien werden für die Herstellung von Joghurt und Sauerkraut benötigt.

▸ Bakterien vergären andere Stoffe zu Milchsäure.

TRAINER

1 Mikroorganismen

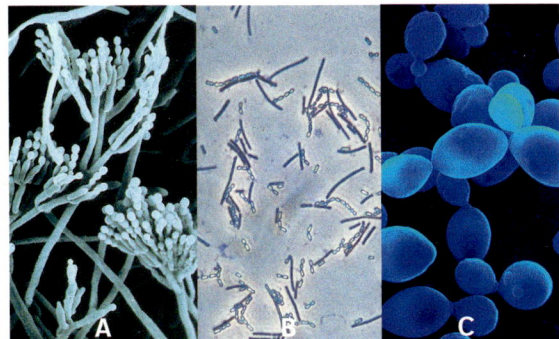

a) Ordne die Abbildungen zu:
   Milchsäurebakterien, Hefepilze, Schimmelpilze
b) Wo kommen Mikroorganismen vor?
c) Mikroorganismen sind für das Leben auf der Erde unentbehrlich. Beschreibe ihre vielfältige Bedeutung.

2 Bakterien im Stoffkreislauf

a) Skizziere den Stoffkreislauf in der Natur und beschrifte richtig.
b) Erkläre die Bedeutung der Mikroorganismen in diesem Kreislauf.

3 ◑ Unterschiedliche Zellen

a) Ordne die Bilder 1 bis 3 zu: Bakterienzellen, Tierzellen, Pflanzenzellen.
b) Zähle Gemeinsamkeiten und Unterschiede auf. Notiere in Stichpunkten.

4 ◑ Vermehrung

a) Bakterien vermehren sich sehr schnell. Beschreibe, wie das möglich ist.
b) Stelle die Vermehrung der Bakterien in einem übersichtlichen Schaubild dar.
c) Welche Bedingungen brauchen Bakterien, um sich zu vermehren?

5 ◑ Schutz von Lebensmitteln

a) Entscheide, ob das Verhalten richtig ist:
   Marion stellt fest, dass noch Reste des Nudelsalats von gestern in der Küche stehen. Sie lässt es sich schmecken.
b) Notiere einige Regeln, wie du die Vermehrung von krankmachenden Bakterien in Lebensmitteln verhindern kannst.

6 Herstellung von Lebensmitteln

a) Welche Bakterien sind an der Herstellung von Joghurt und Sauerkraut beteiligt?
b) Erkläre die Aufgabe dieser Bakterien.
c) Beschreibe, wie Sauerkraut hergestellt wird.
d) Du hast Joghurt selbst hergestellt, doch leider ist dieser flüssig geblieben. Was könntest du falsch gemacht haben?

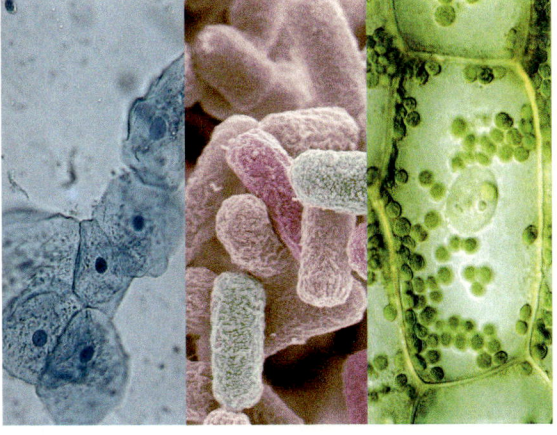

1   2   3

Wenn du Hilfe bei den Aufgaben brauchst, schau auf den folgenden Seiten nach:

Aufgabe	Hilfe	Aufgabe	Hilfe
1	S. 86	4 und 5	S. 92
2	S. 87	6 a, b, c	S. 94
3	S. 90, 91	6 d	S. 95

Lösungsvorschläge zu den Trainer-Aufgaben findest du im Anhang des Buches.

Infektionskrankheiten

1 Vorsicht „Erkältungswelle"

a) Woran erkennst du, dass du erkältet bist?
b) Nenne Beispiele für Krankheiten.
c) Welche davon sind ansteckend?

Petra hat es wieder einmal „erwischt". Sie liegt mit Fieber, Kopfweh und Gliederschmerzen im Bett. Außerdem hustet sie seit ein paar Tagen sehr heftig und die Nase läuft andauernd.
Sie hat sich wohl eine Erkältung eingefangen, eine **Infektionskrankheit**. So werden Krankheiten genannt, die ansteckend sind. Sie werden von Mensch zu Mensch oder auch von Tieren auf Menschen übertragen.

Infektion. Jede dieser Krankheiten beginnt damit, dass Krankheitserreger wie Bakterien, Pilze oder Viren in den Körper gelangen. Dies nennt man Infektion. Die Erreger können an unterschiedlichen Stellen eindringen. Erkältungskrankheiten wie bei Petra gelangen z. B. oft über Mund und Atemwege in den Körper.

Inkubationszeit. Nachdem die Erreger in den Körper eingedrungen sind, beginnen sie sich zu vermehren. Der Erkrankte merkt in dieser Zeit noch nichts von seiner Krankheit. Oft schafft es auch das Abwehrsystem des Körpers, die Keime zu vernichten, bevor die Krankheit ausbricht. Diese Zeit vor dem Auftreten der ersten Anzeichen nennt man Inkubationszeit. Je nach Erreger beträgt sie Stunden, Tage, Monate oder Jahre.

Ausbruch der Krankheit. Wenn die Erreger sich ausreichend vermehrt haben, treten die ersten Anzeichen der Krankheit (= **Symptome**) auf. Oft sind das, wie bei Petra, Kopf- und Gliederschmerzen, Schwäche und Fieber. Das Immunsystem arbeitet auf Hochtouren, um die Erreger unschädlich zu machen.

Gesundung. In den meisten Fällen gelingt es dem Abwehrsystem des Körpers, die Erreger nach einigen Tagen zu vernichten. Medikamente können ihn dabei unterstützen. Der Erkrankte wird gesund und der Körper kommt langsam wieder zu Kräften. In manchen Fällen gelingt dies aber nicht, der Körper wird nicht vollständig gesund oder die Infektion verläuft tödlich.

MERKE

▶ **Ansteckende, übertragbare Krankheiten nennt man Infektionskrankheiten.**
▶ **Sie werden von Erregern wie Bakterien, Viren oder Pilzen ausgelöst.**
▶ **Infektionskrankheiten verlaufen in vier Phasen: Infektion, Inkubation, Krankheit, Gesundung**

2 Fragen zum Text

a) Was ist eine Infektionskrankheit?
b) Nenne mögliche Erreger.
c) Wie gelangen diese in den Körper?
d) Beschreibe den Verlauf von Infektionskrankheiten.

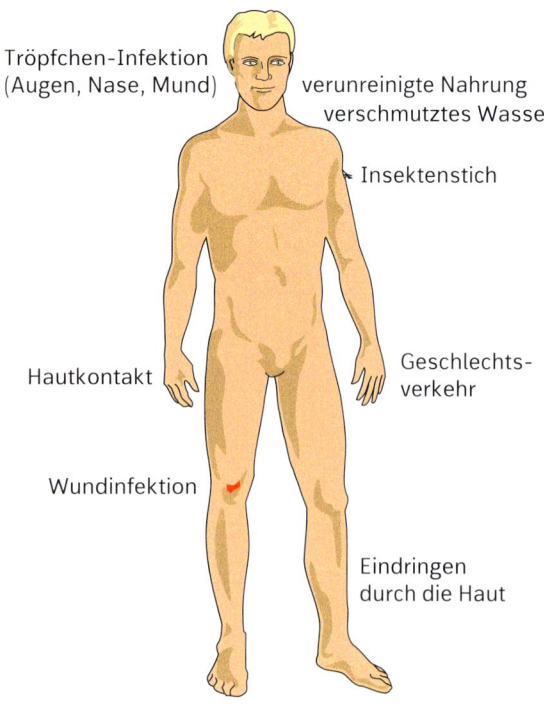

Tröpfchen-Infektion (Augen, Nase, Mund)
verunreinigte Nahrung verschmutztes Wasser
Insektenstich
Hautkontakt
Geschlechtsverkehr
Wundinfektion
Eindringen durch die Haut

2 *So gelangen Erreger in den Körper*

Zecken übertragen Krankheitserreger

1 Zecken leben gern in Gras und Büschen

Manchmal werden Krankheiten auch von Tieren auf Menschen übertragen. Ein Beispiel dafür sind Zecken. Zecken sind von März bis Oktober besonders aktiv. Die kleinen Spinnentiere leben im Gras und in Gebüschen. So gelangen sie auf Tiere und Menschen, die durch das Gras oder an einem Gebüsch vorbeilaufen. Die Zecke krabbelt zunächst herum und saugt sich dann an einer geeigneten Stelle auf der Haut fest. Beim Menschen sind dies oft Stellen, an denen die Haut dünn ist, wie unter den Achseln. Nachdem sie sich festgebissen hat, saugt sich die Zecke voll Blut. Dabei können **Viren** und **Bakterien** übertragen werden, die gefährliche Krankheiten auslösen.

Hirnhautentzündung. Die Erreger der FSME (**F**rüh**s**ommer-**M**eningo**e**nzephalitis) sind Viren, die von Zecken auf den Menschen übertragen werden. Die ersten Symptome sind oft ähnlich wie bei einer Erkältung. Es kommt aber auch vor, dass sich Hirnhäute und Gehirn entzünden. Dann treten starke Kopf- und Nackenschmerzen auf. Es kann auch zu Bewusstseinsstörungen, Krampfanfällen oder Lähmungen kommen.

 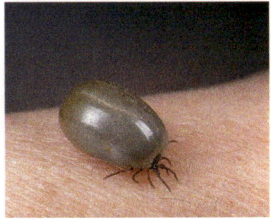

2 Zecke: normal -- mit Blut vollgesaugt

Aktuell gibt es keine Medikamente mit denen man die Krankheit behandeln könnte. Sie heilt in den meisten Fällen von selbst wieder aus. Wenn aber auch das zentrale Nervensystem betroffen ist, können Schäden zurückbleiben. Manchmal endet sie auch tödlich.

Durch eine Impfung kann man sich schützen.

Borreliose. Weitaus häufiger kommt es nach einem Zeckenbiss zu einer Infektion mit Bakterien, die Borreliose auslösen. Nach der Infektion tritt häufig ein roter Ring um die Bissstelle auf. Die Erreger schädigen das Herz, die Gelenke und das Nervensystem durch Entzündungen. Nach Ausbruch kann die Krankheit mit einem Antibiotikum behandelt werden. Eine Schutzimpfung gibt es nicht. Wenn die Krankheit zu spät erkannt und behandelt wird, leiden die Betroffenen oft ihr Leben lang unter den Folgen wie Gelenkschmerzen und Nervenlähmungen.

Am besten ist es also, sich vor einem Zeckenbiss zu schützen. Wenn man sich gerne in der Natur aufhält, sollte man Folgendes beachten:

▶ Lange Hosen, feste Schuhe und lange Ärmel erschweren den Zecken den Zugang zur Haut.

▶ Nach dem Aufenthalt in der Natur sollte man den Körper nach Zecken absuchen.

▶ Festgebissene Zecken sollte man nur mit speziellen Zeckenkarten oder Pinzetten entfernen. Notfalls zum Arzt gehen!

▶ Treten Rötungen an der Bissstelle oder grippeähnliche Symptome auf, muss man zum Arzt!

1 Neue Zeckenarten

Inzwischen werden in Nordeuropa auch andere Zeckenarten entdeckt, die es früher nur in heißen Ländern gab. Recherchiert dazu und berichtet davon in der Klasse.

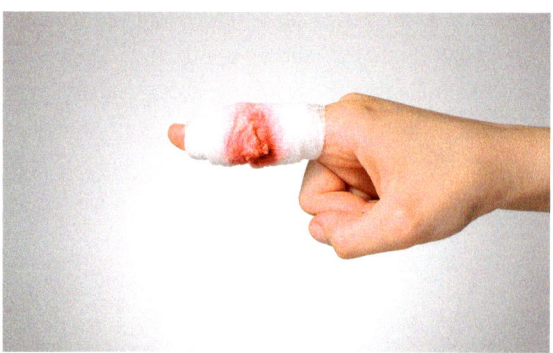

1 Mögliche Infektionswege

1 Achtung Infektionsgefahr

a) Betrachte die Bilder. Wie gelangen Erreger in den Körper?

b) Vermute, welche Krankheiten ausgelöst werden können.

c) Nenne mögliche Schutzmaßnahmen.

Bakterien als Krankheitserreger kennt die Medizin seit mehr als 100 Jahren. Der deutsche Arzt **Robert Koch** konnte diesen Zusammenhang 1876 nachweisen. Seither hat man viele Krankheiten erforscht, die von Bakterien ausgelöst werden.

Wundstarrkrampf (Tetanus). Ein winziges Bakterium, das überall im Boden, Staub oder Kot vorkommt, ist für diese äußerst gefährliche Krankheit verantwortlich. Es gelangt selbst über kleinste Wunden in den Körper. Der Erkrankte bekommt nach einigen Tagen zunächst Fieber. Anschließend treten Spannungen im Bereich der Wunde auf und es kommt zu Krämpfen in der Nacken-, Rücken- und Bauchmuskulatur. Wird die Krankheit nicht rechtzeitig behandelt, endet sie oft tödlich, weil sich auch lebenswichtige Muskulatur wie die Atem- oder Herzmuskulatur verkrampft. Eine Schutzimpfung ist daher besonders wichtig.

Lebensmittelvergiftung durch Salmonellen. Gerade im Sommer häufen sich Erkrankungen, die von verunreinigten Lebensmitteln ausgehen. Sehr häufig sind Bakterien wie Salmonellen die Auslöser. Sie werden auf den Menschen übertragen, wenn man bestimmte Speisen roh verzehrt, nicht ausreichend erhitzt oder wenn bei der Verarbeitung nicht auf die notwendige Hygiene geachtet wird.

Wenige Stunden nach der Infektion kommt es zu starker Übelkeit, Erbrechen, Durchfall, Bauchschmerzen und Fieber. Bei den meisten Menschen klingen die Beschwerden nach einigen Tagen wieder ab. Nur in Ausnahmefällen ist eine Behandlung mit Medikamenten notwendig.

Die Bakterien vermehren sich vor allem bei Wärme sehr schnell. Allerdings können sie auch in tiefgefrorenen Lebensmitteln überleben, nur durch ausreichendes Erhitzen oder Abkochen werden sie abgetötet. Um eine Infektion zu vermeiden, sollte man darauf achten, rohes Fleisch, Fisch und Eier möglichst durchzugaren. Speiseeis muss immer gut gekühlt sein.

Auch die richtige Hygiene im Umgang mit rohen Lebensmitteln in der Küche ist in diesem Zusammenhang wichtig, damit keine Keime auf andere Speisen übertragen werden.

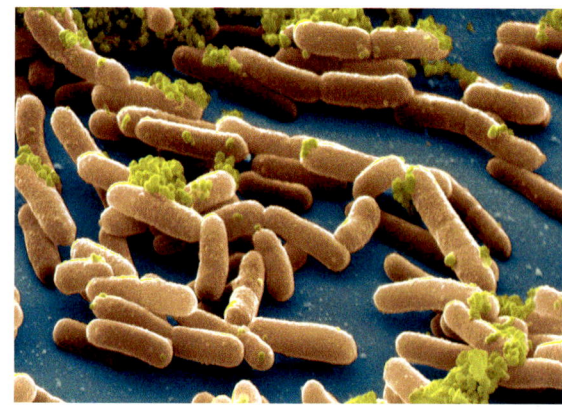

2 Salmonellen sind Krankheitserreger

Weitere Krankheiten. Mit der Entdeckung der Bakterien als Krankheitserreger gelang es der Medizin, für viele dieser Krankheiten Behandlungsmöglichkeiten und Schutzimpfungen zu entwickeln. Einige kommen daher in den Industrieländern kaum noch vor oder konnten stark eingedämmt werden.
Beispiele für bakterielle Erkrankungen sind Keuchhusten, Diphtherie, Tuberkulose und Scharlach.

Krankheit	Ansteckung	Hauptsymptome
Keuchhusten	Krankheitserreger werden eingeatmet (Tröpfcheninfektion)	Hals- und Schluckbeschwerden, krampfartiger Husten, Fieber, Erbrechen
Diphtherie	Krankheitserreger werden eingeatmet (Tröpfcheninfektion)	Schluck- und Atembeschwerden, Gaumen- und Rachenbeläge, Fieber
Tuberkulose	Krankheitserreger werden eingeatmet (Tröpfcheninfektion), infizierte Milch (in ärmeren Ländern außerhalb Europas)	Entzündung der Lunge, Husten, Brustschmerzen, Fieber, Gewichtsverlust
Borreliose	Biss einer infizierten Zecke	sich ausbreitende Hautrötung, Fieber, Muskel- und Kopfschmerzen
Scharlach	Krankheitserreger werden eingeatmet (Tröpfcheninfektion)	Kopf- und Halsschmerzen, Schluckbeschwerden, Fieber, roter Rachen, „Himbeerzunge", Hautausschlag
Fleischvergiftung (Botulismus)	Verzehr von verdorbenen Lebensmitteln	Schlucklähmung, Erbrechen, Durchfall und Verstopfung, Lähmung von Herz und Atmung

1 Beispiele für bakterielle Infektionskrankheiten

1 Fragen zum Text

a) Beschreibe, wie es zu einer Infektion mit Wundstarrkrampf kommt.
b) Wie kann man sich vor Wundstarrkrampf schützen?
c) Wie gelangen Salmonellen in den Körper?
d) Beschreibe die Symptome der Salmonellenvergiftung.
e) Nenne Maßnahmen zum Schutz vor einer Salmonelleninfektion.

2 Weitere Krankheiten

a) Informiert euch in der Gruppe zu Ansteckung, Symptomen und Behandlung einer bakteriellen Infektionskrankheit.
b) Erstellt dazu ein übersichtliches Informationsblatt und präsentiert es in der Klasse.

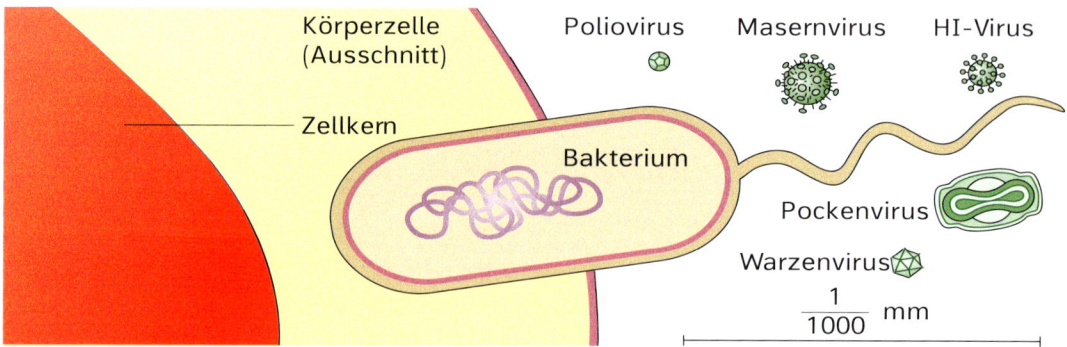

Körperzelle (Ausschnitt)

Poliovirus

Masernvirus

HI-Virus

Zellkern

Bakterium

Pockenvirus

Warzenvirus

$\frac{1}{1000}$ mm

1 Größenvergleich: menschliche Körperzelle, Bakterium, verschiedene Viren

1 Krank machende Winzlinge

a) Vergleiche Größe und Aussehen von Viren und Bakterien.

b) Überlege, warum Viren später entdeckt wurden.

2 Jährliche Grippewelle

Im Winter berichten Zeitungen jedes Jahr vom Beginn der Grippewelle.

a) Erkläre, was damit gemeint ist.

b) Woran erkennt man die Krankheit?

Viren als Krankheitserreger. Die Viren wurden als Krankheitserreger später entdeckt als die Bakterien. Da sie mit 0,00001 mm wesentlich kleiner sind, kann man sie nur mit einem Elektronenmikroskop sehen.

Bau und Vermehrung von Viren. Viren sehen von außen zwar sehr unterschiedlich aus, ihr Aufbau ist aber gleich. Viren besitzen eine Eiweißhülle, die das Erbmaterial im Inneren schützt. An der Eiweißhülle befinden sich Fortsätze, mit denen sich das Virus an andere Zellen anheften kann.

Viren können sich nicht selbst vermehren. Sie dringen in die Zellen von Wirten (Menschen, Tiere, Pflanzen oder Bakterien) ein und veranlassen diese, neue Viren herzustellen. Die Wirtszelle wird dabei zerstört und platzt. Die neuen Viren befallen dann weitere Zellen und vermehren sich dort.

Nach einer Infektion mit Viren kommt es oft zu Fieber, Gliederschmerzen und Mattigkeit. Dann sollte man sich schonen und dem Körper ausreichend Ruhe gönnen, damit das Immunsystem die Viren bekämpfen und eine weitere Vermehrung verhindern kann.

Masern – keine harmlose Kinderkrankheit. Die Infektionskrankheit Masern wird oft unterschätzt. Die Ansteckung geschieht über eine sogenannte Tröpfcheninfektion. Dabei werden die Erreger durch Anniesen und Anhusten übertragen. Nach etwa 10 Tagen zeigen sich mit Husten, Schnupfen, Fieber und weißen Flecken auf der Wangenschleimhaut die ersten Symptome. Nach weiteren 3 bis 5 Tagen haben sich die Viren stark vermehrt. Das Fieber steigt oft auf 40 °C und es entwickelt sich ein hellroter Hautausschlag auf dem ganzen Körper. Der Erkrankte fühlt sich sehr schlecht. Ein bis zwei Wochen nach Ausbruch der Krankheit gehen die Symptome zurück, wenn das Immunsystem die Viren abtöten kann.

Ist das Immunsystem allerdings geschwächt, besteht vor allem bei Kindern die Gefahr, dass es zu gefährlichen Folgeerkrankungen kommt. Die Kinder erkranken dann z. B. an Mittelohr- oder Lungenentzündung. Auch die lebensgefährliche Hirnhautentzündung kann als Folgeerkrankung entstehen. Nur eine rechtzeitige Impfung schützt vor Masern und den gefährlichen Folgen.

MERKE

▶ Viren sind viel kleiner als Bakterien.

▶ Viren vermehren sich in Wirtszellen, die sie dabei zerstören.

▶ Masern sind eine schwere Infektionskrankheit.

▶ Eine rechtzeitige Impfung schützt auch vor den gefährlichen Folgen.

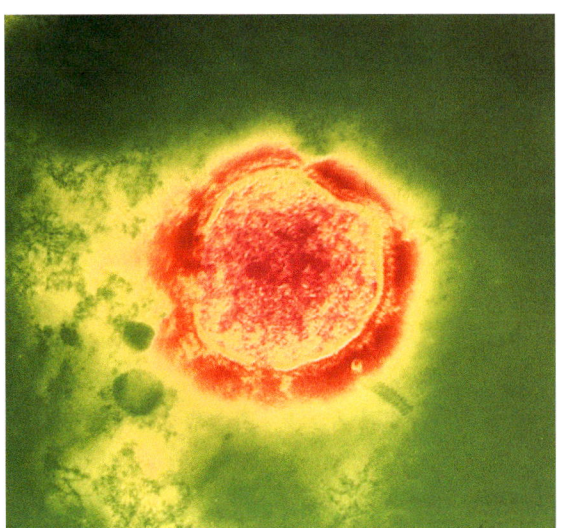

1 Masernviren unter dem Mikroskop

Krankheit	Ansteckung	Hauptsymptome
Röteln	Tröpfcheninfektion	Fieber, rote Flecken am Körper
Herpes	Schmierinfektion, Körperkontakt, Erreger bleibt lebenslang im Körper	schmerzhafte Bläschen
Windpocken	Tröpfcheninfektion, auch über die Flüssigkeit in den Bläschen, verunreinigte Gegenstände	Fieber, stark juckender Ausschlag mit Bläschen
Mumps	Tröpfcheninfektion	Fieber, Kopf- und Gliederschmerzen, schmerzhafte Schwellung der Ohrspeicheldrüsen
Kinderlähmung (Polio)	Tröpfcheninfektion, über verunreinigtes Wasser oder Nahrung	meist symptomlos, manchmal grippeähnliche Symptome (Fieber, Gliederschmerzen, …), Lähmungen

3 Beispiele für Infektionskrankheiten durch Viren

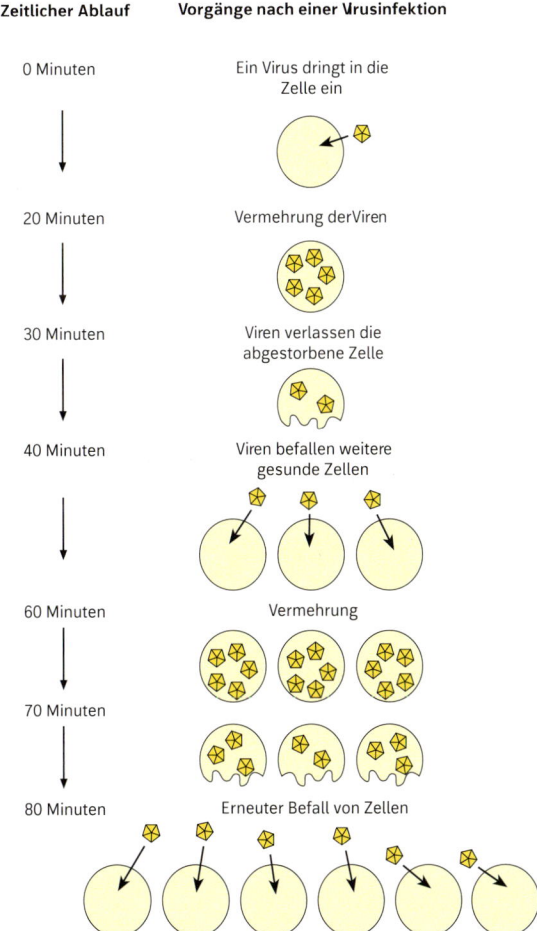

Zeitlicher Ablauf	Vorgänge nach einer Virusinfektion
0 Minuten	Ein Virus dringt in die Zelle ein
20 Minuten	Vermehrung der Viren
30 Minuten	Viren verlassen die abgestorbene Zelle
40 Minuten	Viren befallen weitere gesunde Zellen
60 Minuten	Vermehrung
70 Minuten	
80 Minuten	Erneuter Befall von Zellen

2 Vermehrung von Viren im Körper

1 Fragen zum Text

a) Beschreibe die Vermehrung von Viren.
b) Nenne mögliche Symptome einer Virusinfektion.
c) Beschreibe den Verlauf der Masernerkrankung.
d) Warum sollte man sich durch eine Impfung schützen?

2 Weitere Krankheiten

a) Informiert euch in der Gruppe zu Ansteckung, Symptomen und Behandlung einer Infektionskrankheit, die durch Viren ausgelöst wird.
b) Erstellt ein übersichtliches Informationsblatt und präsentiert es in der Klasse.

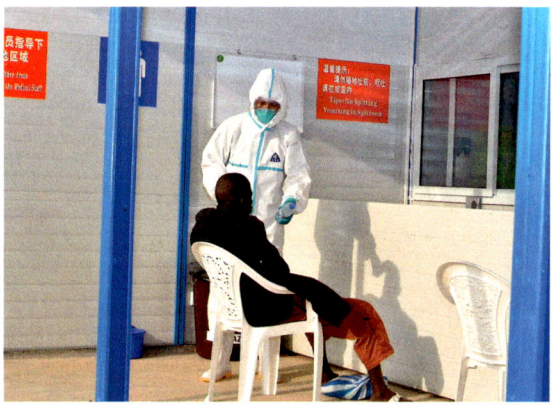

1 Ebola-Patient

Globale Gefahren

Infektionskrankheiten treten in allen Ländern der Erde auf. Die Gefahr, sich mit einer gefährlichen Krankheit anzustecken, ist in manchen Urlaubsländern sehr groß.

Infizierte Personen schleppen die Erreger dann in ihre Heimatländer ein. So können sich Infektionskrankheiten weltweit verbreiten. Es kommt zu einer **Pandemie**.

Corona-Virus. Seit dem Jahreswechsel 2019/2020 hat das neuartige Corona-Virus die ganze Welt in Atem gehalten. Es ist zu einer weltweiten Pandemie gekommen. Der Erreger ist zwar nicht so gefährlich, wie zum Beispiel das Ebola-Virus; doch die Krankheit kann auch einen schweren oder tödlichen Verlauf nehmen. Da der Mensch mit diesem Virus wohl noch nie in Kontakt gekommen war, hatte noch keiner Antikörper im Blut. So ist im Prinzip jeder Mensch gefährdet, diese Krankheit zu bekommen. Geschieht

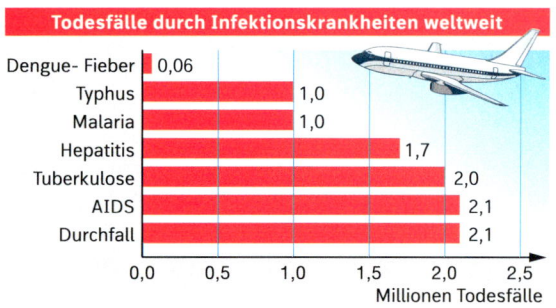

2 Todesfälle durch Infektionskrankheiten (pro Jahr)

dies sehr schnell, sind die Gesundheitssysteme völlig überfordert. Um die Ansteckungsrate zu verlangsamen, haben die meisten Staaten zum Teil weit reichende Maßnahmen getroffen.

Pest. Auch in früheren Zeiten gab es Epidemien. Traurige Berühmtheit erlangte vor allem die Pest, die sich im Mittelalter entlang der Handelsstraßen in Europa ausbreitete. Die von Bakterien ausgelöste Krankheit brachte 25 Millionen Menschen den Tod. Wer infiziert war, hatte kaum Chancen, zu überleben. Fieber, Schüttelfrost und eitrige, schwarze Beulen waren die Hauptsymptome. Erst im 19. Jahrhundert entdeckte man den Erreger.
Weltweit gibt es immer wieder Pesterkrankungen, in Europa kam es allerdings zu keiner Erkrankung mehr.

Weitere Krankheiten. Ebola ist eine oft tödlich verlaufende Krankheit in Afrika. Bekannt ist auch Malaria; eine Infektionskrankheit, die von Mücken übertragen wird. Gelbfieber und Dengue-Fieber sind ebenfalls von Mücken übertragene Tropenkrankheiten.
In Ländern mit schlechten hygienischen Zuständen steigt die Gefahr, sich über verunreinigtes Wasser oder Nahrung mit Krankheiten wie Cholera, Typhus oder Hepatitis-A zu infizieren.

1 Schutz im Urlaub
„Schäl' es, koch' es oder vergiss' es!"
Erkläre diesen Ratschlag im Umgang mit Lebensmitteln für den Urlaub in sehr warmen Ländern.

2 Seuchen früher
Auch in Europa gab es zu früheren Zeiten Seuchen.
a) Informiere dich im Internet genauer zu einer früher aufgetretenen Epidemie (z.B. Pest, Cholera, spanische Grippe).
b) Trage deine Ergebnisse der Klasse vor.

3 Pandemie
a) Was ist eine Pandemie?
b) Erkläre, wie sich Infektionskrankheiten weltweit rasch verbreiten können.
c) Berichtet über neue Viruskrankheiten wie Sars oder das Corona-Virus.

Pilze als Krankheitserreger

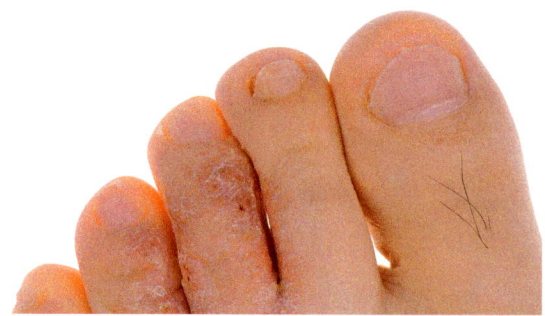

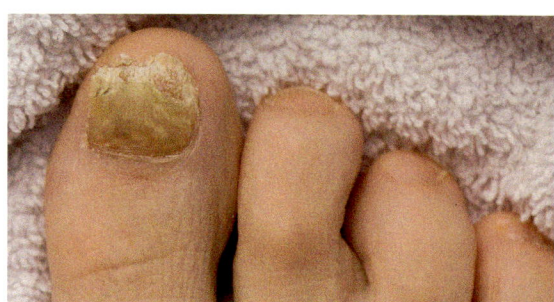

1 Verschiedene Pilzerkrankungen (Fußpilz, Nagelpilz)

1 Pilze am Menschen

a) Beschreibe das Aussehen der Erreger (s. u. re.).
b) Welche Symptome einer Pilzerkrankung kannst du erkennen?
c) Vermute, wo sich Pilze beim Menschen einnisten können.

Pilzerkrankungen sind häufig. Viele Erwachsene kennen den Fußpilz als harmlose, aber lästige Erkrankung. Früher gab es daher in Schwimmbädern oft Desinfektionseinrichtungen, deren Sinn man aber heute anzweifelt.
Jeder Mensch verliert ständig Hautschuppen. In den Hautschuppen von Erkrankten befinden sich Pilzfäden, die auf die Haut von anderen Personen gelangen. Wenn die Füße nicht gründlich gereinigt und abgetrocknet werden, können die Pilzfäden in die Haut eindringen. In einer warmen und feuchten Umgebung gedeihen Pilze besonders gut. Es ist auch möglich, dass der Pilz auf andere Körperstellen übertragen wird. Dies geschieht z. B. dann, wenn Füße und Hände mit demselben Handtuch abgetrocknet werden. Pilzerkrankungen gibt es auch an anderen Stellen des Körpers, z. B. unter den Nägeln, im Mundbereich als Soor, im Genitalbereich oder im Darm. Oft ist ein Hefepilz dafür verantwortlich.

Symptome und Behandlung. Pilzerkrankungen wie den Fußpilz bemerkt man durch Rötungen und juckende Bläschen, die sich durch Aufkratzen entzünden können.
Eine äußerliche Pilzerkrankung kann mit Salben behandelt werden. Die Behandlung dauert aber oft lange. Der wichtigste Schutz vor Pilzinfektionen besteht in einer entsprechenden Hygiene. Wenn die Erreger nicht zu viel werden, bleibt eine Infektion nämlich oft auch symptomlos.

MERKE
- ▶ Pilze lösen Infektionskrankheiten aus.
- ▶ Der Fußpilz und andere Hautpilze sind häufig vorkommende Erkrankungen.
- ▶ Sorgfältige Hygiene hilft Pilzinfektionen zu vermeiden.

2 Fragen zum Text

a) Beschreibe die Infektion mit Fußpilz.
b) Nenne weitere mögliche Pilzerkrankungen.
c) Woran kann man eine Fußpilzinfektion erkennen?
d) Warum ist Hygiene ein guter Schutz?

3 Geschwächte Abwehr

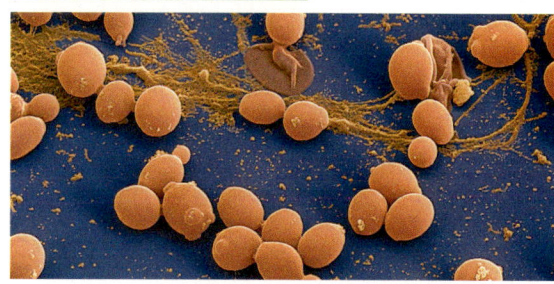

Viele Menschen tragen einen Hefepilz (Candida albicans) im oder am Körper. Aber besonders ältere Menschen oder Babys erkranken an Soor.
a) Finde eine mögliche Begründung.
b) Welche Personengruppen könnten noch gefährdet sein?

Die Arbeit des Immunsystems

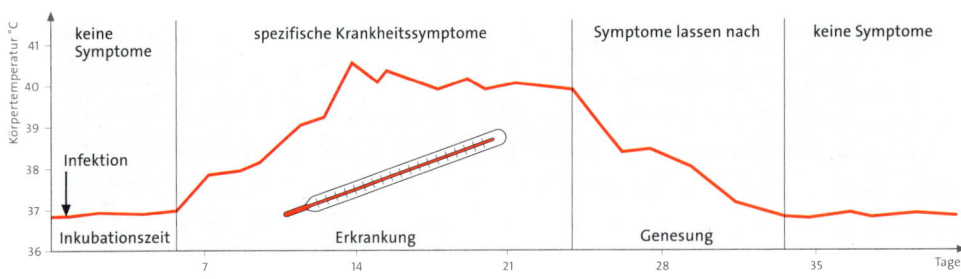

1 Phasen beim Verlauf einer Infektionskrankheit

1 Der Körper kann sich selbst helfen

a) Betrachte Abb. 1. Beschreibe, was du aus der Grafik entnehmen kannst.

b) Woran kannst du erkennen, dass das Abwehrsystem des Körpers arbeitet?

Schutzeinrichtungen des Körpers. Unser Körper besitzt zahlreiche Schutzeinrichtungen, die ihn vor Krankheitserregern schützen sollen. Zunächst verhindert die Haut, dass die Erreger in den Körper eindringen können. Der Schleim der Schleimhäute und die Tränenflüssigkeit enthalten Stoffe, die eindringende Erreger bekämpfen. Die Salzsäure Im Magensaft schützt ebenfalls vor Erregern. Eine erhöhte Körpertemperatur und Fieber hemmen die Vermehrung bestimmter Krankheitserreger.

Abwehr von Erregern. Es gibt auch ein Abwehrsystem des Körpers, das sich gezielt gegen körperfremde Stoffe zur Wehr setzt, unser **Immunsystem**. Aus den weißen Blutzellen entwickeln sich die verschiedenen Zellen des Immunsystems (Fresszellen, Helferzellen, Killerzellen und Plasmazellen).
Krankheitserreger dringen in den Körper ein. Als erstes arbeiten nun die Fresszellen. Sie zerstören Erreger und informieren die Helferzellen. Diese vermehren sich und aktivieren die Killerzellen und die Plasmazellen. Die Killerzellen vernichten infizierte Zellen. Die Plasmazellen bilden Antikörper. Die Antikörper heften sich an die Erreger und verkleben sie miteinander. So werden sie unschädlich gemacht und können von den Fresszellen leichter vernichtet werden.

Immunität. Bei der Abwehr werden auch Gedächtniszellen gebildet, die sich die Gestalt der Erreger merken. Bei einer erneuten Infektion mit diesem

Erreger können sofort Antikörper gebildet werden. Gegen diese Krankheit ist man immun. Sie bricht manchmal ein Leben lang nicht mehr aus.

2 Fragen zum Text

a) Beschreibe die Abwehr von Krankheitserregern.

b) Erkläre, wie man gegen eine Krankheit immun wird.

3 Hilfe für den Körper

Du kannst deinen Körper in seiner Abwehr unterstützen. Beschreibe verschiedene Möglichkeiten.

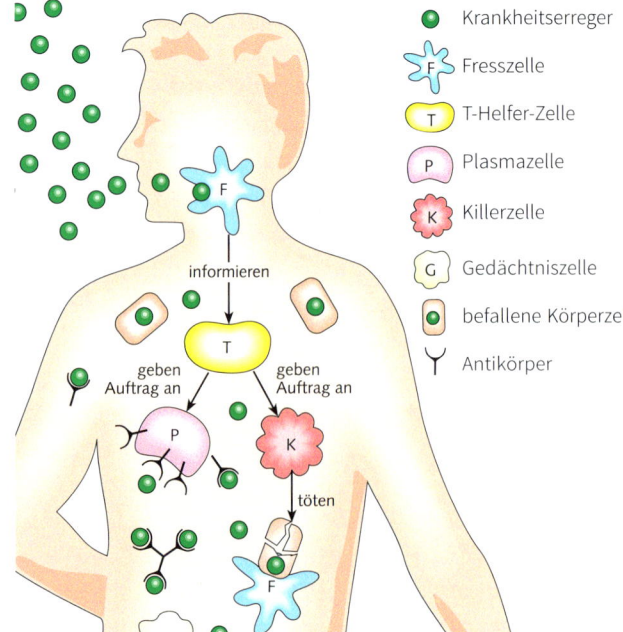

Krankheitserreger
Fresszelle
T-Helfer-Zelle
Plasmazelle
Killerzelle
Gedächtniszelle
befallene Körperzelle
Antikörper

informieren

geben Auftrag an

geben Auftrag an

töten

2 Bekämpfung von Erregern

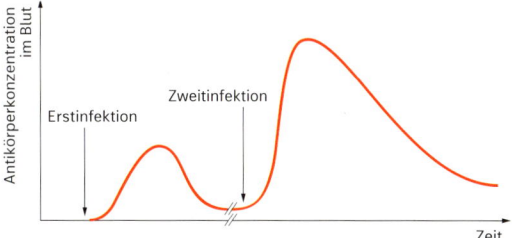

1 Anzahl von Antikörpern bei Infektionen

1 Ein Leben lang immun

Manche Krankheiten bekommt man nur einmal. Nenne Beispiele.

2 Immunisierung

a) Welche Informationen kannst du aus dem Schaubild entnehmen? Notiere in Stichpunkten.
b) Beschreibe, was du über die Anzahl von Antikörpern aussagen kannst.
c) Kleine Kinder sind häufiger krank als Erwachsene. Begründe mithilfe des Schaubildes.

Die Bekämpfung von Krankheitserregern erfolgt mithilfe einer unspezifischen, angeborenen Abwehr und einer spezifischen, erworbenen Abwehr.

Bildung von Antikörpern. Die spezifische Immunabwehr bekämpft Erreger gezielt, indem passende Antikörper gebildet werden. Wenn ein Erreger bereits bekannt ist, gelingt dies schneller. In einigen Fällen bricht die Krankheit gar nicht mehr aus, der Körper ist immun.
Wenn Erreger in den Körper eingedrungen sind, werden sie zunächst von den Fresszellen vernichtet. Das reicht aber oft nicht. Dann aktivieren Helferzellen die Plasmazellen. Die Plasmazellen bilden daraufhin passende Antikörper.

Funktion der Antikörper. Antikörper sind Eiweiße, die eine typische Form besitzen (Y). Mit ihren Enden können sie an bestimmten Stellen (Antigene) auf der Oberfläche von Krankheitserregern andocken. Jeder Antikörper passt dabei nur zu einem bestimmten Antigen (Schlüssel-Schloss-Prinzip).
Antikörper markieren die Erreger, die dann von den Killerzellen vernichtet werden. Manche Antikörper

können auch mehrere Antigene miteinander verbinden. Die Erreger verklumpen und sind handlungsunfähig. Sie werden dann von Fresszellen beseitigt.

Immunisierung. Bereits während der Abwehr der Erreger bilden sich Gedächtniszellen. Diese Zellen merken sich die typische Gestalt des Erregers. Auch nach Jahren können sie aktiv werden, wenn der Erreger erneut in den Körper eindringt. Dann produzieren sie passende Antikörper in großen Mengen und sorgen so für eine schnelle Vernichtung. Gegen diese Erreger ist der Körper also immun.

Erreger verändern sich. Es gibt jedoch viele Krankheiten, die man immer wieder bekommen kann. Die Erreger haben dann oft ihre Gestalt verändert, so dass die Gedächtniszellen sie nicht erkennen. Manche Krankheiten wie Scharlach werden von unterschiedlichen Erregerstämmen ausgelöst. Auch in diesem Fall ist der andere Erregertyp für das Immunsystem unbekannt.

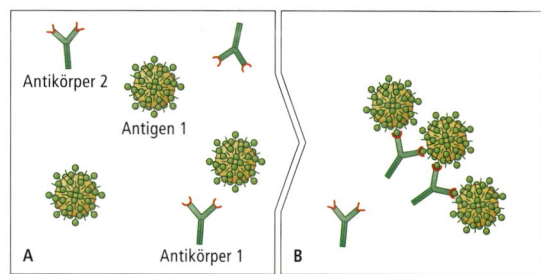

2 Schlüssel-Schloss-Prinzip

MERKE

▶ Bei der spezifischen Immunabwehr werden passende Antikörper gebildet.
▶ Jeder Antikörper passt nur zu einem bestimmten Antigen (Schlüssel-Schloss-Prinzip).
▶ Antikörper markieren Erregerzellen und machen sie unschädlich.
▶ Wenn bereits Antikörper gebildet wurden, ist der Körper gegen diese Erreger immun.

3 Fragen zum Text

a) Was bedeutet spezifische Immunabwehr?
b) Erkläre, wie Antikörper Erreger unschädlich machen.

1 Animpfen eines Bakteriennährbodens

1 Bakterien sind überall

Es gibt Petrischalen mit fertig vorbereiteten Bakteriennährboden. Damit kann man testen, ob auf den Fingern oder auf Gegenständen Bakterien vorhanden sind. Sie werden dann in einen Wärmeschrank gelegt, wie auf Seite 93 beschrieben.

Das Ergebnis ist oft überraschend, denn fast „überall" findet man verschiedenste Bakterien.

a) Überlege, woher die Bakterien stammen könnten.

b) Notiere Möglichkeiten, dich vor krankmachenden Keimen zu schützen.

2 Hilfe zur Selbsthilfe

Nur ein gesunder Körper hat ein starkes Abwehrsystem. Beschreibe mit Hilfe der Abbildungen unten, wie du deinen Körper gesund halten kannst.

Wie kann man sich vor Krankheiten schützen?

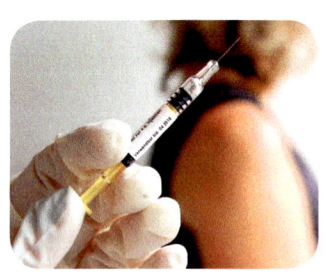

2 Es gibt viele Möglichkeiten, sich vor Krankheiten zu schützen

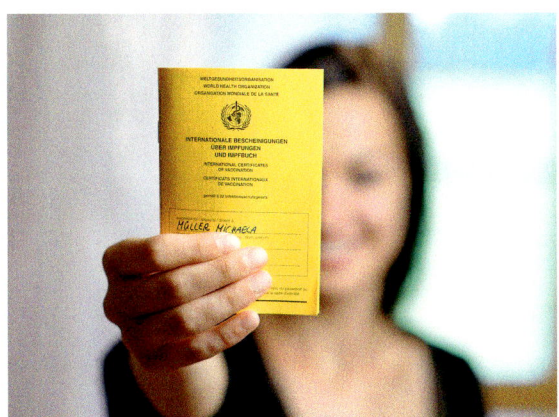

1 Impfpass

Impfung. Die Impfung ist eine spezifische Schutzmaßnahme. Sie bietet einen guten Schutz vor gefährlichen Krankheitserregern. Bei einer Schutzimpfung werden abgeschwächte Erreger in den Körper gespritzt. So wird das Immunsystem veranlasst, Antikörper herzustellen. Impfungen müssen nach einigen Jahren wieder aufgefrischt werden.

MERKE

- ▶ **Einer Krankheit kann man vorbeugen, zum Beispiel durch eine gesunde Lebensweise und eine ausreichende Hygiene.**
- ▶ **Eine spezifische Vorbeugung ist die Schutzimpfung.**

Gesunde Lebensweise. Für ein starkes Abwehrsystem ist eine gesunde Lebensweise ganz besonders wichtig. Dafür kannst du eine Menge tun. Sport und Bewegung an frischer Luft fördern die Durchblutung deines Körpers und stärken so die Abwehrkräfte. Eine frische, abwechslungsreiche Ernährung und ausreichend Flüssigkeit sind ebenfalls sehr wichtig. Besonders Vitamin C ist für das Immunsystem von Bedeutung. Stress und wenig Schlaf machen den Körper krank und schwächen die Abwehr. Deshalb sollte man auf genügend Schlaf und Entspannung achten.

Hygiene. Eine maßvolle Hygiene schützt den Körper vor krankmachenden Keimen. Besonders sorgfältiges Händewaschen hilft dabei, Infektionen abzuwehren.
Zu häufiges Waschen schädigt allerdings den Schutzmantel der Haut. Dann können Krankheitserreger eindringen.
In der Küche ist es notwendig, auf die entsprechende Küchenhygiene zu achten: Rohes Fleisch darf nicht mit anderen Lebensmitteln in Kontakt kommen und Küchengeräte müssen sorgfältig gespült werden.

1 Fragen zum Text

a) Nenne Tipps, um den Körper gesund zu halten.
b) Warum ist eine maßvolle Hygiene wichtig?
c) Erkläre, wie eine Impfung abläuft.

2 Impfpass

In deinem Impfpass steht, welche Impfungen du erhalten hast. Vergleiche deinen Impfpass mit dem Impfplan unten.

Impfalter / Impfung	Alter in vollendeten Monaten					Alter in vollendeten Jahren			
	2	3	4	11-14	15-23	5-6	9-17	ab 18	ab 60
Rotaviren (Durchfallerkrankung)	1.	2.	3.						
Tetanus (Wundstarrkrampf)	1.	2.	3.	4.		A	A (alle 10 Jahre)		
Diphterie (z.B. Rachenentzündung)	1.	2.	3.	4.		A	A (alle 10 Jahre)		
Keuchhusten	1.	2.	3.	4.		A	A (alle 10 Jahre)		
Haemophilus influenza b (z.B. Hirnhautentzündung)	1.	2.	3.	4.					
Kinderlähmung	1.	2.	3.	4.			A (alle 10 Jahre)		
Hepatitis B (z.B. Leberentzündung)	1.	2.	3.	4.		G			
Pneumokokken (z.B. Lungenentzündung)	1.	2.	3.	4.					S
Meningokokken (z.B. Hirnhautentzündung)				1.					
Masern, Mumps, Röteln				1.	2.				
Windpocken				1.	2.	G			
Humane Papilloma-Viren (Gebärmutterhalskrebs)				1.2.3. M					

G = Grundimmunisierung für Jugendliche, die bisher nicht geimpft wurden
A = Auffrischungsimpfung M = Mädchen, junge Frauen S = Senioren

2 Auszug aus den Impfempfehlungen

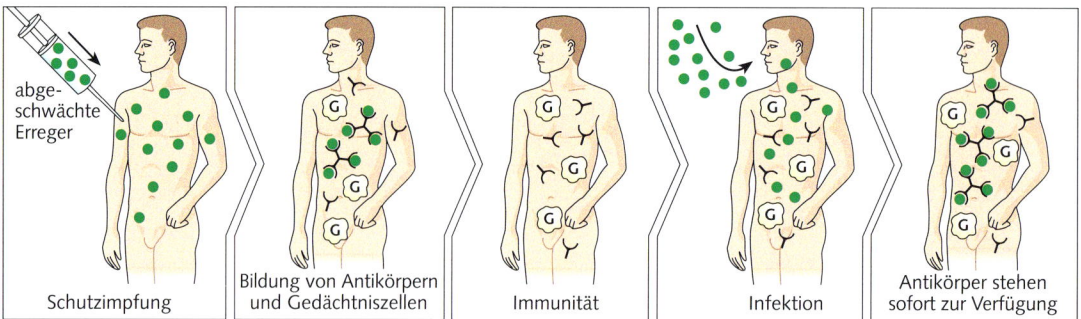

1 *Aktive Immunisierung*

1 Impfen schützt

Betrachte den Impfplan auf Seite 109. Welche Impfungen müssen häufiger aufgefrischt werden?

Einige tödliche Krankheiten wie Pocken kommen in Deutschland nicht mehr vor, weil ein Großteil der Bevölkerung dagegen geimpft ist.

Schutzimpfung (aktive Immunisierung). Bei einer Schutzimpfung werden abgeschwächte Erreger in den Körper gespritzt. Das Immunsystem beginnt daraufhin Antikörper gegen den Erreger zu bilden; die Gedächtniszellen merken sich dessen Gestalt. Wenn es zur Infektion mit demselben Erreger kommt, wird das Immunsystem sofort aktiv und kann schnell reagieren. Die Krankheit bricht nicht aus. Vor vielen gefährlichen Krankheiten wie z. B. Tetanus kann man sich so wirksam schützen. Die Schutzimpfung muss nach einigen Jahren aufgefrischt werden, damit weiterhin genügend Antikörper vorhanden sind.

Heilimpfung (passive Immunisierung). Eine Heilimpfung ist eine Möglichkeit, eine bereits ausgebrochene Krankheit zu heilen, wenn das eigene Immunsystem zu schwach ist, um den Erreger zu bekämpfen. Dabei werden passende Antikörper in den Körper gespritzt, die sofort die Erreger abwehren können. Die Antikörper stammen inzwischen meist von Menschen, die diese nach einer Schutzimpfung gebildet haben. Die Heilimpfung wirkt nur für kurze Zeit, meist wenige Wochen.

MERKE

▶ **Bei der aktiven Immunisierung bildet der Körper selbst Antikörper.**
▶ **Bei der passiven Immunisierung werden dem Erkrankten Antikörper gespritzt.**

2 Fragen zum Text

a) Beschreibe die aktive Immunisierung.
b) Erkläre den Unterschied zwischen aktiver und passiver Immunisierung.

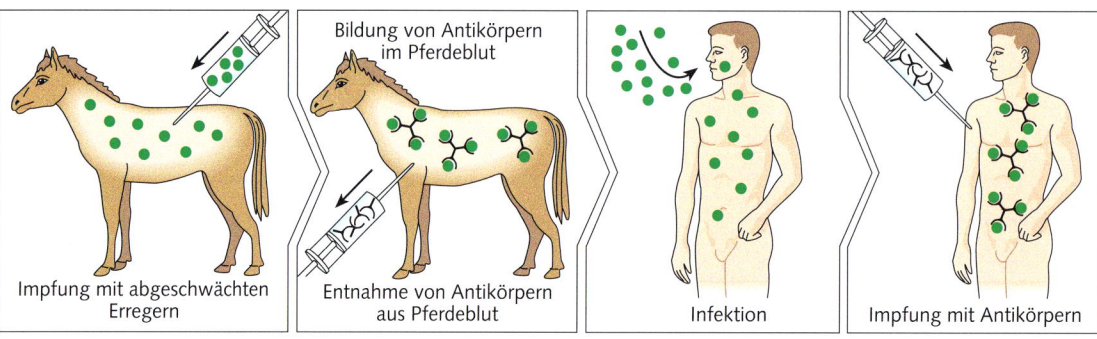

2 *Passive Immunisierung*

1 *Verschiedene Möglichkeiten der Behandlung von Krankheiten*

Natürliche Heilung oder Antibiotika?

Unser Körper besitzt **Selbstheilungskräfte**, so dass er mit vielen Krankheiten gut fertig wird. Das Immunsystem zerstört die Krankheitserreger. Eine erhöhte Körpertemperatur oder Fieber (ab 38 °C) beschleunigt den Stoffwechsel und unterstützt den Kampf gegen die Erreger. Wenn das Fieber allerdings zu hoch wird (über 39 °C), sollte man versuchen es zu senken, zum Beispiel mit Wadenwickeln.

Unterstützung durch natürliche Heilung. Der Körper kann in seiner Abwehr durch pflanzliche Mittel, Bewegungstherapie und Ruhe unterstützt werden. Viele Möglichkeiten der **natürlichen Heilung** können auch helfen, die Einnahme von Medikamenten zu reduzieren. Bei leichten Erkrankungen kann man oft auch ganz darauf verzichten. Kräutertees aus Salbei oder Thymian wirken z. B. bei Halsschmerzen oder Husten beruhigend und schmerzlindernd. Eine Salbe mit ätherischen Ölen mildert die Symptome von Erkältungskrankheiten. Bei Schnupfen wirkt Inhalieren (Einatmen heißer Dämpfe) schleimlösend und befreit die Nase. Leichte Bewegung an der frischen Luft unterstützt das Immunsystem. Ganz wichtig ist es aber auch, dem Körper bei Krankheit Ruhe zu gönnen.

Einsatz von Antibiotika. Es gibt andererseits aber gefährliche Infektionen, die eine Behandlung mit Medikamenten erfordern. Bei bakteriellen Infektionen wird dann oftmals ein **Antibiotikum** eingesetzt. Antibiotika hemmen das Wachstum der krankmachenden Bakterien bzw. töten diese.

Viele gefährliche Infektionen können so behandelt werden. Gegen Viren sind diese Mittel unwirksam.

Diese Erkenntnis geht auf eine zufällige Entdeckung im Jahr 1928 zurück. Alexander Fleming fand in alten, verschimmelten Bakterienkulturen einen Pilz, der das Wachstum der Bakterien gehemmt hatte. Der Wirkstoff ist das Penicillin.

Nachteile. Antibiotika bergen die Gefahr, dass Bakterienstämme zunehmend resistent (unempfindlich) werden. Das Medikament ist damit im Kampf gegen den Erreger unwirksam. Deshalb sollten Antibiotika sehr gezielt und nur nach sorgfältiger Abwägung durch den Arzt eingesetzt werden. Außerdem ist es wichtig, das Medikament in der verschriebenen Menge einzunehmen, auch wenn die Symptome vorher weg sind. Nur so kann verhindert werden, dass Bakterien überleben und eine Unempfindlichkeit entwickeln. Ein weiterer Nachteil von Antibiotika sind Nebenwirkungen. Vor allem auch die nützlichen Bakterien im Darm werden angegriffen. Deshalb kommt es bei der Einnahme oft zu Problemen mit der Verdauung.

1 Aufgaben

a) Nenne Möglichkeiten, den Körper mithilfe der natürlichen Heilung zu unterstützen.
b) Erkläre die Wirkung von Antibiotika.
c) Warum darf man ein Antibiotikum nicht zu häufig einsetzen?
d) Warum ist es sinnlos, Antibiotika gegen Grippeviren einzusetzen?

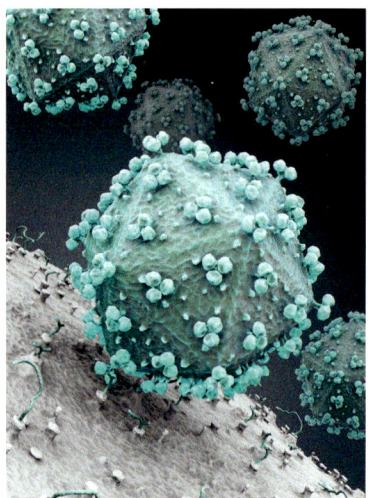

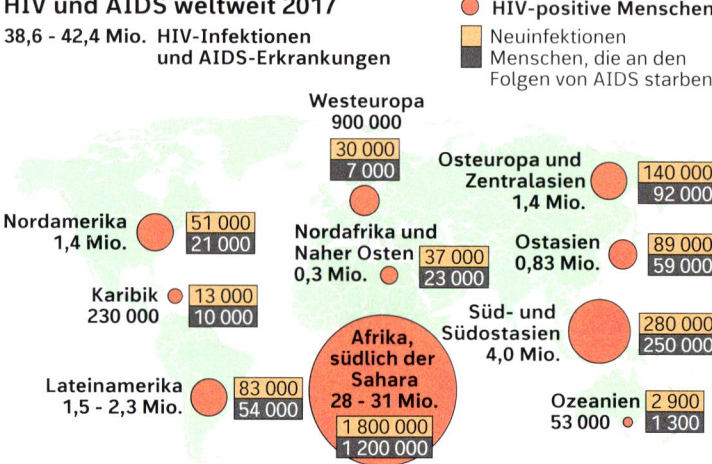

HIV und AIDS weltweit 2017
38,6 - 42,4 Mio. HIV-Infektionen und AIDS-Erkrankungen

● HIV-positive Menschen
▢ Neuinfektionen
■ Menschen, die an den Folgen von AIDS starben

Westeuropa
900 000
30 000
7 000

Osteuropa und Zentralasien
1,4 Mio.
140 000
92 000

Nordamerika
1,4 Mio.
51 000
21 000

Nordafrika und Naher Osten
0,3 Mio.
37 000
23 000

Ostasien
0,83 Mio.
89 000
59 000

Karibik
230 000
13 000
10 000

Süd- und Südostasien
4,0 Mio.
280 000
250 000

Afrika, südlich der Sahara
28 - 31 Mio.
1 800 000
1 200 000

Lateinamerika
1,5 - 2,3 Mio.
83 000
54 000

Ozeanien
53 000
2 900
1 300

1 *Virus, das AIDS verursacht*   **2** *Weltweite Verbreitung von HIV-Infektionen*

1 AIDS in Deutschland

a) Notiere in Stichpunkten, welche Informationen du dem Schaubild entnehmen kannst.

b) Beschreibe die Entwicklung der Neuinfektionen.

2 Viele Fragen

a) Notiere Fragen, die du zum Thema HIV und AIDS hast.

b) An welchen Stellen könntest du Antworten bekommen?

AIDS ist eine tödliche Infektionskrankheit, die bis heute nicht geheilt werden kann. Wenn die Infektion rechtzeitig erkannt wird, gibt es jedoch gute Behandlungsmöglichkeiten, um mit der Krankheit zu leben. Die Krankheit **AIDS** ist eine erworbene Immunschwächekrankheit (**A**cquired **I**mmune **D**eficiency **S**yndrome). Sie wird vom Erreger **HIV** ausgelöst.

Infektion. Das HI-Virus (**H**umane **I**mmundeficiency **Vi**rus = menschliches Immunschwächevirus) wird über das Blut, Sperma oder die Scheidenflüssigkeit eines infizierten Menschen übertragen. Das Virus muss für eine Infektion in die Blutbahn gelangen. Insbesondere beim ungeschützten Geschlechtsverkehr oder Kontakt mit dem Blut eines Infizierten besteht ein hohes Ansteckungsrisiko.

Verlauf der Krankheit. Das HI-Virus befällt die Helferzellen des Immunsystems. Sie werden veranlasst neue Viren herzustellen. So können sie ihre eigentliche Aufgabe, das Bilden von Antikörpern und die Aktivierung von Killerzellen, nicht mehr wahrnehmen. Der Infizierte bemerkt zunächst lange Zeit nichts von der Infektion. Die Inkubationszeit kann bis zu 20 Jahre dauern.

Wenn sich die Viren stark vermehrt haben, treten erste Krankheitszeichen wie Fieber, Durchfall, Lymphknotenschwellung und Nachtschweiß auf. Das Immunsystem des Infizierten wird durch die Zerstörung der Helferzellen zunehmend schwächer, bis der Körper keine Abwehrkräfte mehr hat.

In diesem Stadium der Krankheit werden selbst harmlose Infektionskrankheiten zur Gefahr. Krankheiten wie Lungenentzündungen oder ein Pilzbefall der Organe häufen sich und führen schließlich zum Tod.

Behandlung. AIDS ist als Krankheit bisher nicht heilbar. Das Immunsystem bildet Antikörper gegen das Virus, die jedoch unwirksam sind, da sich das Virus ständig verändert. Diese lassen sich aber im Blut nachweisen und damit auch die Infektion. Wird die Infektion mit HIV rechtzeitig erkannt, ist eine gute lebenslange Behandlung mit Medikamenten möglich. Diese verhindern die Vermehrung der Viren und zögern damit den Ausbruch der Krankheit hinaus.

Wirksamer Schutz.
Die beste Vorbeugung ist, eine Ansteckung zu vermeiden. Kondome schützen beim Geschlechtsverkehr wirksam vor einer Infektion. Bei der Versorgung von Verletzten ist das Tragen von Einmalhandschuhen Pflicht.
Da eine Ansteckung im normalen Alltag unwahrscheinlich bis unmöglich ist, braucht man den Kontakt zu AIDS-Patienten nicht zu meiden.

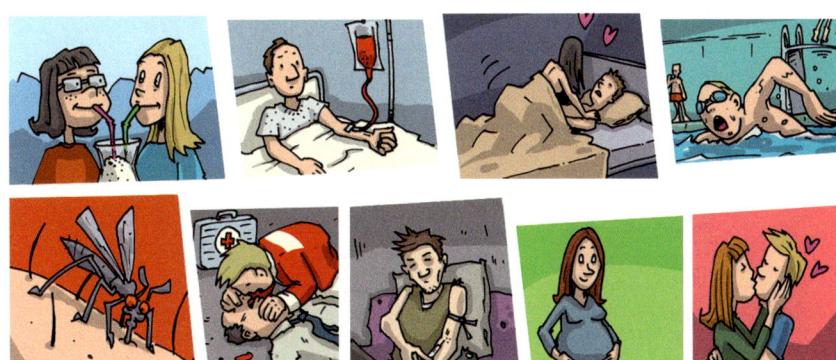

1 In welchen Situationen besteht eine Ansteckungsgefahr?

MERKE

▶ AIDS ist eine unheilbare, tödliche Infektionskrankheit.
▶ Sie wird vom HI-Virus ausgelöst.
▶ Das Virus befällt die Helferzellen des Immunsystems und setzt die Abwehr außer Kraft.
▶ Das HI-Virus wird durch Körperflüssigkeiten übertragen, z. B. beim ungeschützten Geschlechtsverkehr.

---

1 Fragen zum Text

a) Was bedeuten die Abkürzungen AIDS und HIV?
b) Nenne Möglichkeiten, sich mit dem HI-Virus zu infizieren.
c) Beschreibe den Verlauf der Krankheit.
d) Wie kann man sich vor einer Infektion schützen?

2 Ansteckungsgefahr!?

a) Betrachte die verschiedenen Situationen auf den Comicbildern rechts oben.
Entscheide jeweils, ob es eine hohe, geringe oder gar keine Ansteckungsgefahr gibt.
b) Begründe deine Entscheidung.

3 Klar!

> # WAS MACHST DU, WENN DEIN BESTER FREUND HIV HAT?
>
> *Alles, was wir immer machen!*
>
> POSITIV
> ZUSAMMEN
> LEBEN
>
> Am 1.12. ist Welt-AIDS-Tag

a) Überlege, was mit diesem Spruch erreicht werden soll.
b) Diskutiert Ideen, wie ihr ein eigenes Plakat zum Thema Umgang mit AIDS gestalten könnt.

4 Welt-AIDS-Tag

Am 1. Dezember ist Welt-AIDS-Tag. An diesem Tag tragen viele Menschen eine rote Schleife.
a) Erkundige dich, warum es diesen Tag gibt und warum die rote Schleife getragen wird.
b) Informiere dich über aktuelle Zahlen in Deutschland.

▶ Infektionskrankheiten sind ansteckende, übertragbare Krankheiten.

▶ Sie werden von Erregern wie Bakterien, Viren oder Pilzen ausgelöst.

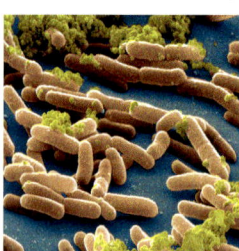  

▶ Die vier typischen Phasen einer Infektionskrankheit sind: Infektion, Inkubation, Krankheit und Gesundung.

▶ Das Immunsystem des menschlichen Körpers macht Erreger unschädlich.

▶ Aus den weißen Blutzellen werden die verschiedenen Abwehrzellen (Fresszellen, Helferzellen und Killerzellen) gebildet.

▶ Gedächtniszellen merken sich die Gestalt eines Erregers.

▶ ❶ Bei der spezifischen Immunabwehr werden passende Antikörper gebildet. Der Körper ist gegen diese Krankheit immun.

▶ Allgemeine Vorbeugemaßnahmen gegen Krankheiten sind eine gesunde Lebensweise und eine ausreichende Hygiene.

▶ Impfungen sind ein wirksamer Schutz vor gefährlichen Krankheiten.

▶ ❶ Bei der aktiven Immunisierung bildet der Körper selbst Antikörper.

▶ AIDS ist eine unheilbare, tödliche Infektionskrankheit.

▶ Das HI-Virus befällt die Helferzellen des Immunsystems und setzt die Abwehr außer Kraft.

▶ Das HI-Virus wird durch Körperflüssigkeiten z. B. beim ungeschützten Geschlechtsverkehr übertragen.

Krankheiten ausgelöst von ...	
Bakterien	Keuchhusten, Wundstarrkrampf, Borreliose, Scharlach, Lebensmittelvergiftung
Viren	Röteln, Masern, Mumps, Windpocken, Schnupfen, Grippe, Kinderlähmung
Pilze	Fußpilz, Hautpilz, Mundsoor, Nagelpilz

Legende zur Abbildung:
- Krankheitserreger
- F Fresszelle
- T T-Helfer-Zelle
- P Plasmazelle
- K Killerzelle
- G Gedächtniszelle
- befallene Körperzelle
- Antikörper

informieren — geben Auftrag an — geben Auftrag an — töten

TRAINER

1 Ansteckungsgefahr!

a) Nenne verschiedene Möglichkeiten, wie Krankheitserreger in den Körper gelangen können.

b) Wie kannst du dich vor einer Ansteckung mit einer Erkältung schützen?

2 Verschiedene Phasen

a) Bringe die typischen Phasen einer Infektionskrankheit in die richtige Reihenfolge.
- Inkubation
- Gesundung
- Infektion
- Krankheit

b) Erkläre die Phasen jeweils mit einem Satz.

3 Unterschiedliche Erreger

a) Nenne die drei verschiedenen Erregertypen.

b) Ordne die folgenden Krankheiten jeweils richtig

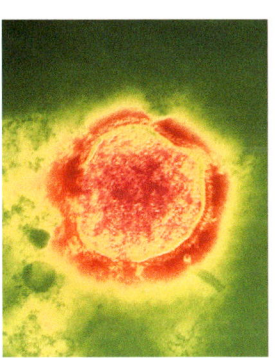

einem Erregertyp zu: Mumps, Schnupfen, AIDS, Lebensmittelvergiftung, Herpes, Röteln, Borreliose, Wundstarrkrampf, Windpocken.

c) Begründe, weshalb die Masern keine harmlose Kinderkankheit sind.

4 Der Körper schützt sich

a) Beschreibe verschiedene Möglichkeiten, wie sich der Körper vor Krankheitserregern schützt.

b) Wie kannst du deinen Körper allgemein dabei unterstützen?

5 Eine Impfung schützt!

a) Warum sind Impfungen sinnvoll?

b) Beschreibe, was bei einer Schutzimpfung geschieht.

c) Welchen Sinn hat ein Impfpass?

d) ◑ Erkläre den Unterschied zwischen passiver und aktiver Immunisierung.

e) ◑ Warum sollte die Grippeschutzimpfung jährlich wiederholt werden?

6 Abwehrsystem des Körpers

 Krankheitserreger

 Fresszelle

 T-Helfer-Zelle

Plasmazelle

Killerzelle

Gedächtniszelle

befallene Körperzelle

 Antikörper

a) Welche Aufgabe haben die einzelnen Zelltypen des Immunsystems? Erkläre in ganzen Sätzen.

b) Erkläre die besondere Bedeutung der Gedächtniszellen.

c) ◑ Erstelle eine einfache Skizze zum Schlüssel-Schloss-Prinzip und erkläre daran die spezifische Immunabwehr.

d) Nenne verschiedene Maßnahmen, mit denen du Krankheiten vorbeugen kannst. Beschreibe eine Maßnahme etwas genauer.

7 AIDS

a) Wofür stehen die Abkürzungen AIDS und HIV?

b) Wie kann man sich mit dem Virus infizieren?

c) Nenne die Auswirkungen der Krankheit.

d) Beschreibe, wie man sich vor einer Ansteckung schützen kann.

Wenn du Hilfe bei den Aufgaben brauchst, schau auf den folgenden Seiten nach:

Aufgabe	Hilfe auf	Aufgabe	Hilfe auf
1 und 2	S. 98	6a, b	S. 106
3	S.100 - 105	6c	S. 107
4a	S. 106	6d	S. 108
4b	S. 108, 109	7	S. 112, 113
5	S. 108, 109		

Lösungsvorschläge zu den Trainer-Aufgaben findest du im Anhang des Buches.

"Ich spiele jeden Tag mindestens drei Stunden an meiner Konsole."

"Meine Mama sagt, ohne Zigaretten fängt sie an zu zittern."

"Ich kann oft erst aufhören fernzuschauen, wenn ich alle Folgen meiner Lieblingsserie gesehen hab."

"Mein Papa trifft sich abends gern mit seinen Kumpels auf ein Feierabendbier."

"Wenn ich einen schlechten Tag habe, schaffe ich schon mal zwei Tafeln Schokolade."

"Meine Freundin Chiara behauptet, nichts zu essen mache sie stärker."

1 *Noch Genuss oder schon Sucht?*

1 Genuss oder Sucht?

a) Lies dir die Aussagen in den Sprechblasen durch. Entscheide, ob das jeweilige Verhalten für dich eine Sucht darstellt.

b) Wähle eine Aussage aus und diskutiere mit deinem Nachbarn, warum das Verhalten eine Sucht sein könnte.

Von der Gewohnheit zur Sucht. Auf die Ernährung achten, ein Bier trinken, ein Computerspiel spielen oder einen Blick auf das Smartphone werfen. Das sind ganz alltägliche Handlungen und Gewohnheiten, die für uns ganz selbstverständlich sind. Manchmal wird aus solchen Gewohnheiten eine Sucht.
Dazu braucht es bestimmte Bedingungen. Häufig spielen Neugier, Langeweile oder persönliche Probleme eine Rolle. Anstatt ein Problem wirklich zu bewältigen, greift eine betroffene Person auf bestimmte Verhaltensmuster zurück. Damit es der Person gut geht, braucht sie aus Gewohnheit den jeweiligen Suchtstoff immer wieder. Dadurch entsteht eine Abhängigkeit. Der Übergang von der Gewohnheit zur Sucht ist dabei oft ein schleichender Prozess. Am Ende fehlt häufig die Kraft, von einem suchtvollen Verhalten wieder loszukommen.

Sucht macht unfrei. Menschen, die von Suchtmitteln abhängig sind oder ein zwanghaftes Verhalten zeigen, können nicht mehr frei entscheiden. Sie werden durch ihre Sucht gesteuert. Ob eine Person ein Suchtverhalten entwickelt, hängt von einer Vielzahl von Faktoren ab. So spielen die Persönlichkeit des Betroffenen, sein soziales Umfeld und die Verfügbarkeit des Suchtmittels eine wichtige Rolle. Menschen, die unselbstständig sind, ein geringes Selbstwertgefühl haben oder Probleme nur schlecht bewältigen können, sind besonders anfällig für ein Suchtverhalten.

Einmal Drogen – immer süchtig? Ein Jugendlicher, in dessen Freundeskreis viel Alkohol konsumiert wird, muss nicht gleich zum Alkoholiker werden. Bei Jugendlichen sind es meist Neugierde, Langeweile, Verunsicherung oder Gruppendruck, die zum ersten Konsum von Suchtmitteln verleiten.
Alkohol und Zigaretten sind auch Minderjährigen leicht zugänglich. Dies kann den Einstieg in eine Sucht erleichtern.
Synthetische Drogen wie Crystal Meth sind besonders gefährlich, denn sie machen bereits nach dem ersten Konsum süchtig.

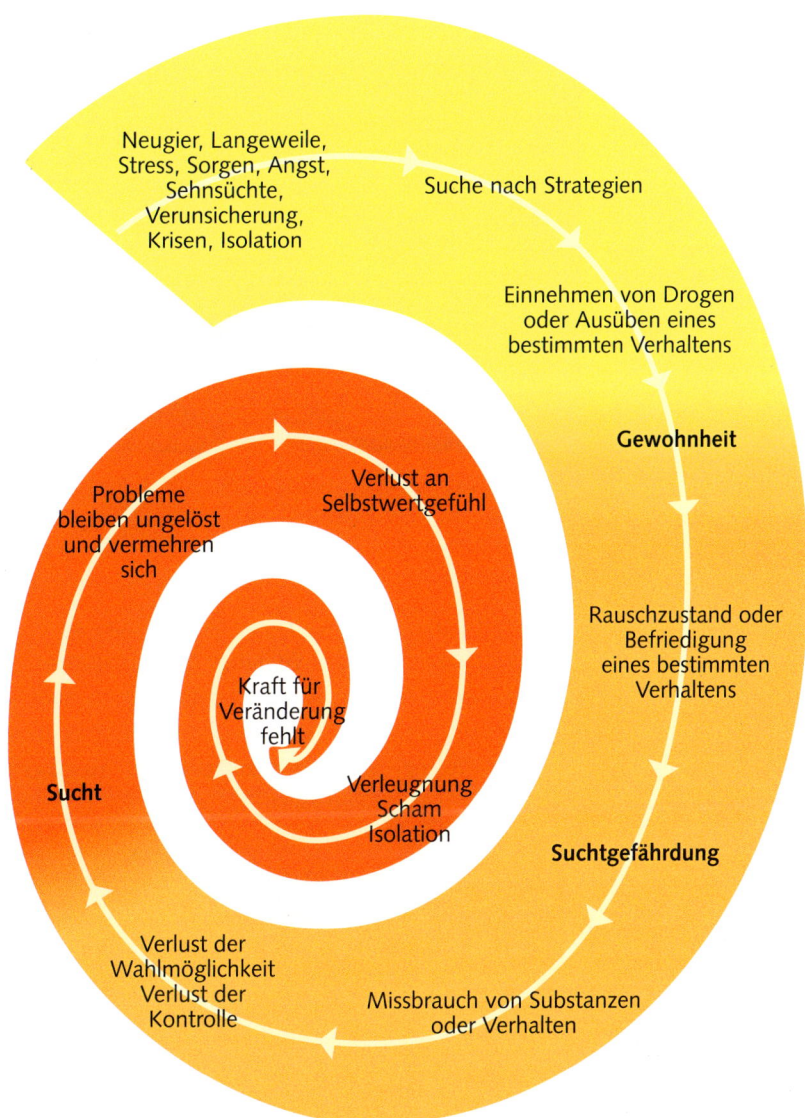

Neugier, Langeweile,
Stress, Sorgen, Angst,
Sehnsüchte,
Verunsicherung,
Krisen, Isolation

Suche nach Strategien

Einnehmen von Drogen
oder Ausüben eines
bestimmten Verhaltens

Gewohnheit

Probleme
bleiben ungelöst
und vermehren
sich

Verlust an
Selbstwertgefühl

Rauschzustand oder
Befriedigung
eines bestimmten
Verhaltens

Kraft für
Veränderung
fehlt

Verleugnung
Scham
Isolation

Sucht

Suchtgefährdung

Verlust der
Wahlmöglichkeit
Verlust der
Kontrolle

Missbrauch von Substanzen
oder Verhalten

1 Die Suchtspirale: So werden aus Gewohnheiten Süchte

MERKE

▶ **Jeder Mensch kann süchtig werden.**

▶ **Nicht jede Gewohnheit muss zur Sucht werden. Bei der Entstehung von Sucht sind viele Faktoren beteiligt.**

▶ **Menschen, die süchtig sind, können nicht mehr frei entscheiden.**

▶ **Bei Jugendlichen spielen vor allem Neugierde und Gruppendruck eine große Rolle.**

1 Fragen zum Text

a) Beschreibe den Weg in die Abhängigkeit mit Hilfe der Suchtspirale.

b) Nenne Faktoren, die bei der Entwicklung einer Sucht eine Rolle spielen können.

c) Warum sind vor allem Jugendliche für Suchtmittel so empfänglich?

1 *Comic zum Thema Sucht* **2** *Glücksspielsucht*

1 Alkohol und Heroin

a) Bild 1 zeigt einen Comic. Beschreibe den Inhalt.

b) Überlege dir, was der Comic aussagen möchte.

c) Welche Meinung vertrittst du zu diesem Thema? Tausche dich mit deinem Banknachbarn aus.

2 Mindmap Suchtarten

a) Überlege: Welche Suchtmittel sind dir bekannt?

b) Erstelle zusammen mit deinem Banknachbarn eine Mindmap mit allen euch bekannten Suchtmitteln.

3 Verschiedene Süchte

a) Betrachte die vier Bilder auf den Seiten 118 und 119.

b) Nenne die jeweilige Sucht.

c) Überlege, welche der dargestellten Süchte Gemeinsamkeiten aufweisen.

Sucht ist die krankhafte Abhängigkeit eines Menschen von einem Stoff oder einem zwanghaften Verhalten. Weil man das Glücksgefühl immer wieder haben möchte, spürt man ein ständiges Verlangen nach dem Stoff oder nach einem bestimmten Verhalten. Viele Suchtmittel führen zu einer körperlichen Abhängigkeit.

Merkmale von Sucht. Um die Sucht von einer Gewohnheit zu unterscheiden, gibt es mehrere Merkmale. Für eine Sucht sprechen folgende Merkmale:

- Starker Wunsch nach dem Suchtstoff bzw. Verhalten: Die Gedanken kreisen nur um das Suchtmittel.
- Körperliche Gewöhnung: Der Stoff wird regelmäßig eingenommen, das Aufhören ist erschwert.
- Stoffgewöhnung: Der Körper verlangt nach Nachschub.
- Körperliche Abhängigkeit: Es treten Entzugserscheinungen auf, wenn das Suchtmittel fehlt.
- Seelische Abhängigkeit: Der Süchtige leidet seelisch, wenn er das Suchtmittel nicht erhält.
- Vernachlässigung des sozialen Umfelds: Freunde und Hobbys verlieren an Bedeutung.

1 *Jugendliche am Smartphone*

2 *Jugendlicher trinkt Alkohol*

Stoffgebundene Süchte. Darunter versteht man süchtig machende Substanzen, die auf das Gehirn einwirken. Das Suchtmittel führt beim Konsumenten zu einer beruhigenden oder stimulierenden Wirkung. Es regt den Körper dazu an, Stoffe auszuschütten, die glücklich machen.

Diese Suchtmittel sind Stoffe, die in den menschlichen Stoffwechsel und seine natürlichen Abläufe eingreifen und Stimmung, Gefühle und Wahrnehmung beeinflussen. Der dauerhafte Konsum kann in die Abhängigkeit führen und körperliche und psychische Schäden hervorrufen. Zu diesen Drogen gehören neben Cannabis, Heroin und Crystal Meth auch Alkohol und Nikotin.

Stoffungebundene Sucht. Ein anderes Wort für stoffungebundene Sucht ist die Verhaltenssucht. Gewöhnliche Aktivitäten wie Essen, Einkaufen oder Computerspielen können auch ohne einen Stoff zur Sucht führen.

So lösen auch diese Süchte rauschähnliche Zustände im Gehirn aus und führen dadurch zu einer Abhängigkeit. Es gibt zum Beispiel Essstörungen, Mediensucht, Spielsucht oder Kaufsucht.

1 Fragen zum Text

a) Zähle die Merkmale einer Sucht auf.

b) Nenne den Unterschied zwischen stoffgebundenen und stoffungebundenen Süchten.

c) Beschreibe, wie eine Droge oder ein zwanghaftes Verhalten im menschlichen Körper wirken.

2 Macht Kaffee süchtig?

a) Recherchiert zu folgenden Fragen:
- Ist Kaffee ein Suchtmittel?
- Welche Suchtstoffe enthält Kaffee?
- Wie wirkt Kaffee im menschlichen Körper?

b) Präsentiert eure Ergebnisse der Klasse. Vergleicht eure gesammelten Informationen!

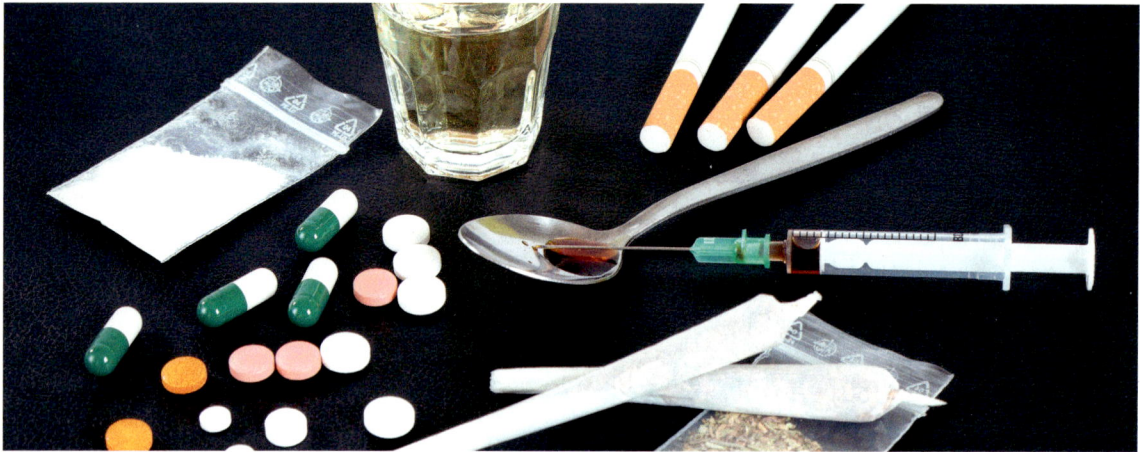

1 *Verschiedene Suchtmittel*

1 Verschiedene Suchtmittel

a) Betrachte die im Bild dargestellten Suchtmittel.

b) Erstelle eine Tabelle. Sortiere die Stoffe in illegale und legale Suchtmittel.

Legale Drogen. Alkohol, Zigaretten und einige Medikamente gehören zu den legalen Drogen. Sie haben das gleiche Suchtpotential wie illegale Drogen, werden aber gesellschaftlich in hohem Maße akzeptiert. Ihr Besitz, Konsum und Handel ist gesetzlich nicht verboten. Sie greifen aber auch in die natürlichen Prozesse des menschlichen Körpers ein und beeinflussen Stimmung, Gefühl und Wahrnehmung des Konsumenten. Sie können zu Gesundheitsstörungen führen.

Illegale Drogen. Darunter versteht man Suchtmittel, deren Besitz und Handel strafbar ist. Welche Stoffe das sind, regelt das Betäubungsmittelgesetz. Zu den klassischen Drogen, die generell verboten sind, zählen beispielsweise Heroin und Kokain. Personen, die mit Drogen handeln oder Drogen besitzen, drohen strafrechtliche Konsequenzen. So kann der Besitz von Marihuana von Geldstrafen bis hin zu Freiheitsstrafen führen.
Für einige Drogen wie Marihuana, Amphetamine oder Morphine gibt es Ausnahmenregelungen für medizinische Anwendungen. So werden manche dieser Stoffe in der Schmerztherapie bei schwer kranken Menschen eingesetzt.

Natürliche Drogen. Das sind Suchtstoffe, die in der Natur vorkommen, also nicht im Labor hergestellt werden.

Haschisch. Aus den Bestandteilen der Hanfpflanze (Blüten, Blättern und Harz) kann Haschisch hergestellt werden. Der Stoff wird meistens in eine Zigarette gedreht geraucht. Das suchtfördernde Mittel dieser Droge ist das THC. Wirkungen sind intensivere Gefühle, Schmerzlinderung, aber auch Ängste und Wahnvorstellungen. Als Nebenwirkungen treten sehr häufig Müdigkeit, Schwindel, Kopfschmerzen, Übelkeit, Niedergeschlagenheit, ein trockener Mund sowie gesteigerter Appetit auf. Seit einigen Jahren gibt es weltweit gesellschaftliche Bestrebungen, den Besitz und den Handel mit Marihuana zu legalisieren.

Kokain. Das ist eine illegale Droge, die aus den Blättern der Kokapflanze gewonnen wird. Das weiße Pulver nennt man auch Koks. Es wird entweder geschnupft, geraucht oder unter die Haut injiziert und wirkt berauschend und betäubend.
Kokain wird auch „Leistungsdroge" genannt, da der Konsum dieser Droge zu einer kurzzeitigen Leistungssteigerung führen kann. Zudem droht eine starke seelische Abhängigkeit. Der Konsum schädigt den Körper dauerhaft und kann zum Tod führen.

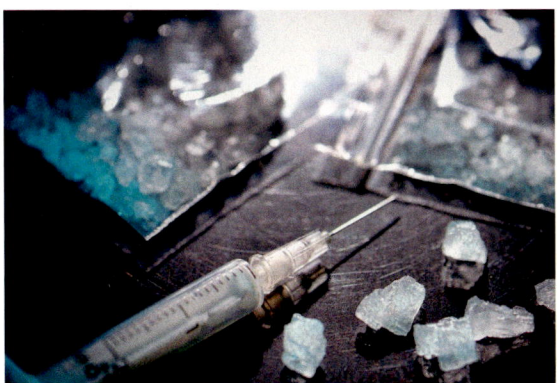

1 *Crystal Meth*

2 *Legal Highs*

Synthetische Drogen. Das sind illegale Stoffe, die chemisch im Labor hergestellt werden. Amphetamine und Ecstasy nennt man oft „Partydrogen", weil sie vor allem beim Feiern konsumiert werden. Die Herstellung dieser Suchtmittel wird nicht überwacht. Oft sind sie mit billigeren Substanzen vermischt und dadurch stark verunreinigt. Sehr gefährlich ist eine Überdosierung oder Wechselwirkung mit Alkohol oder anderen Stoffen.
Es besteht die Gefahr einer schnellen Abhängigkeit.

Crystal Meth. Diese Droge gehört zu den Amphetaminen. Sie kann relativ leicht im Labor hergestellt werden. Die Gefahr ihres Konsums besteht dadurch nicht nur in ihrem extremen Suchtpotential, sondern auch darin, ein verunreinigtes Produkt zu bekommen. Durch die hohe Gefahr der Abhängigkeit und die schwerwiegenden gesundheitlichen und sozialen Folgen ist Crystal Meth eine der gefährlichsten Drogen.

Legal Highs. Hinter diesem Begriff verstecken sich verschiedene Suchtmittel. Sie werden oft verharmlosend als „Badesalz", „Reiniger" oder „Räuchermischungen" verkauft. Durch diese Bezeichnungen möchte man ihren eigentlichen Nutzen, den Drogenkonsum, tarnen und so das Betäubungsmittelgesetz umgehen. In ihrer Wirkung sind Legal Highs mit Cannabis oder Amphetaminen gleichzusetzen. Da es eine Vielzahl an Produkten gibt, lassen sich deren Wirkung und Risiko für den menschlichen Körper nicht genau beschreiben.

Legal Highs werden als Pulver, Tabletten, Kräuter oder Kapseln angeboten. Es werden immer wieder neue chemische Stoffe hergestellt und verkauft, die noch nicht unter das Betäubungsmittelgesetz fallen. Darin besteht auch die Gefahr dieser Produkte, denn der Konsument weiß nicht, welche Stoffe das jeweilige „Legal High" enthält und wie diese auf den menschlichen Körper wirken.

MERKE
▶ **Das Betäubungsmittelgesetz legt die Einteilung in legale und illegale Suchtmittel fest.**
▶ **Legale Suchtmittel sind nicht zu verharmlosen und können auch in die Abhängigkeit führen.**
▶ **Zu den legalen Suchtmitteln gehören bestimmte Medikamente, Nikotin, Alkohol und Koffein.**
▶ **Illegale Suchtmittel sind z. B. Marihuana, Kokain, synthetische Drogen und Legal Highs.**
▶ **Für medizinische Zwecke gibt es Ausnahmen im Konsum illegaler Drogen.**

1 Fragen zum Text
a) Benenne den Unterschied zwischen legalen und illegalen Suchtmitteln.
b) Beschreibe die Gefahr, die von synthetischen Drogen ausgeht.
c) Erkläre, was sich hinter dem Begriff „Legal Highs" versteckt.

1 Weggeworfene Zigarettenstummel

2 Alkoholkonsum auf einer Party

1 Nikotin im Alltag

a) Auf Bild 1 sind Zigarettenstummel abgebildet. Der weiße Bereich ist stark verfärbt. Überlege, woran das liegen könnte.

b) Das Wegwerfen von Zigarettenstummeln in der Natur ist verboten. Überlege, warum dieses Verbot sinnvoll ist. Denke dabei auch an Tiere und Pflanzen.

2 Party mit Alkohol

Auf einer Party wird in der Gruppe Alkohol getrunken (Bild 2). Wie scheint sich dieser Konsum auszuwirken?

3 Schülerversuch Alkohol als Zellgift

Material. Kresse-Pflanzen, vier Petrischalen mit Wasser, alkoholhaltige Lösungen (5 %, 10 %), Spiritus

Durchführung: Lege in jede Petrischale ein paar Kressepflanzen hinein. Gib nun in die Petrischalen jeweils eine der Flüssigkeiten.

Auswertung: Beobachte, was mit den jeweiligen Kressepflanzen passiert (nach 20 und 40 Minuten und bis zur nächsten Unterrichtsstunde).

Nikotin ist ein Nervengift, das auf natürliche Weise in der Tabakpflanze enthalten ist und Schädlinge abhalten soll. Es gibt verschiedene Wege, um Nikotin aufzunehmen: Zigarre, Zigarillo, Zigarette, Pfeife, Schnupftabak, Nikotinpflaster und die E-Zigarette.

Nikotin im Körper. Nikotin wirkt bereits kurze Zeit nach dem ersten Zug an einer Zigarette. Dabei kann der Stoff sowohl über die Lunge als auch über die Haut aufgenommen werden. Vor allem das Gehirn von Jugendlichen ist für das Nervengift sehr anfällig, da es sich im Umbau befindet und sehr empfindlich reagiert. So erzeugt Nikotin im Gehirn von Jugendlichen einen noch schnelleren Belohnungseffekt und eine noch stärkere Sucht. Zudem ist das Gehirn von jugendlichen Rauchern sensibler gegenüber anderen Drogen. So könnte Nikotin eine Einstiegsdroge sein.

Auswirkungen von Nikotin. Nach dem Konsum von Nikotin nimmt die Aufmerksamkeit zu, das Herz pocht, der Blutdruck steigt und die Blutgefäße verengen sich. Kurzfristig steigt die Leistungsfähigkeit des Rauchers. Nachdem das Nikotin nach etwa 60 Minuten über die Leber abgebaut worden ist, verlangt der Raucher nach mehr. Das liegt daran, dass dem Körper der Botenstoff für die Belohnung ausgegangen ist. Der Raucher ist dadurch süchtig geworden. Entzugserscheinungen zeigen sich in Form von Kopfschmerzen, Schlafstörungen und Unruhe.

Passivrauchen. Der Rauch einer Zigarette, der in die Umgebung gelangt, enthält die gleichen Inhaltsstoffe wie der vom Raucher eingeatmete Rauch. Deshalb ist Passivrauchen genauso schädlich wie aktives Rauchen.

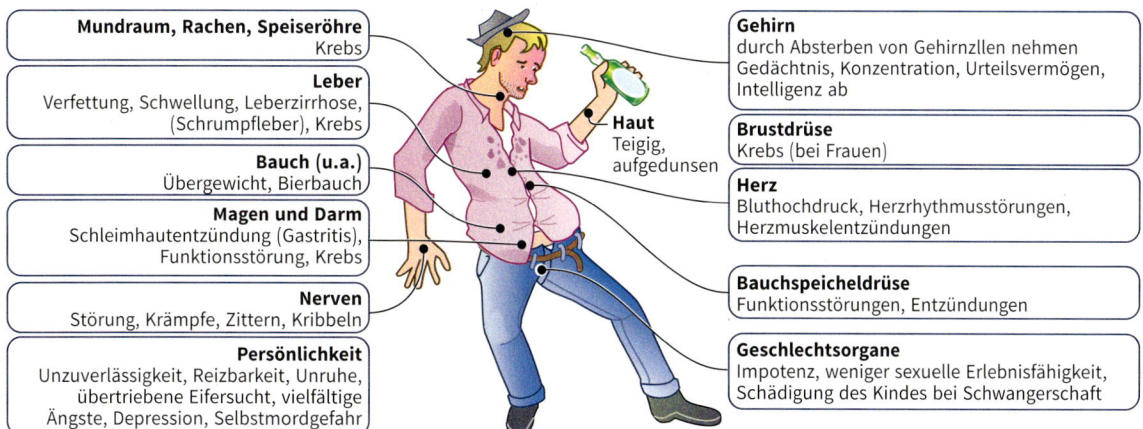

1 *Mögliche Folgen von Alkoholkonsum*

Alkohol im Körper. Der chemische Fachbegriff für Alkohol ist Ethanol. Alkohol ist ein Zellgift, das über das Verdauungssystem aufgenommen wird und sehr schnell ins Gehirn gelangt. Alkohol führt zu einer Abhängigkeit, da er ins menschliche Belohnungssystem eingreift und daraufhin viele angenehm wirkende Stoffe ausgeschüttet werden. Das Organ, das für den Alkoholabbau zuständig ist, ist die Leber. Durch übermäßigen Alkoholkonsum kann es zur Leberschädigung bis hin zum Leberversagen kommen. Jeder Alkoholkonsum zerstört auch Gehirnzellen und verkleinert auf Dauer das Gehirnvolumen.

Wirkung von Alkohol. Personen, die Alkohol getrunken haben, reagieren anfangs redselig, begeistert und neigen zur Selbstüberschätzung. Mit steigendem Konsum schlägt die Stimmung um. Selbstkontrolle und Bewegungsfähigkeit werden gestört, das Bewusstsein kann verloren gehen bis hin zum Tod.
Der Anteil an Alkohol im Blut wird in Promille angegeben. Alkohol schädigt den menschlichen Körper nicht nur kurzfristig, sondern auch auf lange Sicht. So steht er in Verdacht, krebserregend zu sein und sich schädlich auf das Herz-Kreislauf-System auszuwirken.

Alkoholkonsum. In Deutschland konsumieren 9,5 Millionen Menschen bedenkliche Mengen Alkohol. Davon sind 1,77 Millionen Menschen alkoholabhängig. Unter Jugendlichen wird der allgemeine Alkoholkonsum weniger, dafür steigt die Zahl der exzessiven Trinker, sogenannter Komasäufer.

Gefahren durch Alkohol. Neben der direkten Wirkung von Alkohol entstehen auch Gefahren für die Umwelt. Durch Autofahren unter Alkoholeinfluss wurden in Deutschland 2017 fast 13 500 Unfälle verursacht. Mit steigendem Alkoholpegel sinkt die Hemmschwelle einer Person. In zehn Prozent aller Straftaten im Jahr 2015 war der Täter alkoholisiert.

MERKE

▶ Nikotin ist ein Nervengift und Alkohol ein Zellgift.
▶ Bereits geringe Mengen können sich negativ auf den menschlichen Körper auswirken.
▶ Bei Verkehrsunfällen spielt Alkohol häufig eine Rolle.
▶ Passivrauchen ist ebenso schädlich wie das eigentliche Rauchen.

1 Fragen zum Text

a) Erkläre, warum Passivrauchen genauso gefährlich ist wie Rauchen.
b) Beschreibe, wie sich der Alkoholkonsum auf den menschlichen Körper auswirkt (Abb. 1).
c) Welche Gefahren entstehen für die Umwelt durch Alkoholkonsum?

1 Gefahrenhinweis wegen Smombies

2 Als Fußgänger im Straßenverkehr

1 Smombies

a) Das Wort Smombies setzt sich aus den Wörter Smartphone und Zombies zusammen. Versuche, das Wort zu erklären.

b) Erkläre, weshalb Verkehrsteilnehmer mit Smartphone „gefährlich" sein können.

2 Marina erzählt

a) Lies den Text unten durch.

b) Fasse Marinas Situation mit eigenen Worten zusammen.

c) Überlegt gemeinsam: Ist Marina mediensüchtig? Welche Merkmale einer Sucht könnt ihr erkennen?

„Mit meinem neuen Laptop sollte ich eigentlich für die Schule was tun. Aber noch cooler fand ich, dass ich nebenbei in den sozialen Netzwerken surfen konnte. Irgendwann interessierte mich nur noch das. Wenn ich nicht am Laptop saß, musste ich daran denken, dass jemand etwas Neues gepostet haben könnte. Ich hatte keine Zeit mehr für Freunde. Ich sah sie eh schon online. Irgendwann sprachen mich meine Eltern auf die Situation an. Sie sagten, sie machten sich Sorgen. Ich verstand ihr Problem nicht. Trotzdem ging ich mit zu einer Beratungsstelle."

2 Marina berichtet

3 Spielverhalten von Jugendlichen

a) Starte eine eigene Umfrage in deiner Klasse: Wie nutzen deine Mitschüler verschiedene Medien?
- Welche Medien werden genutzt?
- Wie viel Zeit verbringen deine Mitschüler mit Medien?
- usw.

b) Präsentiere deine Ergebnisse anschaulich mit Hilfe eines Diagramms.

Medien wie Fernseher, Tablet, Smartphone und Computer sind ein fester Bestandteil des alltäglichen Lebens. Man verwendet sie zur Kommunikation, zur Unterhaltung oder Erledigung von Einkäufen. Der tägliche Gebrauch stellt dabei noch keine Sucht dar. Diese ergibt sich erst aus einer Kombination mehrerer Merkmale.

Die betroffene Person erkennt beispielsweise die Problematik ihres eigenen Verhaltens nicht mehr und hält an diesem fest, obwohl es zu schwerwiegenden Problemen innerhalb der Familie oder des Freundeskreises kommt. Zudem haben die Betroffenen keine Kontrolle mehr über Dauer, Beginn und Ende ihres zwanghaften Verhaltens. Entzugserscheinungen und eine Gewöhnung an das Verhalten sind weitere Merkmale einer Suchtentwicklung.

Eine Mediensucht kann sich auf viele Aspekte der täglichen Nutzung beziehen. Auch eine Spielsucht kann bei verschiedenen Spielen, wie Glücksspielen oder Rollenspielen, entstehen.

1 Jugendlicher spielt am Computer

2 Junge Frau chattet am Tablet

Online-Rollenspiele. Sie bergen eine hohe Suchtgefahr. Die Spieler werden mit Punkten und Anerkennung belohnt und zugleich in ein soziales Netzwerk von mehreren tausend Spielern eingebunden. So erleben viele ein Gemeinschaftsgefühl, das ihnen in der realen Welt zu fehlen scheint.

Spielsucht. Nun stellt sich die Frage, ab wann man spielsüchtig ist. Dafür gelten die gleichen Merkmale wie auch für stoffgebundene Süchte. Kann der Spieler seinen Konsum nicht mehr kontrollieren, interessiert er sich nur noch für das Spiel und vernachlässigt seine Umwelt? Dann kann man davon ausgehen, dass er eine Abhängigkeit entwickelt hat.

In-App-Käufe. Mittlerweile gibt es viele Apps, die wie harmlose Kinderspiele gestaltet sind. Tatsächlich basieren sie aber auf der Idee von Glücksspielen. So kann man anfangs nur ein paar Elemente der App nutzen. Um weiterzukommen und erfolgreich zu spielen, muss man immer wieder Einkäufe von Bonusaktivitäten tätigen, die als angebliche Angebote angezeigt werden.

Dahinter steckt die Gefahr dieser Apps. Der Spieler wird süchtig und investiert immer mehr Geld in einen möglichen Spielerfolg.

MERKE

▶ Medien- und Spielsucht gehören zu den Verhaltenssüchten. Sie haben die gleichen Merkmale wie eine stoffgebundene Sucht.
▶ Rollenspiele haben ein hohes Suchtpotential.

Von 100 Kindern und Jugendlichen nutzen ... folgende Handyfunktionen/Smartphonefunktionen täglich oder fast täglich:

Nachrichten schicken/bekommen	40
Apps nutzen	31
Internet nutzen	30
Spiele spielen	21
Fotos/Videos ansehen	19
Fotos/Videos machen	17
anrufen	17
Fotos/Videos verschicken	12
mit anderen über das Internet spielen	4

3 Grafik zur Nutzung von Smartphones

1 Fragen zum Text
a) Nenne Merkmale einer Mediensucht.
b) Erkläre, warum Online-Rollenspiele ein hohes Suchtpotential haben.

2 Die Nutzung von Smartphones
a) Schau dir Abb. 3 an. Was wird hier dargestellt?
b) Welche Funktionen werden am meisten verwendet?
c) Diskutiert in der Klasse, welche Folgen es haben kann, wenn Smartphones sehr oft genutzt werden.

1 Ein Mädchen nimmt sich im Spiegel dicker wahr, als es in Wirklichkeit ist

2 Magersüchtiges Mädchen

1 Selbstwahrnehmung

a) Das Spiegelbild des Mädchens sieht anders aus als die Realität. Was steckt dahinter?

b) Überlege, wie dieser Unterschied das Essverhalten des Mädchens beeinflussen könnte.

Eine **Essstörung** ist ein Krankheitsbild, das mit einer verzerrten Körperwahrnehmung und einem gestörten Essverhalten beginnt. Man unterscheidet dabei verschiedene Formen der Essstörung. Es gibt aber oft auch Mischformen davon.

Für **krankhaftes Übergewicht** verwendet man auch die Begriffe Fettleibigkeit (Adipositas) oder auch Esssucht. Hierfür kann es mehrere Ursachen geben. Es kann sich um ein rein biologisch bedingtes Problem handeln, zum Beispiel um eine Hormon-Störung. Es kann sich aber auch um eine suchtartige Erkrankung handeln. Betroffene sind stark übergewichtig, weil bei ihnen das Hunger- und das Sättigungsgefühl oft erheblich gestört ist. Sie nehmen daher zu viel Nahrung zu sich, auch wenn sie keinen Hunger verspüren.

Eine **Magersucht** liegt dann vor, wenn die erkrankte Person die Nahrungsaufnahme verweigert. Magersüchtige streben danach, dünn zu sein, und haben ständig Angst davor, zuzunehmen. Obwohl sie offensichtlich untergewichtig sind, nehmen sich

Betroffene als zu dick wahr. Die selbst erzwungene Gewichtsabnahme kann so drastisch sein, dass es zu lebensbedrohlichen körperlichen und psychischen Veränderungen kommt.

Die **Bulimie** ist der Magersucht ähnlich. Jedoch erleiden die Betroffenen Fressanfälle, die sie im Anschluss bereuen und das Gegessene wieder erbrechen, um möglichst dünn zu bleiben. Bei dieser Erkrankung kommt es seltener zu einem extremen Gewichtsverlust. Häufiger kommt es zu Verätzungen der Speiseröhre und des Rachenraums und zur Beschädigung der Zähne.

Menschen mit einer **Binge-Eating-Störung** leiden unter immer wiederkehrenden Essanfällen. Sie verlieren also häufig die Kontrolle über ihr Essverhalten. Sie nehmen dann innerhalb kurzer Zeit große Nahrungsmengen zu sich. Der englische Begriff „binge eating" steht für exzessives, übermäßiges Essen. Anders als bei Menschen mit Bulimie wird das Essen aber nicht wieder erbrochen. Solche Personen sind in der Regel daher stark übergewichtig.

Mischformen treten bei Essstörungen häufig auf. Sie sind in vielen Fällen ebenso belastend wie die Hauptformen und können schwerwiegende körperliche und psychosoziale Folgen haben. Daher müssen auch Mischformen behandelt werden.

1 Fragen zum Text

a) Es gibt verschiedene Formen von Essstörungen. Worin unterscheiden sie sich grundsätzlich?

b) Magersucht birgt viele Gefahren für die körperliche Gesundheit. Nenne diese.

c) Es gibt vier verschiedene Faktoren, die die Entstehung einer Essstörung beeinflussen können. Erkläre diese mit Hilfe passender Beispiele.

EXTRA

Schönheitsideale im Zeitalter des Internets

In den sozialen Medien, in Fernsehwerbungen und auf Plakaten werden verschiedenste Produkte angeboten. Die Produkte werden meist von überaus glücklichen und perfekt gepflegten Models angeboten. Sie sollen den Käufer glauben lassen, dass man durch den Kauf glücklich werden kann.

Diese Models – sowohl männliche als auch weibliche – gaukeln mit ihrem scheinbar perfekten Erscheinungsbild dem Betrachter etwas vor.

Mit Hilfe von Computerprogrammen lassen sich viele Schönheitsfehler korrigieren. Dadurch entsteht ein Schönheitsideal, das es so in Wirklichkeit gar nicht gibt.

Leider wissen das nicht alle Betrachter. Vor allem Jugendliche sehnen sich nach Vorbildern, an denen sie sich orientieren können. Sie wollen genau so sein wie ihr Vorbild. Logischerweise ist das Erscheinungsbild des jeweiligen Vorbilds nicht zu erreichen, da es gar nicht echt ist.

Als Folge finden immer mehr Jugendliche ihre Körper unansehnlich und sogar hässlich. Sie entwickeln Minderwertigkeitskomplexe und entfremden sich von ihrem eigenen Körper.

Um den eigenen Vorbildern näher zu kommen, verwenden diese Jugendlichen in sozialen Medien ebenfalls Filter, die das Aussehen verändern. So entsteht ein Teufelskreis. Die virtuelle Welt besteht letzten Endes hauptsächlich aus gefakten Personen, die in Wirklichkeit völlig durchschnittlich aussehen. Deshalb sollte man sich beim Betrachten von Popstars, Schauspielern und Models immer bewusst machen, dass dahinter völlig normale Personen stecken.

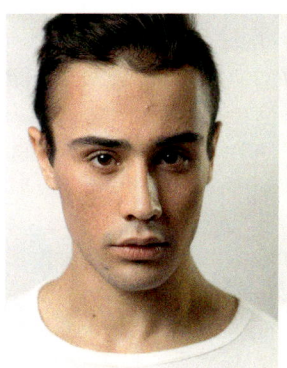

Süchtig – und nun?

Benjamin erzählt: „Ich bin jetzt 22 Jahre alt. Angefangen hat alles, als ich ungefähr 15 war. In meiner Clique war es normal, dass wir nachmittags nach der Schule ein paar Zigaretten rauchten. Eines Tages brachte mein bester Freund Luis ein bisschen Gras mit und meinte, das könnten wir ja in die selbstgedrehten Zigaretten packen. Bei manchen von uns hat die Droge kaum gewirkt. Ich dagegen fand es ziemlich genial und hatte mich schnell an den Stoff gewöhnt. Allmählich bekam ich aber Lust auf andere Drogen und machte mich auf die Suche. Ich probierte Vieles aus und bemerkte gar nicht, wie sehr mein Leben aus den Fugen geriet. Irgendwann, als ich gar nicht mehr aus dem Bett kam, schöpften meine Eltern Verdacht und schleppten mich zum Arzt. Zu diesem Zeitpunkt hatte ich vieles in meinem Leben schon zerstört: Freundschaften, berufliche Perspektiven und meine Gesundheit."

1 Benjamin

1 Viele Probleme

a) Lies den Text oben im Kasten.

b) Beschreibe die Entwicklung: Wie entstand bei Benjamin eine Drogensucht?

c) Zu welchen Problemen führte Benjamins Drogensucht?

Folgen einer Suchterkrankung. Eine suchtkranke Person konzentriert sich die meiste Zeit darauf, die Sucht zu befriedigen. Wenn das eigene Geld dafür nicht ausreicht, werden manche kriminell (Beschaffungskriminalität). Zudem beeinflussen vor allem stoffgebundene Abhängigkeiten wichtige Gehirnfunktionen. Daraus entstehen psychische, soziale und gesundheitliche Probleme. Stoffgebundene Süchte belasten beispielsweise die körperlichen Funktionen. Der jeweilige Stoff greift in die körperlichen Mechanismen ein und vergiftet den Betroffenen.

Oft kommt es zudem zu Mangelerscheinungen, da sich der Suchtkranke nicht mehr um sich selbst kümmert. Spielsüchtige vergessen zum Beispiel häufig das Essen und die eigene Körperpflege. Esssüchtige beschäftigen sich zwar intensiv mit ihrer Ernährung, versorgen sich aber dennoch mangelhaft.

Woher bekomme ich in der Schule Hilfe? Wenn du bei dir selbst oder bei einem Mitschüler ein Suchtproblem feststellst, gibt es verschiedene Möglichkeiten, an deiner Schule Hilfe zu holen.

Jugendsozialarbeiter/-in. Mit einer Jugendsozialarbeiterin an deiner Schule kannst du vertrauensvoll sprechen. Sie hört sich deine Probleme und Sorgen an und sucht mit dir nach einem gemeinsamen Weg. Sie ist über das Thema Sucht meistens gut informiert und kann dir Tipps geben, wie man eine Sucht erkennen und behandeln lassen kann. Außerdem arbeitet sie mit verschiedenen Beratungsstellen und Ämtern zusammen.

Man kann mit Jugendsozialarbeitern in den Pausen, vor oder nach dem Unterricht einen Termin vereinbaren.

Vertrauenslehrkräfte. Vertrauenslehrkräfte werden jährlich von den Klassensprechern gewählt. Es sind immer die Lehrkräfte, die bei den Schülern sehr beliebt sind. Beliebten Lehrkräften schenkt man oft auch mehr Vertrauen und traut sich eher, seine Probleme zu erzählen. Dadurch kannst du in einem ersten Gespräch von deinen Problemen erzählen und dir Unterstützung holen.

Beratungslehrkräfte. Beratungslehrkräfte sind Lehrkräfte, die eine zusätzliche Ausbildung gemacht haben. Du kannst mit der Beratungslehrkraft an deiner Schule einen Termin vereinbaren. Wie der Name schon sagt, kann dich die Lehrkraft bei deinem Problem sinnvoll beraten und dir beispielsweise aufzeigen, wie der Weg aus der Sucht aussehen kann. Solche Gespräche sind immer vertraulich.

Persönliche Hilfe

Häufig gibt es im persönlichen Umfeld eine vertraute Person, an die man sich mit Problemen wenden kann. Eine Sucht gehört auch zu diesen Problemen, bei denen man sich Unterstützung holen sollte.

Dabei muss man dann noch den Mut aufbringen, sich der jeweiligen Person zu öffnen und von den Problemen zu berichten.

Die Telefonseelsorge

Wer niemanden in seiner Umgebung hat, dem er sein Problem anvertrauen mag, kann sich an die Telefonseelsorge wenden. Dabei kann man mit einer Person sprechen, ohne seinen Namen nennen zu müssen. Die Kontaktaufnahme ist rund um die Uhr möglich – als Anruf, Chat, Mail oder vor Ort. www.telefonseelsorge.de
Tel: 0800 / 111 0 111 oder 0800 / 111 0 222

Hilfsangebote für Suchtkranke

Beratungsstellen

In Bayern gibt es viele Beratungsstellen für Suchtprobleme. Die meisten Beratungsstellen haben einen staatlichen oder kirchlichen Träger. Eine Übersicht findet man im Internet.

Vor Ort kann man seine Probleme erzählen und bekommt Unterstützung und Informationen über die nächsten Schritte. Fachleute beraten dabei kostenlos und vertraulich.

Sucht-Hotline München

Anonym, unverbindlich, kostenlos
www.suchthotline.de
089 / 28 28 22

Therapie

Suchtkranke schaffen es häufig nicht, sich selbst aus ihrer Situation zu befreien. Deshalb gibt es die Möglichkeit für stationäre und ambulante Therapien. Ansprechpartner dafür ist ein Arzt.

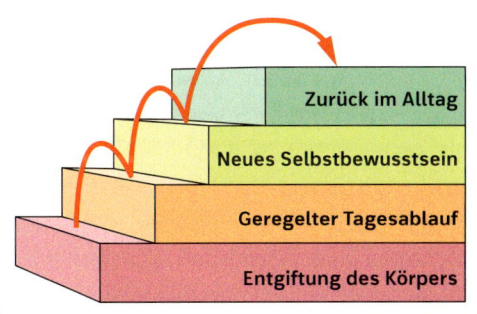

---

1 Fragen zum Text

a) Nenne verschiedene Probleme, die im Leben eines Suchtkranken durch seine Sucht entstehen können.

b) Beschreibe, welche Hilfsangebote es bei einer Suchterkrankung gibt.

2 Hilfe vor Ort

a) Recherchiert gemeinsam, welche Anlaufstellen es in eurer näheren Umgebung zum Thema Suchthilfe gib.

b) Informiert eure Mitschüler: Verarbeitet eure gefundenen Informationen beispielsweise in einem Flyer oder Plakat.

1 Plakate verschiedener Aufklärungskampagnen

1 Aufklärungskampagnen

a) Die Plakate stammen von Kampagnen, die sich mit Sucht-Prävention beschäftigen. Welche Süchte werden dargestellt?

b) Diskutiert darüber, was euch daran gefällt oder weniger gut gefällt.

2 Florians Freundeskreis

Samstagabend trifft sich Florian noch mit seinen Freunden zum Grillen. Jeder aus der Gruppe hat sich eine Flasche Bier aufgemacht. Florian lehnt dagegen dankend ab. „Nein danke. Ich habe morgen ein wichtiges Fußballspiel und muss fit sein." Ganz selbstverständlich sagt er diese Worte und schnappt sich ein Colagetränk. Seine Freunde wissen: Überreden wird da nichts bringen.

a) Schildere die Situation in eigenen Worten.

b) Überlege, ob du dich auch schon einmal in einer ähnlichen Situation befunden hast.

c) Tausche dich mit deinen Mitschülern aus: Warum ist es so schwierig, so konsequent zu bleiben?

Präventionsmaßnahmen. Prävention ist ein anderes Wort für Vorbeugen. Um gleich gar nicht in eine Sucht zu geraten, gibt es verschiedene Bewältigungsstrategien. Damit kann man es schaffen, die Kurve zu bekommen und keine Sucht zu entwickeln.

Vorbeugung durch ein stabiles Umfeld. Sowohl du selbst als auch die Menschen in deiner Umgebung können in manchen Lebenssituationen Hilfe gebrauchen. So ist es wichtig, dass du in deiner Umgebung starke Personen hast, denen du dich anvertrauen kannst. Das können die Eltern, Geschwister und Freunde oder auch Nachbarn, Mitschüler oder der Sportverein sein. Auch in der Schule oder in Jugendgruppen kann man Vertrauenspersonen finden. Falls du niemanden kennst, dem du dich anvertrauen könntest, gibt es an deiner Schule auch Jugendsozialarbeiter, Beratungs- oder Vertrauenslehrer.

Vorbeugung durch eine starke Persönlichkeit. Die Zeit der Pubertät stellt eine Findungsphase dar, in der man oft verunsichert ist. In dieser Phase lässt man sich sowohl positiv als auch negativ leicht beeinflussen. Dabei kann dir helfen, dass du dir bewusst machst, was dir wichtig ist. Dann kannst du viel leichter zu dir selbst stehen und gerätst nicht in einen Gruppenzwang (siehe Aufgabe 2).

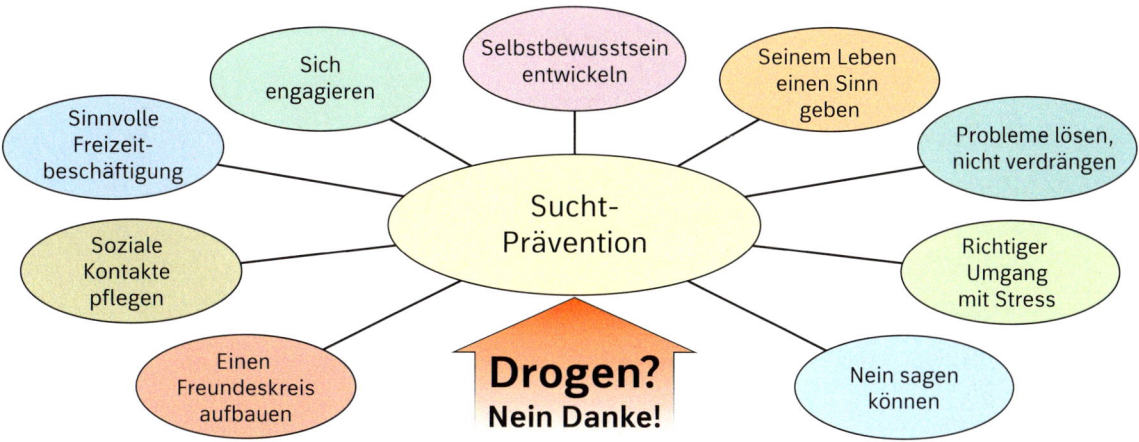

1 Tipps zur Sucht-Vorbeugung (Sucht-Prävention)

Vorbeugung durch einen selbstbewussten Umgang in der Gruppe. Florian zeigt seinen Freunden (in Aufgabe 2, S. 130), was ihm wichtig ist. Seine Einstellung wird von ihnen auch respektiert. Er läuft nicht Gefahr, von seinem Freundeskreis als uncool bewertet und ausgeschlossen zu werden. Darüber weiß Florian selbst auch Bescheid. Er findet in seinem Freundeskreis Anerkennung und darf sein, wie er ist. Es entsteht kein Gruppenzwang. In Freundeskreisen werden soziale Kontakte gefördert und der Einzelne lernt, dass er in einer Gemeinschaft eine wichtige Rolle spielen kann.

Vorbeugung durch sinnvolle Freizeitaktivitäten. Wenn du nur zu Hause sitzt und grübelst, kommen Langeweile und Selbstzweifel auf. Dadurch kann auch das Interesse an Suchtmitteln steigen. Deshalb ist es wichtig, dass du dich regelmäßig mit Freunden triffst oder dir eine Freizeitbeschäftigung suchst, die dich interessiert. Durch die Abwechslung und den Austausch steigt auch deine eigene Zufriedenheit.

Vorbeugung durch den richtigen Umgang mit Stress. Durch den Alltag und die privaten und schulischen Herausforderungen kann ziemlich viel Stress entstehen. Dabei ist es wichtig, den Stress gut zu bewältigen, denn zu viel Stress kann krank machen. Stress lässt sich mit Hilfe einer guten Zeitplanung, ausreichend Schlaf und Entspannungsphasen, regelmäßigen Aktivitäten im Freien und Spaß bei Hobbys und mit Freunden bewältigen.

MERKE
▶ Aufklärung ist die beste Vorsichtsmaßnahme, denn manche Drogen bewirken bereits nach dem ersten Konsum eine Abhängigkeit.
▶ Ein sicheres Umfeld, ein selbstbewusster Umgang mit sich selbst und den Freunden und aktive Tätigkeiten können vor einer möglichen Sucht schützen.

1 Fragen zum Text
a) Erkläre den Begriff „Prävention"!
b) Welche Maßnahmen können dich in deinem persönlichen Umfeld vor einem Abrutschen in die Sucht bewahren?

2 Mein persönliches Umfeld
a) Überlege für dich selbst: Wie sieht es in deinem persönlichen Umfeld aus?
  • Welche Eigenschaften schätzt du an dir?
  • Welche Hobbies und Unternehmungen machst du gern?
  • Bist du in einer Jugendgruppe oder machst du einen bestimmten Sport?
  • Wen würdest du ansprechen, wenn du Probleme hättest?
b) Schreibe für dich selbst einen Notizzettel, indem du die Fragen aus a) beantwortest.

▶ Der Umgang mit Drogen kann über Genuss und Gewöhnung zu Abhängigkeit und Sucht führen.

▶ Alle Formen von Sucht haben die gleichen Merkmale:
  • Der Wunsch nach dem Stoff oder einem bestimmten Verhalten
  • Körperliche Gewöhnung
  • Körperliche oder seelische Abhängigkeit
  • Entzugserscheinungen
  • Keine Möglichkeit, den Konsum zu beenden
  • Vernachlässigung aller anderen Lebensbereiche

Sucht			
stoffgebundene Süchte		stoffungebundene Süchte	
⬇		⬇	
legale Substanzen	illegale Substanzen	Verhaltenssucht	
• Alkohol • Tabak • Medikamente • Kaffee/Schwarztee	• Marihuana • Kokain • Crystal Meth • Legal Highs • Morphium • Opium, …	• Essstörungen: Magersucht, Bulimie, Binge-Eating • Spielsucht • Mediensucht • Arbeitssucht • Sportsucht, ….	

▶ Folgen einer Suchterkrankung: Soziale, körperliche und psychische Folgen

▶ Behandlung einer Suchterkrankung in mehreren Schritten:

▶ Suchtprävention:
  Vorbeugung durch
  • ein stabiles Umfeld, eine starke Persönlichkeit
  • einen selbstbewussten Umgang in der Gruppe
  • sinnvolle Freizeitbeschäftigungen
  • den richtigen Umgang mit Stress

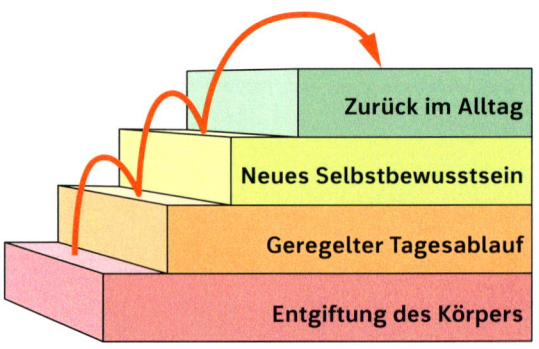

▶ Bei verschiedenen Stellen bekommt man Hilfsangebote bei einer Suchterkrankung:
  Persönliche Hilfe, Amtliche Hilfe, Telefonseelsorge, Therapie

TRAINER

1 Einstieg in die Sucht

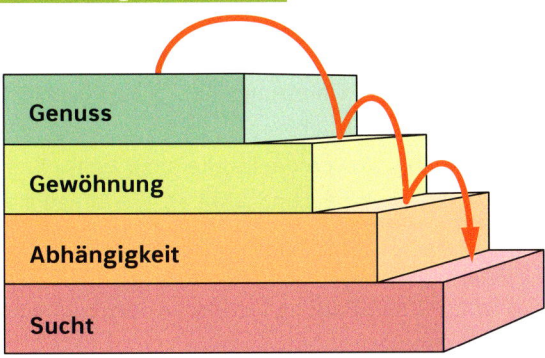

a) Beschreibe mit Hilfe der Abbildung den Weg in die Sucht.
b) Erkläre die Abbildung zudem am Beispiel des Alkoholkonsums.

2 Drogenübersicht

Erstelle eine Mindmap mit allen dir bekannten Drogen und Süchten.

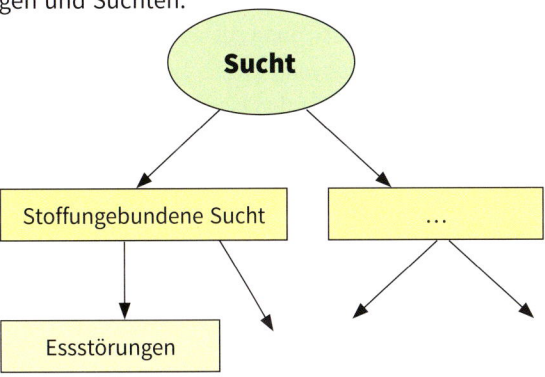

3 Legale und illegale Drogen

Sebastian behauptet: „Der Gebrauch von legalen Drogen ist ungefährlicher als der von illegalen Drogen." Stimmt diese Aussage? Schreibe einen Text, in dem du zu dieser Aussage Stellung nimmst. Begründe deine Meinung mit Argumenten.

4 Alkoholkonsum

Beschreibe am Beispiel Alkohol, wie aus einer Gewohnheit eine Sucht werden kann.

5 Tabakkonsum

Erkläre am Beispiel des Rauchens, warum auch der Konsum legaler Drogen zu gesundheitlichen Problemen führen kann.

6 Stoffungebundene Süchte

Verbessere in deinem Heft alle falschen Aussagen so, dass sie richtig sind:

Aussage
Alkohol ist eine stoffungebundene Sucht.
Bei einer Magersucht drehen sich die Gedanken nur um das Essen.
Spielsüchtige können jederzeit auch wieder damit aufhören.
Smombies nutzen ihr Smartphone besonders wenig.

7 Suchtprävention

a) Welche Gefahr besteht, wenn man oft sein Glück an Spielautomaten sucht?
b) Ist Tom süchtig, wenn er jede Woche spielt?
c) Nenne Möglichkeiten, wie man sich vor Spielsucht schützen kann.

Wenn du Hilfe bei den Aufgaben brauchst, schau auf den folgenden Seiten nach:

Aufgabe	Hilfe auf	Aufgabe	Hilfe auf
1a	S. 116	5	S. 122
1b	S. 123	6	S. 118, 123, 124, 126
2	S. 119- 121	7a, b	S. 124- 125
3	S. 120- 123	7c	S. 130- 131
4	S. 116, 123		

Lösungsvorschläge zu den Trainer-Aufgaben findest du im Anhang des Buches.

Der weibliche Zyklus

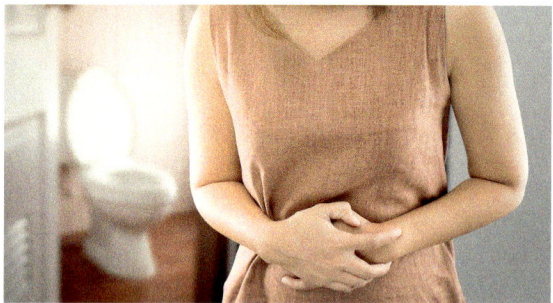

Mädchen und Frauen können vor oder während der Monatsblutung Probleme haben.

a) Nenne Beschwerden, die du kennst oder von denen du gehört hast.

b) Beschreibe Möglichkeiten, wie Mädchen und Frauen damit umgehen können und in welchen Fällen sie einen Arzt aufsuchen sollten.

Der Monatszyklus. Zyklus bedeutet Kreislauf und beschreibt die Vorgänge des weiblichen Körpers, die zur Monatsblutung führen. Ein Zyklus beginnt immer am ersten Tag der Menstruationsblutung. Dabei löst sich die Gebärmutterschleimhaut ab und wird mit der Blutung ausgeschieden. Man nennt die Menstruationsblutung auch Periode oder Regelblutung. Ein Zyklus umfasst etwa 28 Tage, also einen knappen Monat.

Eireifung. Während der Menstruation reift eine Eizelle in einem der beiden Eierstöcke heran. Sie befindet sich in einem Bläschen, das mit Flüssigkeit gefüllt ist und wird daher Eibläschen oder Follikel genannt. Der reifende Follikel wandert im Lauf von 10 bis 14 Tagen an den Rand des Eierstocks.
Während der Reifung der Eizelle baut sich die Gebärmutterschleimhaut wieder auf.

Eisprung. Ist die Eizelle reif, platzt das Bläschen auf und die Eizelle wird mit der Follikelflüssigkeit in den Eileiter gespült. Dies nennt man Eisprung oder Ovulation. Die Eizelle ist nun etwa 24 Stunden befruchtungsfähig. Sie wandert durch den Eileiter in Richtung Gebärmutter und kann von einer Samenzelle befruchtet werden. Die Wanderung dauert drei bis vier Tage.

Aufbau der Gebärmutterschleimhaut. Die Gebärmutterschleimhaut ist mittlerweile dicker geworden und gut durchblutet. Sie bietet dem Ei optimale Bedingungen für die Einnistung.

Regelblutung. Wurde die Eizelle nicht befruchtet, verkümmert die Eizelle und stirbt ab. Die Blutgefäße der verdickten Gebärmutterschleimhaut bilden sich zurück, die Gebärmutterschleimhaut löst sich ab und wird mit der Blutung ausgeschieden. Ein neuer Zyklus beginnt.

Regelmäßigkeit. Zu Beginn der Pubertät kann der Zyklus noch unregelmäßig sein. Der Abstand zwischen den Menstruationen kann unterschiedlich lang sein, genauso können auch der Verlauf und die Stärke der Blutung schwanken.

Beschwerden. Alle Vorgänge während des Monatszyklus werden durch Hormone gesteuert. Diese können auch Stimmungsschwankungen bewirken. Zudem können die Vorgänge in den Eileitern und der Gebärmutter unangenehme Gefühle oder Schmerzen verursachen. Oft fühlt man sich während der Regelblutung geschwächt und ist besonders empfindlich. Die meisten Frauen haben ein Gespür dafür, was dann gut für sie ist. Bei lang anhaltenden und starken Problemen sollte man allerdings einen Arzt aufsuchen.

MERKE

▶ **Ein Monatszyklus beginnt mit der Menstruationsblutung.**

▶ **Die Gebärmutterschleimhaut wird bei der Blutung über die Scheide ausgeschieden.**

▶ **Während eines Monatszyklus reift ein Ei heran und die Gebärmutterschleimhaut baut sich auf.**

a) Wie lange dauert ein Menstruationszyklus durchschnittlich?

b) Beschreibe den Eisprung.

c) Erkläre, was passiert, wenn die Eizelle nicht befruchtet wird.

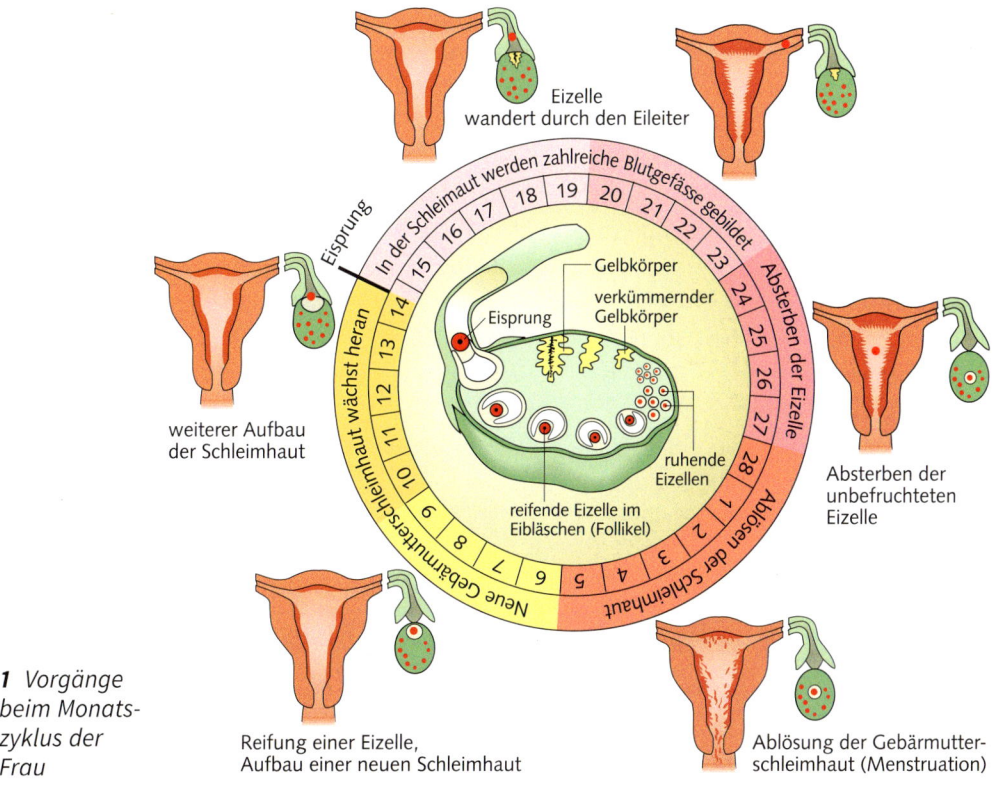

Eizelle
wandert durch den Eileiter

In der Schleimhaut werden zahlreiche Blutgefässe gebildet

Eisprung

Gelbkörper
verkümmernder
Gelbkörper

Absterben der Eizelle

Eisprung

Ablösen der Schleimhaut

ruhende
Eizellen

weiterer Aufbau
der Schleimhaut

Gebärmutterschleimhaut wächst heran

Neue Gebärmutterschleimhaut

reifende Eizelle im
Eibläschen (Follikel)

Absterben der
unbefruchteten
Eizelle

1 *Vorgänge beim Monatszyklus der Frau*

Reifung einer Eizelle,
Aufbau einer neuen Schleimhaut

Ablösung der Gebärmutterschleimhaut (Menstruation)

EXTRA

Hygieneartikel für die Regelblutung

Während der Menstruation verliert man etwa 40–50 ml Blut, verteilt über mehrere Tage. Das sind etwa 4 Esslöffel. Hier sind zwei verschiedene Möglichkeiten, das Blut während der Menstruation aufzufangen.

Wichtig:
Beide Hygieneartikel muss man alle paar Stunden wechseln. Nach dem Gebrauch gehören Tampons und Binden unbedingt in den Abfalleimer und auf keinen Fall in die Toilette.

Tampons	Binden
+ fangen das Blut schon im Körperinneren auf + auch wenn man sich bewegt, verrutscht nichts	+ einfach zu verwenden
– die Verwendung braucht etwas Übung – es besteht eine Infektionsgefahr, wenn beim Wechseln nicht auf Sauberkeit geachtet wird	– nicht geeignet fürs Schwimmen – unangenehm beim Sport – sind nicht sehr umweltfreundlich

1 Befruchtung

Sammle Bedingungen, die erfüllt sein müssen, damit es zur Befruchtung einer Eizelle kommt.

Befruchtung. Ein neues Leben entsteht, wenn sich eine reife Eizelle und eine Samenzelle des Mannes vereinigen. Dies geschieht, wenn Mann und Frau Geschlechtsverkehr haben. Dabei dringt der Penis des Mannes in die Scheide der Frau ein. Beim Samenerguss gelangen mehrere Millionen Spermien in die Scheide. Von dort aus bewegen sie sich in die Gebärmutter und weiter zum Eileiter.

Das erste Spermium, das auf die Eizelle trifft, kann mit seinem Kopf in die Zellhaut der Eizelle eindringen und mit der Eizelle verschmelzen. Das ist der Moment der Befruchtung. Sofort verändert sich die Eizelle so, dass keine weiteren Spermien mehr eindringen können.

Einnistung. Etwa einen Tag nach der Befruchtung teilt sich die Eizelle zum ersten Mal.

Die Teilung setzt sich fort, bis sich ein Zellhaufen gebildet hat. Aus dem Zellhaufen entwickelt sich eine Kugel mit einem Hohlraum, das sogenannte Keimbläschen. Nach ungefähr einer Woche nistet es sich in der Gebärmutter ein. Mit der Einnistung beginnt die Schwangerschaft.

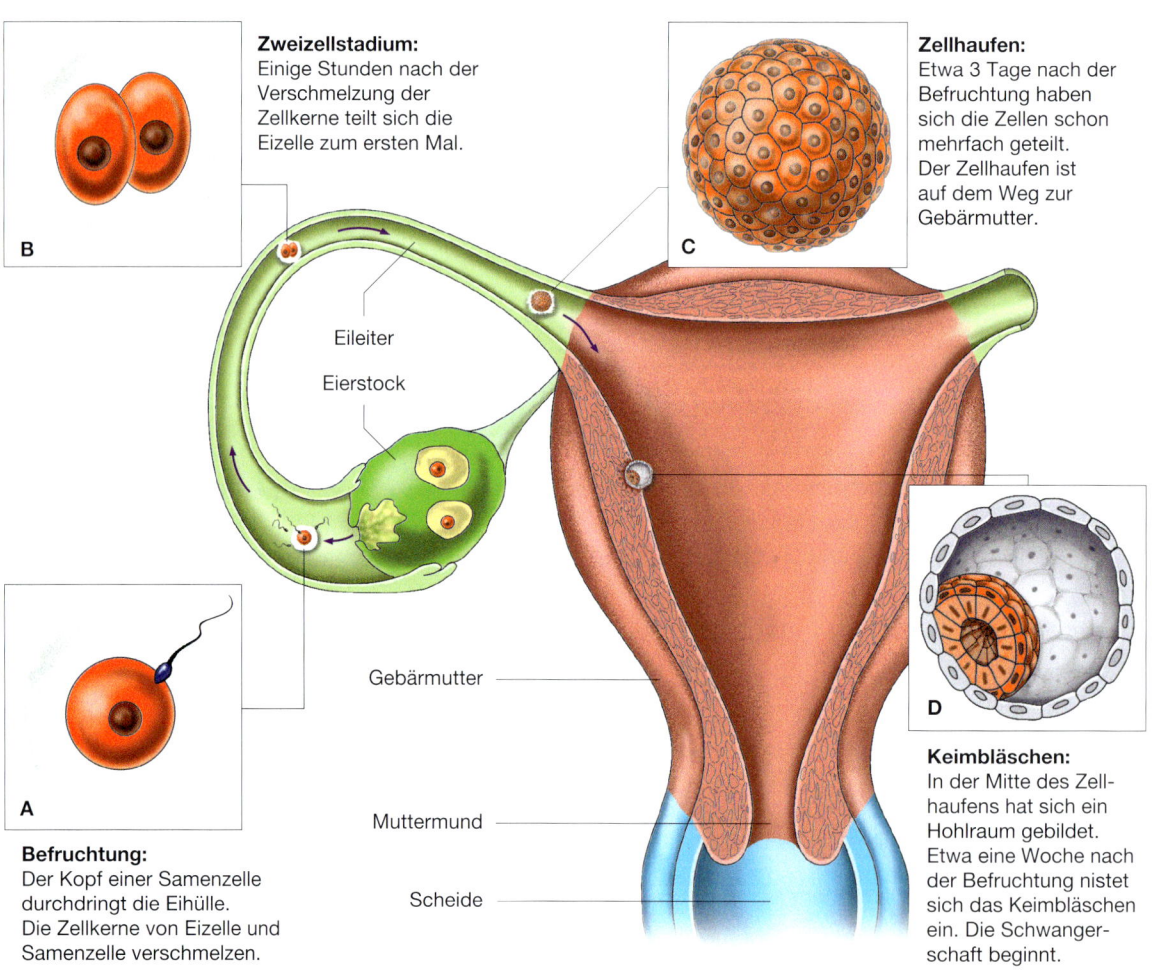

Zweizellstadium:
Einige Stunden nach der Verschmelzung der Zellkerne teilt sich die Eizelle zum ersten Mal.

B

Zellhaufen:
Etwa 3 Tage nach der Befruchtung haben sich die Zellen schon mehrfach geteilt. Der Zellhaufen ist auf dem Weg zur Gebärmutter.

C

Eileiter

Eierstock

Gebärmutter

D

Muttermund

Scheide

A

Befruchtung:
Der Kopf einer Samenzelle durchdringt die Eihülle. Die Zellkerne von Eizelle und Samenzelle verschmelzen.

Keimbläschen:
In der Mitte des Zellhaufens hat sich ein Hohlraum gebildet. Etwa eine Woche nach der Befruchtung nistet sich das Keimbläschen ein. Die Schwangerschaft beginnt.

1 Von der Befruchtung zur Schwangerschaft

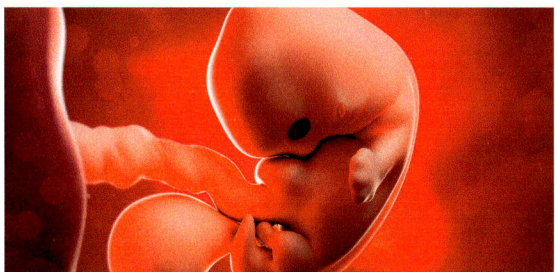

1 Embryo, 5. Schwangerschaftswoche

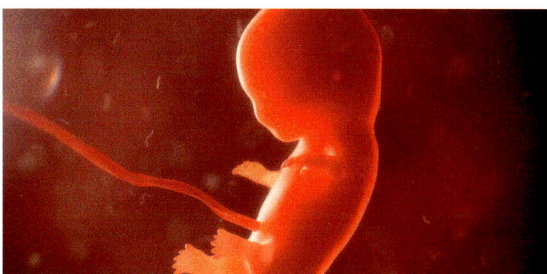

2 Fetus, 16. Schwangerschaftswoche

1. Monat: Bereits nach 21 Tagen beginnt ein einfaches Herz zu schlagen.

2. Monat: Der Embryo ist etwa 6 mm groß. Kopf und Körperumrisse sind bereits erkennbar. Bisher hat die Mutter von dieser Entwicklung noch nichts bemerkt. Erst wenn die Regelblutung ausbleibt, kann sie eine Schwangerschaft vermuten.

3. Monat: Von nun an wird das Kind im Mutterleib Fetus (= Fötus) genannt. Seine Organe sind nun ausgebildet und wachsen bis zur Geburt noch weiter.

4. Monat: Am Ende des 4. Monats ist der Fetus etwa 16 cm groß; die Mutter spürt die ersten Bewegungen.

5. und 6. Monat: Der Fetus kann Geräusche hören, auch die Stimme seiner Mutter.

7. und 8. Monat: Ab dem 7. Monat hat der Fetus bei einer verfrühten Geburt gute Überlebenschancen.

9. Monat: Das Baby hat zu diesem Zeitpunkt meist seine endgültige Lage gefunden: mit dem Kopf nach unten in der Gebärmutter. Ende des neunten Monats hat der Fetus ein Gewicht von etwa 2 900 g und ist etwa einen halben Meter groß.

Geburt. Die Geburt kündigt sich durch Wehen an, das Entspannen und Zusammenziehen der Muskeln der Gebärmutter. Sie drücken den Fetus bei der Geburt aus der Scheide. Er beginnt sofort zu atmen. Die Nabelschnur kann durchschnitten werden. Aus dem Fetus ist ein Säugling geworden.

MERKE

▶ **Die Befruchtung ist die Verschmelzung einer Eizelle mit einem Spermium.**

▶ **Nistet sich das befruchtete Ei in der Gebärmutter ein, beginnt die Schwangerschaft.**

1 Fragen zum Text

a) Begründe, warum eine Eizelle mit nur einem Spermium verschmelzen kann.

b) Wie lange dauert es ungefähr von der Befruchtung bis zur Einnistung? Was ist bis dahin passiert?

c) Ab wann beginnt das Herz zu schlagen?

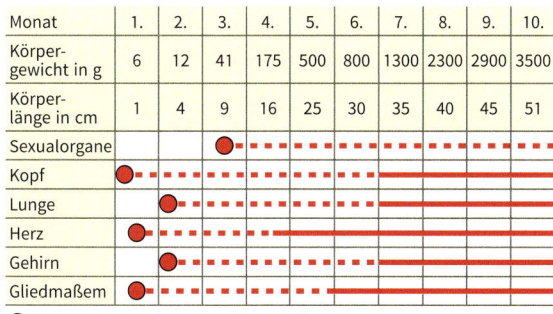

Monat	1.	2.	3.	4.	5.	6.	7.	8.	9.	10.
Körpergewicht in g	6	12	41	175	500	800	1300	2300	2900	3500
Körperlänge in cm	1	4	9	16	25	30	35	40	45	51
Sexualorgane										
Kopf										
Lunge										
Herz										
Gehirn										
Gliedmaßem										

●‑ ‑ ‑ ‑ Beginn der Entwicklung und weitere Ausprägung
——— voll entwickelt vorliegende Organe

3 Entwicklung der Organe als Übersicht

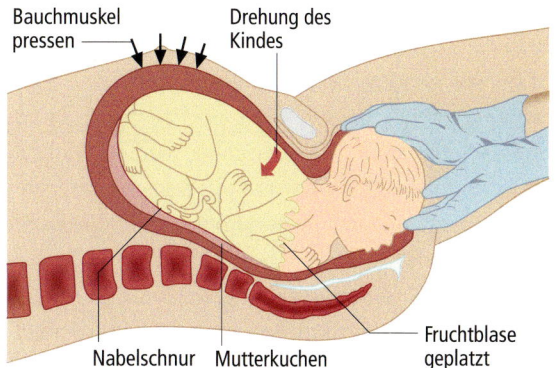

Bauchmuskel pressen — Drehung des Kindes

Nabelschnur Mutterkuchen Fruchtblase geplatzt

4 Geburtsphase

Versorgung des Kindes im Mutterleib

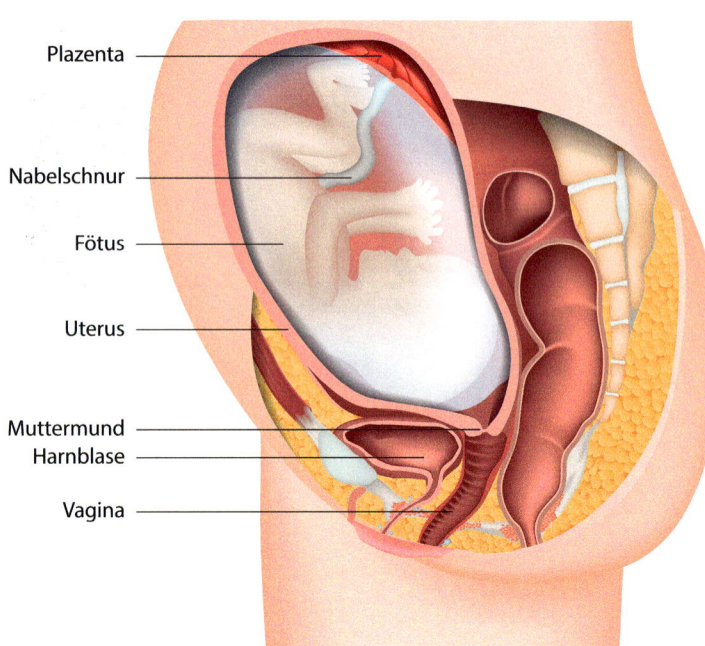

Plazenta

Nabelschnur

Fötus

Uterus

Muttermund
Harnblase

Vagina

1 Das Kind im Mutterleib

Fruchtblase. Das Kind ist im Mutterleib von einer Fruchtblase umgeben. Sie ist mit Fruchtwasser gefüllt und schützt vor Licht, Lärm, Druck oder Stößen.

Außerdem herrscht in der Fruchtblase eine für das Baby ideale Temperatur und sie bietet in den ersten Monaten eine schwerelose Bewegungsfreiheit.

MERKE

▶ **Die Plazenta ist für die Versorgung des Kindes zuständig.**
▶ **Die Nabelschnur verbindet Mutter und Kind.**
▶ **Die Fruchtblase schützt das Kind.**

1 Versorgung

Das Baby benötigt im Bauch der Mutter Nährstoffe und Sauerstoff, um heranwachsen zu können.
Äußert eure Vermutungen, wie das Baby im Bauch der Mutter damit versorgt wird.

Plazenta. Bei der Einnistung in der Gebärmutter wächst das Keimbläschen in die Schleimhaut ein. Während sich daraus ein Embryo entwickelt, entsteht auch der Mutterkuchen, die sogenannte Plazenta. Sie ist für die Versorgung des Kindes zuständig.

Nabelschnur. Über die Nabelschnur wird der Embryo mit Nährstoffen und Sauerstoff aus dem mütterlichen Blut versorgt. Abfallstoffe und Kohlenstoffdioxid werden darüber abgegeben.
Mutter und Kind haben einen getrennten Blutkreislauf. Dadurch ist das Kind vor manchen Krankheitserregern und schädlichen Stoffen im Blut der Mutter geschützt.

2 Fragen zum Text

a) Nenne Stoffe, die über die Nabelschnur vom Baby aufgenommen werden und nenne Stoffe, die vom Baby abgegeben werden.

b) Wovor wird das Ungeborene in der Fruchtblase geschützt?

3 Vergleich und Versuch mit einem Modell

a) Vergleiche Bild und Modell (Abb. 2, unten) und erkläre, was bei Original und Modell gleich ist.

b) Schüttle das Becherglas kräftig. Schildere anschließend deine Beobachtungen.

c) Vermute, was mit dem Ei ohne Wasser und Plastiktüte passieren würde.

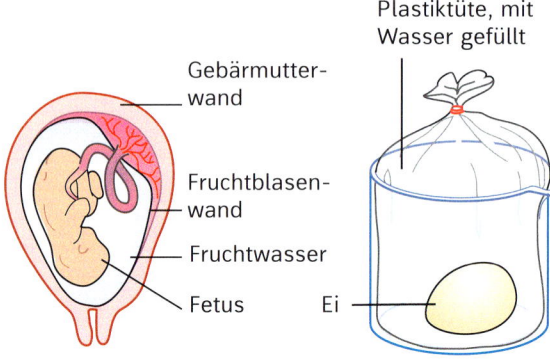

Plastiktüte, mit
Wasser gefüllt

Gebärmutter-
wand

Fruchtblasen-
wand

Fruchtwasser

Fetus   Ei

2 Gebärmutter und Modell der Gebärmutter

Auf der Frühchen-Station

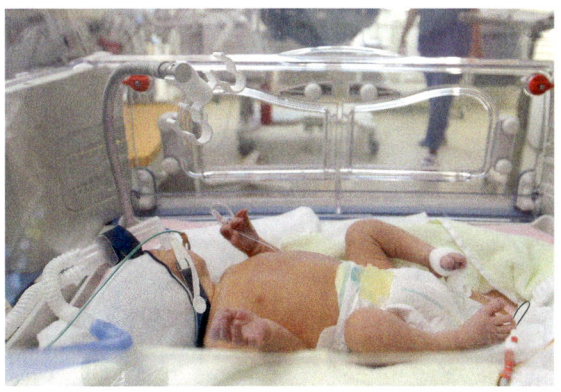

1 Frühchen im Inkubator

1 Zeitungsmeldung

Baby in Kalifornien mit nur 245 Gramm zur Welt gekommen

Mit einem Gewicht von gerade einmal 245 Gramm und der Größe eines Apfels ist in Kalifornien ein Säugling zur Welt gekommen. Das kleine Mädchen wurde im Dezember 2018 in der Stadt San Diego geboren und im Mai 2019 als gesundes Baby mit einem Gewicht von gut 2,5 Kilogramm entlassen.

a) Äußere dich zu dem Zeitungsartikel oben.
b) Sammelt eure Erfahrungen zum Thema Frühgeburt.

Frühgeburt. Kommt ein Kind vor der 36. Schwangerschaftswoche auf die Welt, spricht man von einer Frühgeburt. Heute haben Frühchen ab dem 7. Monat gute Chancen, gesund zu überleben.

Inkubator. Während einer normalen Schwangerschaft bietet der Körper der Mutter dem Baby perfekte Bedingungen für seine Entwicklung. Diese Bedingungen versucht man für das Frühchen im Krankenhaus nachzuahmen. Dafür verwendet man einen Inkubator, einen durchsichtigen, geschlossenen Kasten mit Eingriffsmöglichkeiten an beiden Seiten.

Der Inkubator bietet eine warme und gleichbleibende Umgebungstemperatur, die mit der Temperatur im Mutterleib vergleichbar ist.

Überwachung und Versorgung. Eltern sind oft geschockt, wenn sie ihr Baby im Inkubator mit den vielen Schläuchen und Kabeln sehen. Diese sind jedoch für die Versorgung und Überwachung des Babys notwendig. Elektroden geben Auskunft über Herzschlag und Atmung. Ist die Lunge noch nicht richtig ausgebildet, ist es manchmal notwendig, das Frühchen künstlich zu beatmen. Die Ernährung von sehr kleinen Frühchen erfolgt oft „intravenös", das heißt sie bekommen eine hochkonzentrierte Nährlösung direkt ins Blut. Sind sie kräftig genug, werden sie gestillt oder bekommen ein Fläschchen.

Känguruhen. Beim „Känguruhen" werden die Frühgeborenen aus dem Inkubator genommen und unbekleidet Mama oder Papa auf die nackte Brust oder den Bauch zum Kuscheln gelegt. Das Frühchen wird dadurch entspannter, da es die Körpernähe genießt. Außerdem baut ein Frühchen so schneller eine Bindung zu seinen Eltern auf. Gleichzeitig gelingt es auch den „Känguru-Eltern" schneller, eine Verbindung zu ihrem Kind aufzubauen.

2 Entwicklung eines Frühchens

Nenne mögliche Probleme, wenn ein Kind nach nur 5 Monaten Entwicklungszeit geboren wird. Nutze die Tabelle von Seite 137.

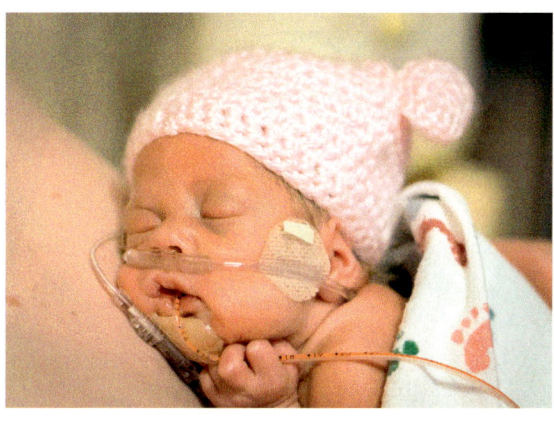

2 Körperkontakt ist lebenswichtig

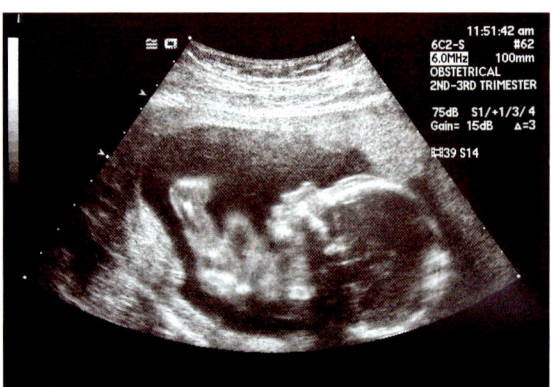

1 Ultraschallbild

3 Eine ganz besondere Zeit für eine Frau

1 Ultraschallbilder

Hier siehst du ein Ultraschallbild eines ungeborenen Babys im Bauch der Mutter.

a) Beschreibe, was du erkennen kannst.

b) Nenne Gründe, warum solche Aufnahmen gemacht werden.

Untersuchungen. Jede werdende Mutter wird in der Schwangerschaft, bei der Geburt und einige Wochen nach der Geburt von einem Arzt und einer Hebamme betreut. Alle Untersuchungsergebnisse der Mutter und des Babys werden in den Mutterpass eingetragen. Zu den Untersuchungen gehören Bluttests und Ultraschalluntersuchungen des Kindes im Mutterleib. Die Untersuchungen sollen sicherstellen, dass es Mutter und Kind gut geht. Zudem wird überprüft, ob sich der Embryo gut entwickelt.

Verhalten. Die Schwangerschaft ist eine ganz besondere Zeit für eine Frau. Ihr Köper verändert sich. Damit das ungeborene Kind gut versorgt und geschützt ist, muss sich eine werdende Mutter während der Schwangerschaft angemessen verhalten:

▶ Schwangere sollten sich gesund ernähren.
▶ Besonders wichtig sind Erholungszeiten und Entspannungsphasen.
▶ Auch Bewegung an der frischen Luft ist gut für Mutter und Kind.

Ernährung. Auf manche Lebensmittel sollte man während einer Schwangerschaft lieber verzichten. Dazu gehört Koffein, da es das Risiko einer Fehlgeburt erhöht. Es ist beispielsweise in Cola, Kaffee und Schwarztee enthalten. Auch auf Rohmilchkäse und rohe Speisen sollten Schwangere wegen der Infektionsgefahr verzichten.

2 Mutterpass

4 Gesunde Ernährung in der Schwangerschaft

Stress. Zeit- und Leistungsdruck können dazu führen, dass der Embryo schlecht mit Sauerstoff und Nährstoffen versorgt wird. Das erhöht das Risiko einer Früh- oder Fehlgeburt.

Reisen. Fernreisen, besonders mit dem Flugzeug, können eine große Belastung für eine Schwangere darstellen.

Sport. Sportarten mit Sturz- oder Stoßgefahr sollte man in der Schwangerschaft nicht mehr ausüben, um das Ungeborene nicht zu gefährden.

Medikamente. Medikamente dürfen nur in Notfällen und nur nach Absprache mit dem Arzt eingenommen werden. Das gilt auch für frei verkäufliche Medikamente wie Kopfschmerztabletten.

Mutterschutz. Das Mutterschutzgesetz soll Schwangere vor Gefahren und Risiken bei der Arbeit schützen. Schwangere dürfen zum Beispiel nicht schwer heben oder tragen. Falls eine Frau mit gefährlichen Stoffen oder Krankheitserregern arbeitet, muss sie während der Schwangerschaft eine andere Tätigkeit ausführen. Falls das nicht möglich ist, tritt ein Beschäftigungsverbot in Kraft.

Verhalten gegenüber Schwangeren. Alle sollten sich Schwangeren gegenüber besonders rücksichtsvoll verhalten. In Bahn oder Bus sollte man schwangeren Frauen also immer einen Sitzplatz anbieten.

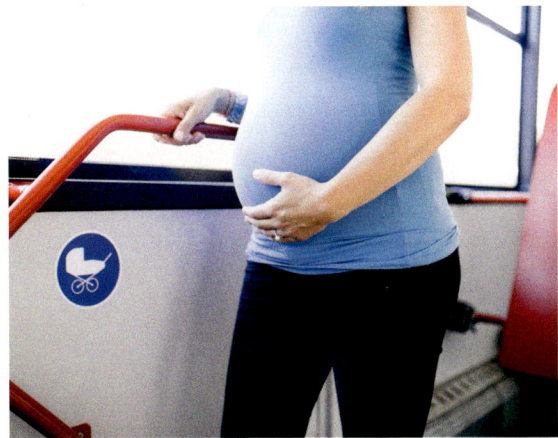

1 Schwangeren sollte man einen Platz anbieten

Andere Dinge sollte man unbedingt vermeiden:

Rauchen. Nikotin ist ein Nervengift und es verengt die Blutgefäße der Schwangeren. Der Embryo wird dadurch schlechter mit Sauerstoff versorgt. Das führt zu Entwicklungsstörungen. Babys von Raucherinnen sind oft kleiner und haben ein niedrigeres Geburtsgewicht als bei Nichtraucherinnen.

Alkohol. Der Embryo nimmt Alkohol über das Blut der Mutter auf und kann ihn nicht abbauen. Alkohol kann, besonders in den ersten Schwangerschaftsmonaten, zu schweren körperlichen und geistigen Entwicklungsschäden beim Kind führen. Deshalb sollten Schwangere ganz auf Alkohol verzichten.

Drogen. Konsumiert die Mutter Drogen, wird der Embryo auch „high". Weil die Organe und das Abwehrsystem des ungeborenen Kindes aber noch nicht voll entwickelt sind, kann es sich gegen die eindringenden Gifte nicht schützen. Mögliche Folgen sind Entwicklungsverzögerungen beim Kind, Fehlbildungen und Frühgeburten.

MERKE
▶ Schwangere haben eine große Verantwortung für die eigene Gesundheit und die Gesundheit ihres Kindes.
▶ Durch ihr Verhalten kann die Mutter viel für die gesunde Entwicklung ihres Kindes tun.

1 Fragen zum Text
a) Wie sollte sich eine Schwangere verhalten?
b) Erkläre, warum man in der Schwangerschaft keine rohen Speisen essen sollte.
c) Begründe das Alkoholverbot für Schwangere.

1 Verhütung

a) Sammelt, welche Verhütungsmethoden ihr kennt.

b) Erklärt, was ihr bereits über sie wisst.

Wahl des Verhütungsmittels. Es gibt viele Möglichkeiten, eine ungewollte Schwangerschaft zu vermeiden. Bei der Entscheidung für die Verhütungsmethode sollte man sich einige Fragen stellen:
- Wie sicher ist die Verhütungsmethode?
- Welche Nebenwirkungen hat sie?
- Wie wende ich sie an?
- Wie steht mein Partner zur Verhütung?
- Um welche Art von Beziehung handelt es sich?

Grundsätzlich unterscheidet man
- **Hormonelle Verhütung**

Anti-Baby-Pille, Vaginalring, Hormonpflaster, Hormonstäbchen, Hormonspritze

- **Barrieremethoden**

Kondom, Diaphragma, FemCap

Für Jugendliche und junge Erwachsene sind die Pille und das Kondom die häufigsten Verhütungsmethoden.

Kosten. Auch die Kosten für das Verhütungsmittel spielen eine Rolle bei der Entscheidung für das richtige Verhütungsmittel. Viele Krankenkassen übernehmen bis zum 20. Lebensjahr die Kosten für verschriebene Verhütungsmittel.

Eine weitere Verhütungsmethode, besonders für Frauen, die bereits ein Kind geboren haben ist die Spirale. Es gibt sie als Kupfer- oder Hormonspirale.

MERKE

▶ Die häufigsten Verhütungsmittel sind die Pille und das Kondom.

2 Fragen zum Text

a) Nenne zwei Vorteile und zwei Nachteile der Pille.

b) Nenne zwei Vorteile und zwei Nachteile des Kondoms.

3 Pearl-Index

a) Erkundige dich, was der Pearl-Index ist.

b) Finde heraus, welche Verhütungsmethode einen hohen Pearl-Index hat und wie er dir bei der Entscheidung für ein Verhütungsmittel helfen kann.

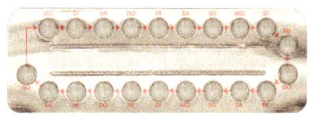

Pille

Vorteile:
- zuverlässiges Verhütungsmittel bei richtiger Anwendung
- relativ einfach anzuwenden
- Menstruationsschmerzen nehmen ab
- unreine Haut wird durch Hormoneinnahme verbessert

Nachteile:
- Einnahme muss immer rechtzeitig stattfinden
- Rezept muss rechtzeitig besorgt werden
- Nebenwirkungen können auftreten

Kondom

Vorteile:
- relativ zuverlässiges Verhütungsmittel
- muss nur verwendet werden, wenn es tatsächlich zum Geschlechtsverkehr kommt
- leicht erhältlich
- keine Nebenwirkungen
- Mann ist an der Verhütung beteiligt
- Schutz vor sexuell übertragbaren Krankheiten

Nachteile:
- Die Frau ist auf die Bereitschaft des Mannes angewiesen

1 Vor- und Nachteile von Pille und Kondom

Familienplanung

1 Bei der Familienplanung muss man sich absprechen ...

1 Wir wollen (noch) kein Kind

Überlegt, was die beiden (in Abb. 1) besprechen könnten.

Familienplanung. Durch Verhütungsmethoden können Paare ihren Kinderwunsch ihrer Lebensplanung anpassen. Das heißt, Paare entscheiden, wann und wie viele Kinder sie bekommen möchten.

Sicherheit. Viele Paare wünschen sich erst eine gewisse Reife, einen sicheren Beruf und eine solide Partnerschaft, bevor sie eine Familie gründen. Daher sind Frauen heute durchschnittlich deutlich älter als früher, wenn sie das erste Kind bekommen.

Späte Schwangerschaften. Tatsächlich wird es mit zunehmendem Alter schwerer, schwanger zu werden und zu bleiben. Außerdem erhöht sich das Risiko von gesundheitlichen Problemen und Erkrankungen des Kindes und der Schwangeren.

Kinderwunsch. Besteht ein Kinderwunsch, hilft es, den Zeitpunkt des Eisprungs zu ermitteln. So kann man einen günstigen Zeitpunkt für den Geschlechtsverkehr ermitteln, der zur Schwangerschaft führen soll.
Bleibt der Kinderwunsch trotz vermehrter Versuche unerfüllt, kann ein Arzt herausfinden, ob es körperliche Schwierigkeiten gibt. Manchmal kann man dann Methoden der künstlichen Befruchtung einsetzen, um einen Kinderwunsch zu erfüllen.

Sterilisation. Möchte ein Paar keine weiteren Kinder mehr, ist die Sterilisation eine Möglichkeit der endgültigen Schwangerschaftsverhütung. Entscheidet sich die Frau dafür, werden bei ihr die Eileiter unterbrochen. Beim Mann werden die Samenleiter durchtrennt. Beim Mann ist dieser Eingriff einfacher. In beiden Fällen bleibt die Möglichkeit zum Geschlechtsverkehr erhalten.

MERKE

▶ **Familienplanung bedeutet die Anzahl der Kinder und den Zeitpunkt der Geburt von Kindern zu planen.**

2 Fragen zum Text

a) Welche Probleme kann es geben, wenn Frauen erst spät schwanger werden wollen?
b) Wie lässt sich eine Schwangerschaft endgültig verhindern?

3 Rollenspiele

Bereitet mit Hilfe von Stichwortkarten ein Rollenspiel zu einer der folgenden Lebenssituationen vor:

a) Ein junges Paar diskutiert über Verhütungsmittel. Sie möchte, dass er Kondome benutzt, er wünscht sich, dass sie die Pille nimmt. Im Gespräch sollen die jeweiligen Vor- und Nachteile der Verhütungsmittel deutlich werden.
b) Du hast seit einiger Zeit einen Freund und hast auch schon (ohne Wissen deiner Eltern) mit ihm geschlafen. Du redest nun mit deiner Mutter, weil du zum Frauenarzt willst, um dir die Pille verschreiben zu lassen. Im Gespräch sollen Bedenken und Sorgen der Mutter und Gründe für die Einnahme der Pille deutlich werden.
c) Du hast eine Freundin/einen Freund, von der/dem du weißt, dass sie/er schon viele Partner hatte. Beginne ein Gespräch über „Safer Sex" und nenne die Argumente dafür.
d) Du hast schon länger einen Freund bzw. Freundin. Ihr wollt auch gerne heiraten. Diskutiert, wann der richtige Zeitpunkt für ein gemeinsames Kind ist.

Ungewollt schwanger – was nun?

1 *Der Schwangerschaftstest ist positiv ...*

2 *Der Freund ist verunsichert*

1 Ungeplant schwanger

Marie ist schwanger – Tim ist der Vater des Kindes.

a) Vermute, was die beiden denken.
b) Überlege, wie sich das Leben verändert, wenn Jugendliche Eltern werden.
c) Beschreibe Möglichkeiten, wie die beiden mit der Situation umgehen könnten.

Ungeplant schwanger. Der Schwangerschaftstest ist positiv. Die 17 Jahre alte Schülerin Marie ist ungeplant schwanger. Seit sie das Testergebnis kennt, schwirren viele Fragen in ihrem Kopf herum: Wie reagiert mein Freund? Was werden meine Eltern sagen? Was ist mit meiner Ausbildung? Traue ich mir zu, mich um ein Kind zu kümmern?

Was sagt der Freund? Natürlich hat der Vater des Kindes ein Recht, von der Schwangerschaft zu erfahren. Also spricht Marie zuerst mit ihm. Er ist verunsichert und ebenfalls mit der Situation überfordert. Er erbittet sich Bedenkzeit.

Was sagt die Freundin? Also spricht Marie mit ihrer besten Freundin. Die rät Marie, sich ihren Eltern anzuvertrauen. Marie fühlt sich allerdings noch nicht bereit dafür. Deshalb recherchieren die beiden im Internet und finden heraus, dass es anerkannte Beratungsstellen gibt, an die sich schwangere Frauen wenden können. Die Beratungen sind kostenlos und auf Wunsch anonym. Also ruft Marie bei einer solchen Beratungsstelle an.

Was sagt die Schwangerschaftskonfliktberatung? Am Telefon schildert Marie ihre Situation. Die Beraterin zeigt ihr Möglichkeiten auf, wie sie ein Leben mit Kind gestalten könnte. Sie erhält Informationen über Hilfen bei Wohnungssuche und Kinderbetreuung und erfährt, welche finanzielle Unterstützung sie erhalten kann.

Marie ist sich noch nicht sicher, ob sie das Kind behalten möchte und informiert sich im Telefongespräch auch über die Möglichkeit eines Schwangerschaftsabbruchs.

Kommt eine Abtreibung in Frage, muss man sich mindestens drei Tage vor dem Eingriff beraten lassen, damit man in jedem Fall eine gewisse Bedenkzeit hat: Für diese Beratung muss Marie allerdings persönlich in eine Arztpraxis oder eine anerkannte Beratungsstelle. Nur so bekommt sie den gesetzlich notwendigen Beratungsschein.

Was sagt das Gesetz? Ein Schwangerschaftsabbruch ist zwar grundsätzlich rechtswidrig, er bleibt aber straffrei, wenn seit der Empfängnis nicht mehr als zwölf Wochen vergangen sind und das Mädchen sich mindestens drei Tage vor dem Eingriff von einer dafür anerkannten Beratungsstelle hat beraten lassen. In seltenen Fällen ist ein Schwangerschaftsabbruch nicht rechtswidrig, beispielsweise nach einer Vergewaltigung oder wenn der körperliche oder seelische Zustand einer Frau schwerwiegend beeinträchtigt ist.

1 Informationen von der Ärztin

Was sagt die Ärztin? Marie begibt sich zu ihrer Frauenärztin. Die untersucht sie und bestätigt ihr nochmals die Schwangerschaft. Bei ihrer Ärztin informiert sich Marie über einen Abbruch der Schwangerschaft. Maries Ärztin teilt ihr mit, dass sie solche Eingriffe nicht ausführt. Ein Arzt darf den Eingriff außerdem nur durchführen, wenn er die Beratung nicht selbst vorgenommen hat. Ihre Ärztin erklärt ihr, wie ein Eingriff ablaufen könnte. Er muss immer von einer Ärztin oder einem Arzt vorgenommen werden. Bei Jugendlichen, die jünger als 16 Jahre sind, benötigt der Arzt das Einverständnis mindestens eines Elternteils. Marie bräuchte das zwar nicht mehr, jedoch fühlt sie sich nun bereit, mit ihren Eltern zu sprechen.

Was sagt die Familie? Maries Eltern sind natürlich von den Neuigkeiten überrascht. Doch nach einer Weile der Ratlosigkeit überlegt ihre Mutter schon, wo man Babysachen organisieren kann. Ihr Vater reagiert etwas zurückhaltender. Er macht sich Sorgen, ob Marie ihre Berufsausbildung und die Mutterrolle unter einen Hut bringen kann. Ihre Eltern versichern Marie jedoch, dass sie sie unterstützen wollen, egal, wie sie sich letztendlich entscheidet.

Persönliche Entscheidung. Die endgültige Entscheidung liegt allein bei Marie. Es gibt neben der Möglichkeiten des Schwangerschaftsabbruchs auch noch die Möglichkeit, das Baby zur Adoption freizugeben oder in einer Pflegefamilie unterzubringen.

Falls Marie das Kind bekommen möchte, kann sie weiterhin die Beratung und darüber hinausgehende Hilfsangebote in Anspruch nehmen.

MERKE
► Beratungsstellen helfen im Falle eines Schwangerschaftskonflikts.
► Beratungsstellen findet man über die Internetseiten der Bundeszentrale für gesundheitliche Aufklärung (BZgA).

1 Fragen zum Text
a) Erläutere die rechtliche Situation zum Schwangerschaftsabbruch.
b) Bis zu welchem Alter benötigt man das Einverständnis der Eltern für einen Schwangerschaftsabbruch?

2 Was meinst du?
a) Überlege, wie sich Marie oder Tim entscheiden könnten und begründe deine Überlegungen.
b) Welche Probleme könnten noch auftreten und wie könnte man ihnen begegnen.

3 Hilfe für eine Freundin
Eine Freundin vertraut dir an, dass sie ungewollt schwanger ist und nicht weiß, was sie tun soll. Versuche sie zu überzeugen, zu einer professionellen Beratung zu gehen.

2 Bei einer Beratungsstelle für Schwangere

1 Geschlechtskrankheit

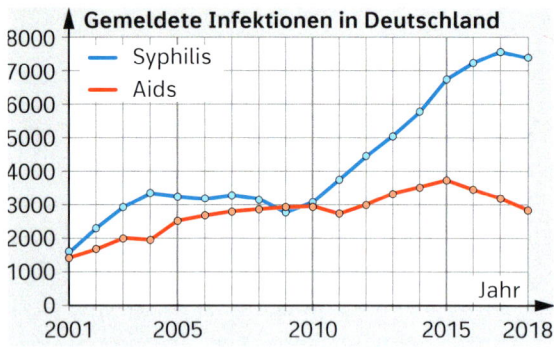

Gemeldete Infektionen in Deutschland

Syphilis
Aids

Jahr

a) Worum geht es in der Abbildung oben?
b) Beschreibe den Verlauf der Kurve.

Seit einiger Zeit infizieren sich wieder mehr Menschen mit Geschlechtskrankheiten. Sie werden meist bei sexuellen Kontakten übertragen. Man bezeichnet sie auch als sexuell übertragbare Krankheiten oder **STI** (**s**exually **t**ransmitted **i**nfections).

STIs und ihre Folgen. Die verbreitetesten Geschlechtskrankheiten sind Gonorrhö (Tripper), Syphilis, Hepatitis, Herpes, Trichomoniasis, Chlamydieninfektion und HPV (Humane Papilloma-Viren).
Die **Anzeichen** für sexuell übertragbare Krankheiten sind nicht leicht zu erkennen. Hat man im Intimbereich einen Juckreiz, ein brennendes Gefühl, veränderten Ausfluss oder man stellt Hautveränderungen fest, so kann das auf eine sexuell übertragbare Krankheit hinweisen.
Folgen dieser Krankheiten können Unfruchtbarkeit, schwere Organschäden oder Tod sein.
Wichtig ist, dass man **Veränderungen vom Arzt untersuchen** lässt. Erkennt man eine Erkrankung rechtzeitig, können fast alle Krankheiten erfolgreich behandelt werden.

Aids. Aids ist eine unheilbare Krankheit, die das Immunsystem zerstört. Millionen von Menschen leben mit dem HI-Virus, das Aids auslösen kann. Nach einer Infektion kann es Jahre dauern, bis die Krankheit ausbricht. In dieser Zeit können Infizierte andere anstecken, zum Beispiel durch ungeschützten Geschlechtsverkehr.

Ansteckung. Die meisten sexuell übertragbaren Krankheiten werden beim intimen Zusammensein weitergegeben. Der Speichel beim Küssen, ein Kontakt von Schleimhäuten oder mit infektiösen Hautstellen kann bei manchen Krankheiten zu einer Ansteckung führen. Infektionen können durch Aufnahme der Körperflüssigkeiten Blut, Sperma und Scheidensekret entstehen. Eine Infektion ist ebenso durch den Kontakt mit Ausscheidungen oder durch Schmierinfektion mit infizierten Gegenständen möglich. Die Gefahr der Ansteckung steigt, je häufiger man seine Sexualpartner wechselt.

Schutz. Der wichtigste Schutz vor einer Ansteckung mit Geschlechtskrankheiten ist die Verwendung eines Kondoms. Dies senkt das Übertragungsrisiko während des Geschlechtsverkehrs. Gegen HPV und Hepatitis B besteht die Möglichkeit einer **Schutzimpfung**. Außerdem sollte man grundlegende **Hygieneregeln** beachten. Man sollte sich zum Beispiel regelmäßig waschen, den Intimbereich vor und nach dem Geschlechtsverkehr waschen und die Unterwäsche täglich wechseln.

MERKE
▶ **Kondome senken das Risiko einer Ansteckung.**
▶ **Das Beachten von Hygieneregeln ist wichtig.**

2 Fragen zum Text
a) Erkläre, was STI bedeutet.
b) Nenne sexuell übertragbare Krankheiten.

2 *Kondome schützen*

Plakate zum Schutz vor sexuell übertragbaren Krankheiten erstellen

1 Kampagne gegen STI

Vielleicht kennt ihr Werbeplakate der Bundeszentrale für gesundheitliche Aufklärung.

a) Überlegt, ob euch das Plakat anspricht. Was fällt sofort ins Auge?

b) Notiere die wichtigsten Elemente und nutze die Informationen, um ein eigenes Plakat für eine Werbekampagne zum Schutz vor sexuell übertragbaren Krankheiten zu entwerfen.

So geht ihr vor:

▶ **Informieren**

Wählt eine der häufig verbreiteten STI aus. Beantwortet folgende Fragen:

- Wie heißt die Krankheit?
- Welcher Erreger überträgt die Krankheit?
- Wie wird die Krankheit übertragen?
- Wer sind die Betroffenen?
- Was sind die Symptome?
- Wie kann man die Krankheit behandeln?
- Wie kann man sich vor der Krankheit schützen?

Informationen findest du im Internet zum Beispiel auf den Seiten der BZGA oder von Profamilia.

Elemente eines Werbeplakats

Überschrift (Headline)
Bild(er) als Blickfang (Eyecatcher)
Informationstext(e) (Copy)
Werbespruch (Slogan)

▶ **Gestaltungsideen sammeln**

Euer Plakat soll vor Risiken warnen und für Schutz und Hilfsmöglichkeiten werben.

Denkt daran einen grafischen Blickfang zu verwenden, damit euer Plakat auch werbewirksam ist. Der Informationsgehalt soll dennoch nicht zu kurz kommen. Verwendet eine passende und ansprechende Überschrift, außerdem einen Werbespruch und einen kurzen aber aussagekräftigen Informationstext.

Überlegt euch eine sinnvolle Anordnung aller Elemente und erstellt einen Entwurf eures Plakats.

▶ **Genehmigung**

Bevor ihr euer Plakat tatsächlich gestaltet, solltet ihr eure Ideen der Lehrkraft zeigen. Es handelt sich hier um ein intimes Thema. Nicht alle Inhalte und Bilder sind hierfür geeignet.

Anschließend könnt ihr euer Plakat fertigstellen. Achtet auf eine deutliche und lesbare Schrift.

▶ **Ausstellung der Ergebnisse**

Hängt eure Plakate in den Toiletten auf. Es könnte sinnvoll sein, Plakate für die Mädchentoiletten und Jungentoiletten anzupassen.

2 Beispiel für ein Schüler-Plakat

▸ Der Zyklus einer Frau besteht aus folgenden Schritten:
  - Ablösung der Gebärmutterschleimhaut – Regelblutung
  - Heranreifen der Eizelle und Aufbau der Gebärmutterschleimhaut
  - Eisprung und Wanderung der Eizelle in den Eileiter
  - Eizelle stirbt ab, wenn keine Befruchtung stattfindet

▸ Ein Zyklus dauert durchschnittlich 28 Tage.

▸ Die Befruchtung ist die Verschmelzung einer Eizelle mit einem Spermium.

▸ Nistet sich das befruchtete Ei in der Gebärmutter ein, beginnt die Schwangerschaft.

▸ Das befruchtete Ei entwickelt sich erst zum Bläschenkeim, dann zum Embryo und schließlich zum Fetus.

▸ Die Plazenta ist für die Versorgung des Kindes zuständig.

▸ Die Nabelschnur verbindet Mutter und Kind.

▸ Die Fruchtblase schützt das Kind.

▸ Eine vernünftige Lebensweise der werdenden Mutter ist für den Embryo wichtig.

▸ In der Schwangerschaft sollte man auf Zigaretten, Alkohol und Drogen verzichten!

▸ Die wichtigsten Verhütungsmittel sind die Pille (hormonelle Verhütung) und das Kondom (Barrieremethode).

▸ Bei einer ungewollten Schwangerschaft findet man Hilfe bei der Schwangerschaftskonfliktberatung.

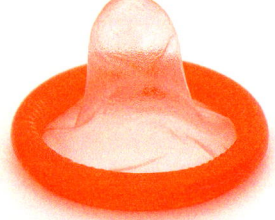

▸ Vor sexuell übertragbaren Krankheiten kann man sich mit Kondomen schützen.
Im Krankheitsfall muss ärztliche Hilfe in Anspruch genommen werden.

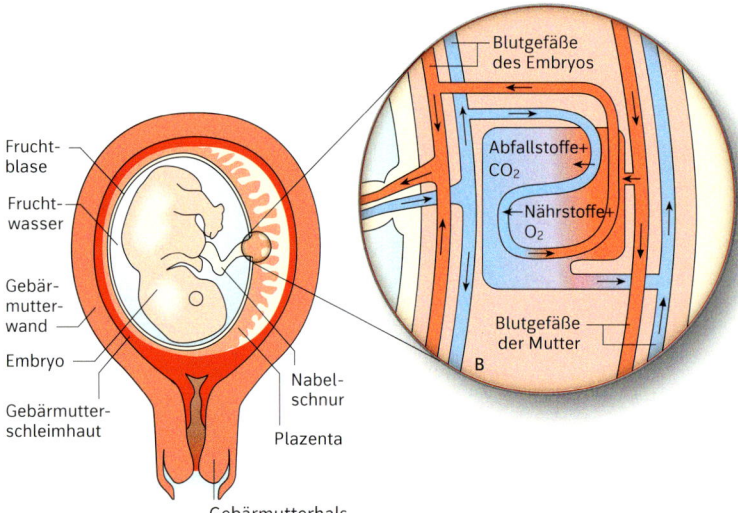

Fruchtblase
Fruchtwasser
Gebärmutterwand
Embryo
Gebärmutterschleimhaut
Nabelschnur
Plazenta
Gebärmutterhals

Blutgefäße des Embryos
Abfallstoffe+ CO_2
Nährstoffe+ O_2
Blutgefäße der Mutter
B

1 Der weibliche Zyklus

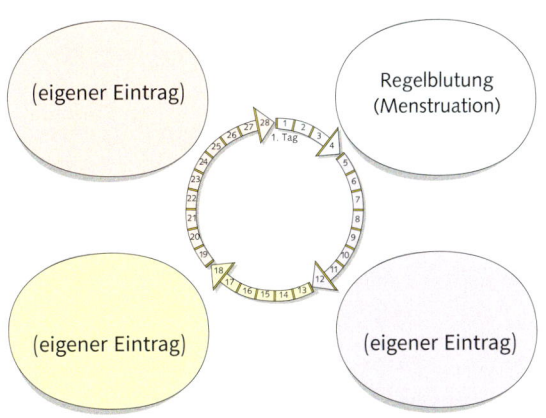

Übertrage die Abbildung und beschrifte die Ovale mit kurzen Texten zu den Vorgängen während des weiblichen Zyklus.

2 Nach der Befruchtung

Erläutere anhand der Bilder, was bei der Befruchtung und der frühen Keimesentwicklung passiert.

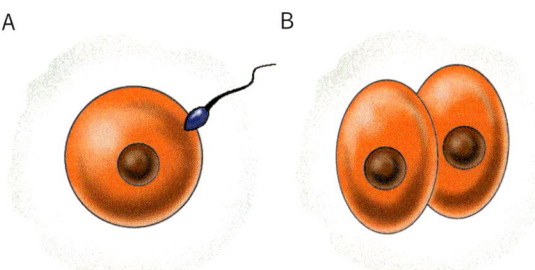

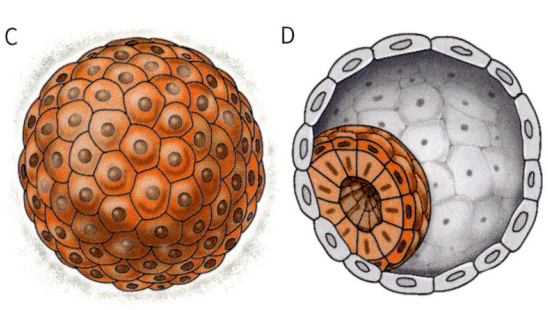

3 Zufallstreffer?

Warum wird eine Frau nicht nach jedem Geschlechtsverkehr schwanger? Erkläre.

4 Versorgung im Mutterleib

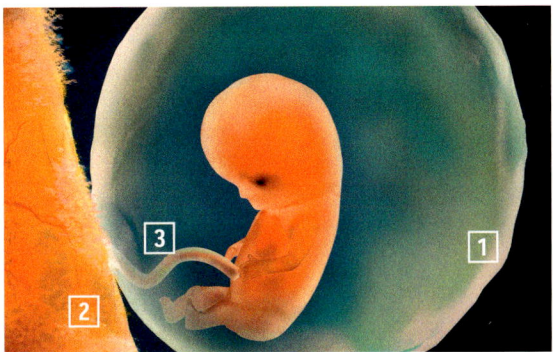

Benenne die Ziffern und erkläre die jeweilige Funktion.

5 Entwicklung eines Ungeborenen

Stelle die Entwicklung des Ungeborenen in Form einer Tabelle dar.

Zeit	Bezeichnung	Entwicklung
1 Woche	Zellhaufen	
1 Monat		
2 Monat		

6 Während der Schwangerschaft

Sammelt Tipps zum Verhalten während der Schwangerschaft.

7 Wechselnde Partnerschaften

Beschreibe Probleme, die sich bei häufig wechselnden Partnerschaften ergeben könnten.

Wenn du Hilfe bei den Aufgaben brauchst, schau auf den folgenden Seiten nach:

Aufgabe	Hilfe auf	Aufgabe	Hilfe auf
1	S. 134, 135	5	S. 137
2	S. 136	6	S. 140, 141
3	S. 134	7	S. 146
4	S. 138		

Lösungsvorschläge zu den Trainer-Aufgaben findest du im Anhang des Buches.

1 Schall erzeugen

a) Wähle einen der Gegenstände und beschreibe, wie du damit einen Ton erzeugst.
b) Versuche außerdem herauszufinden, wie du den entstehenden Ton verändern kannst.

Schall. Schall entsteht durch Schwingungen eines Körpers. Das kann zum Beispiel ein schwingendes Lineal, eine Gitarrensaite oder das Trommelfell einer Trommel sein. Den schwingenden Körper bezeichnet man als **Schallquelle**. Er überträgt seine Schwingungen an die Umgebung.

Das umgebende Medium ist der **Schallträger**. Luft ist ein gasförmiger Schallträger, Wasser ein flüssiger und Holz ein fester Schallträger. Die Übertragung des Schalls im Schallträger erfolgt in Form von **Schallwellen**. Unser Ohr nimmt die Schallwellen wahr. Es ist der **Schallempfänger**.

MERKE
▶ Schall wird durch Schwingungen eines Körpers erzeugt.
▶ Schall breitet sich durch Schallwellen aus.

2 Fragen zum Text

a) Nenne drei verschiedene Schallquellen.
b) In welcher Form wird der Schall übertragen?
c) Beschreibe den Weg des Schalls.

3 Schall sichtbar machen

a) Schlagt eine Stimmgabel an und haltet sie in ein Glas mit Wasser. Betrachtet die beiden Zinken.
b) Nehmt eine Plastikschüssel und haltet sie mit der Öffnung über ein Glas Wasser. Beobachtet, was passiert, wenn ihr mit einem Holzlöffel auf die Plastikschüssel klopft.
c) Dreht die Schüssel um und klopft dagegen. Beschreibt eure Beobachtung.

Schallträger Luft

Schallquelle

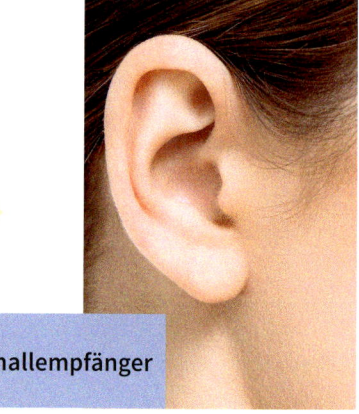

Schallempfänger

2 *Von der Schallquelle zum Schallempfänger*

Ausbreitung von Schall

1 Schallausbreitung in der Luft

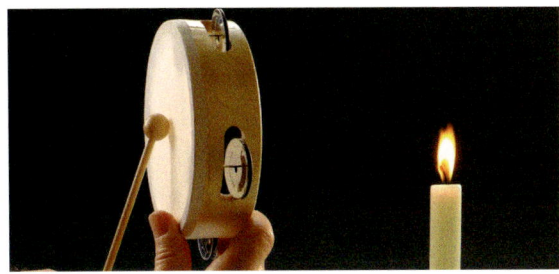

Halte ein Tamburin oder eine kleine Trommel vor eine brennende Kerze. Schlage erst schwach und dann kräftiger auf die Membran. Beschreibe, was du beobachtest.

Schallausbreitung in der Luft. Der Schall, den wir hören, wird meist durch die Luft übertragen. Die Schallwellen in der Luft entstehen durch einen schwingenden Körper. Er bewirkt eine Bewegung der umgebenden Luftteilchen. Ihr Abstand zueinander wird kurzzeitig verringert. Man sagt, sie werden verdichtet. Jedes Luftteilchen gibt den Druck an die Nachbarteilchen weiter. So breitet sich eine Druckwelle aus. Wir bezeichnen sie als **Schallwelle.**

Schallausbreitung im Wasser. Auch im Wasser breiten sich Töne aus. Da der Abstand der Teilchen anders ist als in der Luft, breitet sich Schall nicht genau gleich aus. Die Töne unter Wasser klingen anders als an der Luft.

Schallgeschwindigkeit. Schall breitet sich in jedem Stoff mit einer bestimmten Geschwindigkeit aus, der so genannten **Schallgeschwindigkeit.**
In der Luft liegt sie bei 344 Meter pro Sekunde (etwa 1 240 km/h), im Wasser bei 1 480 Meter pro Sekunde, in Eisen sogar bei 5 800 Meter pro Sekunde.

Schallausbreitung im Vakuum. Im luftleeren Raum, im Vakuum, kann sich der Schall nicht ausbreiten. Wenn keine Teilchen vorhanden sind, können keine Schallwellen weitergeleitet werden.

MERKE
▶ **Schall kann sich ausbreiten.**
▶ **Die Ausbreitungsgeschwindigkeit der Schallwellen ist vom Medium abhängig.**
▶ **Im Vakuum kann sich Schall nicht ausbreiten.**

2 Fragen zum Text
a) Beschreibe, wie sich der Schall ausbreitet.
b) Nenne Beispiele für die Schallgeschwindigkeit.

3 Schall im Vakuum
Ein Wecker steht unter einer Vakuumglocke.
a) Vermute, was passieren wird, wenn er klingelt und die Luft aus der Glocke gesaugt wird.
b) Erkläre deine Vermutung.
c) Führt den Versuch in der Klasse selbst durch.

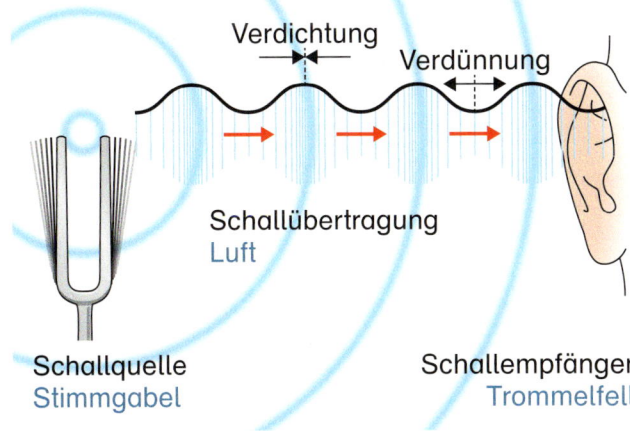

Verdichtung

Verdünnung

Schallübertragung
Luft

Schallquelle
Stimmgabel

Schallempfänger
Trommelfell

2 So breitet sich Schall in der Luft aus

3 Wecker im Vakuum

Einer von euch macht ein Geräusch oder erzeugt einen Ton, während die anderen mit verschlossenen Augen erraten müssen, worum es sich handelt.

Unser Ohr ist in erster Linie unser Hörorgan und Schallempfänger.

Außenohr. Der einzige sichtbare Teil des Ohrs ist die Ohrmuschel. Sie fängt den Schall auf. Im Gehörgang treffen die Schallwellen auf das Trommelfell. Es ist ein sehr dünnes Häutchen. Die Schallwellen bringen das Trommelfell zum Schwingen.

Mittelohr. Das schwingende Trommelfell bewegt die winzigen Gehörknöchelchen Hammer, Amboss und Steigbügel. Diese übertragen die Schwingungen auf die Schnecke, die im Innenohr sitzt. Sie ist mit Flüssigkeit gefüllt. Durch einen Gang ist das Mittelohr mit dem Mundraum verbunden. Diese Verbindung ist wichtig für den Druckausgleich.

Innenohr. Durch die ankommenden Schwingungen entstehen in der Flüssigkeit der Schnecke kleine Wellen. Diese reizen Sinneszellen und lösen einen elektrischen Reiz aus. Der Hörnerv leitet diese Signale an das Gehirn weiter. Das Gehirn verarbeitet diese Informationen und du hörst etwas.

MERKE
- Das Trommelfell wird durch Schallwellen in Schwingung versetzt.
- Die Gehörknöchelchen leiten die Schwingungen an die Schnecke weiter.
- Die Sinneszellen der Schnecke wandeln die Schwingungen in elektrische Signale um.
- Der Hörnerv leitet die Signale an das Gehirn, wo sie verarbeitet werden.

a) Wodurch wird das Trommelfell zum Schwingen gebracht?
b) Nenne die Gehörknöchelchen und ihre Aufgabe.

Stelle in einer Tabelle die Bestandteile des Ohres und die jeweilige Funktion zusammen. Kennzeichne Außen-, Mittel- und Innenohr mit unterschiedlichen Farben.

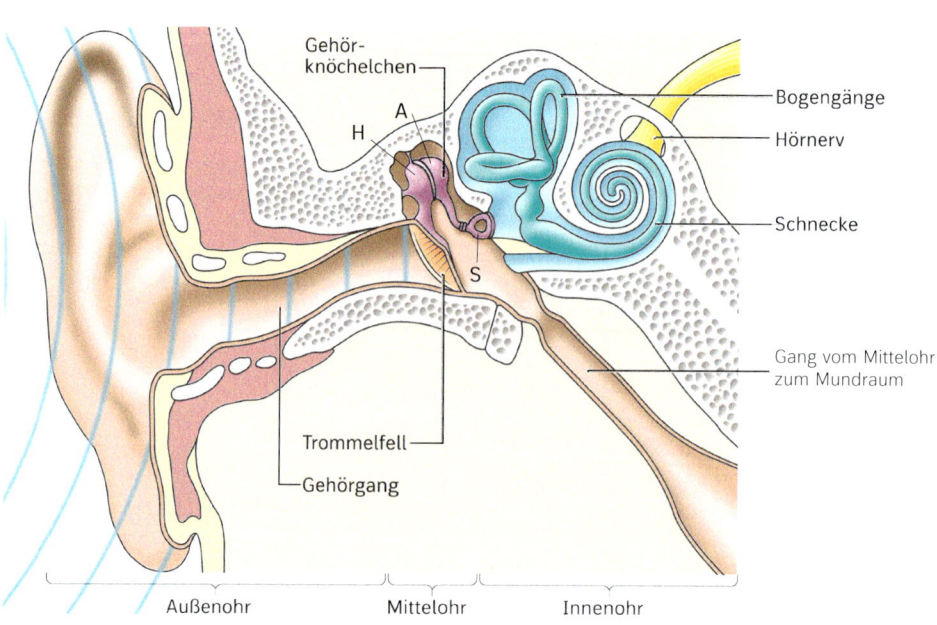

2 *So ist das Ohr beim Menschen aufgebaut (H=Hammer, A=Amboss, S=Steigbügel)*

Die Ohren: Hilfe für die Orientierung

1 Richtungshören in Partnerarbeit

a) Einer von euch schließt die Augen und setzt sich 3 m vom Partner entfernt auf einen Stuhl. Der andere erzeugt ein Geräusch. Die Versuchsperson zeigt mit den Fingern jeweils die Richtung an, aus der sie den Schall gehört hat.

b) Vermute, wie das Richtungshören funktioniert.

2 Wo geht's lang?

Verbindet einem Mitschüler die Augen. Dreht ihn schnell im Kreis, zum Beispiel auf einem Drehstuhl. Stoppt die Bewegung plötzlich ab.
Die Versuchsperson soll nach dem Abstoppen ihre Empfindung beschreiben und mit der Hand in Richtung Tür zeigen.

Was lässt sich mit diesem Versuch zeigen?

Richtungshören. Unsere Ohren helfen uns auch festzustellen, aus welcher Richtung der Schall ausgesendet wurde. Der Weg des Schalls ist unterschiedlich lang, von der Schallquelle zum jeweiligen Ohr. Außerdem kommen die Geräusche auch mit etwas unterschiedlicher Lautstärke dort an. Das Gehirn vergleicht die leicht unterschiedlichen Informationen der beiden Ohren und kann so feststellen, aus welcher Richtung der Schall kommt.

Im Ohr befindet sich auch das **Gleichgewichtsorgan,** Es setzt sich aus Lagesinnesorgan und Drehsinnesorgan zusammen.

Lagesinn. Die beiden Vorhofsäckchen sind der Sitz des Lagesinns. Sie enthalten eine zähe Flüssigkeit sowie kleine Kalkkristalle. Halten wir den Kopf schräg, werden dort Sinneshärchen von den Kalkkristallen gebogen. Dieser Reiz wird durch den Gleichgewichtsnerv zum Gehirn geleitet. Dadurch können wir unsere Lage im Raum wahrnehmen.

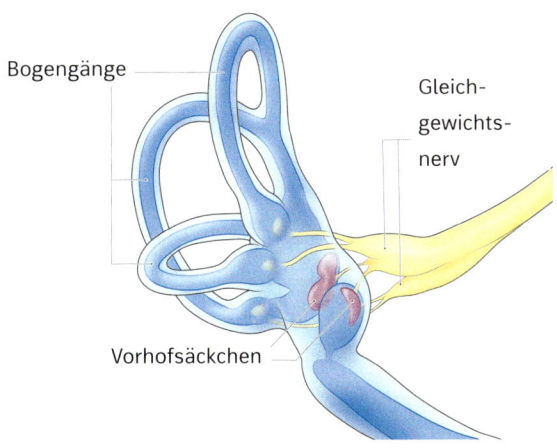

2 *Das Gleichgewichtsorgan des Menschen*

Drehsinn. Verantwortlich für den Drehsinn sind die Bogengänge im Innenohr. Sie zeigen in drei verschiedene Richtungen des Raums. Sie sind mit Flüssigkeit gefüllt. Drehen wir uns, bewegen sich die Bogengänge, die Flüssigkeit innen bewegt sich durch Trägheit viel langsamer. Dadurch werden die Haare der Sinneszellen abgebogen und erzeugen einen Nervenreiz. Er wird an das Gehirn weitergeleitet. Das Gehirn erkennt so, in welche Richtung sich der Körper dreht. Wenn du nun einige Male um die eigene Achse gedreht wirst und dann plötzlich anhältst, kommt es dir vor, als würdest du dich weiter drehen. Das kommt daher, weil sich die Flüssigkeit in den Bogengängen noch für kurze Zeit mitdreht, auch wenn du schon wieder stehst.

Ist das Gleichgewichtsorgan gestört, kommt es zu Schwindel, Unwohlsein und Übelkeit.

MERKE

▶ **Das Gehirn verarbeitet Information aus beiden Ohren und ermöglicht so das Richtungshören.**

▶ **Drehsinn und Lagesinn bilden das Gleichgewichtsorgan im Ohr.**

3 Fragen zum Text

a) Welche Informationen, die das Ohr wahrnimmt, vergleicht das Gehirn?

b) Aus welchen Teilen setzt sich das Gleichgewichtsorgan zusammen?

Frequenz – Tonhöhe

1 Verschiedene Töne einer Gitarre

a) Zupfe einzeln verschiedene Saiten einer Gitarre an. Beschreibe, welche Unterschiede du feststellst.

b) Probiere aus, wie du die Tonhöhen der Saiten verändern kannst.

2 Hohe Töne und tiefe Töne mit dem Lineal

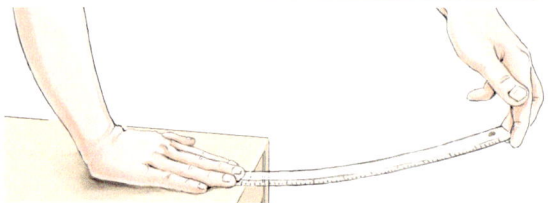

a) Erzeuge mit einem langen Lineal an einer Tischkante hohe und tiefe Töne.

b) Wie unterscheiden sich die Schwingungen des Lineals dabei?

Hohe und tiefe Töne. An einem Saiteninstrument kannst du beobachten, dass eine lange Saite einen tieferen Ton erzeugt als eine kurze Saite. Bei hohen Tönen sind die Schwingungen der Saite schnell, bei tiefen langsam.

Oszilloskop. Mit einem Oszilloskop lassen sich Schallwellen sichtbar machen. Ein Ton wird über ein Mikrofon aufgenommen. Das Oszilloskop übersetzt die Schwingungen in ein Bild. Bei einem hohen Ton ist zu erkennen, dass der Abstand der Wellen zueinander gering ist, während der Abstand der Wellen bei tiefen Tönen weiter ist.

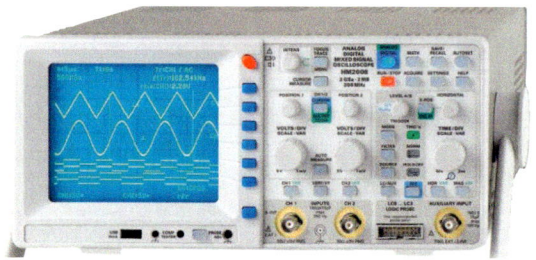

2 Ein Oszilloskop kann Schwingungen anzeigen

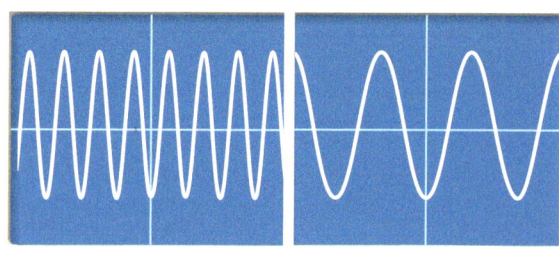

3 Hoher Ton   *tiefer Ton*

Frequenz. Die Zahl der **Schwingungen in der Sekunde** nennt man **Frequenz**. Sie wird in der Einheit Hertz gemessen. Ist die Anzahl der Schwingungen pro Sekunde **groß,** erklingt ein **hoher** Ton; ist die Zahl der Schwingungen **klein,** hören wir einen **tiefen** Ton.

Frequenzbereiche. Menschen hören Töne im Frequenzbereich von etwa 16 Hz bis 20 000 Hz. Frequenzen unter 16 Hz nennt man Infraschall, den Schallbereich über 20 kHz nennt man Ultraschall.

MERKE

▶ **Frequenz ist die Zahl der Schwingungen pro Sekunde. Die Einheit heißt Hertz.**

▶ **Je größer die Frequenz ist, desto höher ist der Ton.**

3 Fragen zum Text

a) Beschreibe den Unterschied bei der Schwingung von hohen und tiefen Tönen.

b) Wie nennt man das Gerät, das Schallwellen sichtbar macht?

c) Welchen Frequenzbereich nimmt ein menschliches Ohr wahr.

4 Hörtest

a) Nutze eine Tongenerator-Handy-App und finde heraus, wie gut eine Testperson hören kann. Teste den Schallbereich zwischen 16 und 20 000 Hz.

b) Halte jeweils die kleinste und größte Frequenz, die von der Testperson gehört wurde, in einer Tabelle fest.

c) Führe den Versuch auch zuhause mit unterschiedlich alten Menschen durch.

1 Wie unterscheiden sich leise und laute Töne?

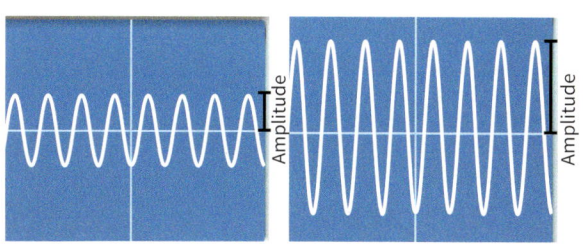

2 Leiser Ton, ...   *... lauter Ton*
(kleine Amplitude)   *(große Amplitude)*

1 Verschiedene Lautstärken

Zupfe eine Saite einer Gitarre unterschiedlich stark an. Was stellst du fest?

Lautstärke. Bei einer Gitarre kannst du beobachten, dass eine Saite stärker schwingt, wenn man sie stark anschlägt. Dadurch entsteht ein lauter Ton. Schlägt man die Gitarrensaite leichter an, so dass sie nur leicht schwingt, ist der Ton leiser. Die Lautstärke eines Tons ist umso größer, je stärker Festkörper, Gase oder Flüssigkeiten schwingen.

Amplitude. Der größte Ausschlag einer Schwingung heißt Amplitude. Sie ist das Maß für die Lautstärke. Auch die Amplitude kann man auf einem Oszilloskop ablesen.
Je größer die Amplitude der Schwingung ist, desto lauter ist der Ton. Leisere Töne haben eine geringere Amplitude.

MERKE

▸ Amplitude ist der größte Ausschlag einer Schwingung.
▸ Je größer die Amplitude ist, desto lauter ist der Ton.

2 Fragen zum Text

a) Wie schwingt die Gitarrensaite bei einem lauten Ton?
b) Erkläre den Zusammenhang von Lautstärke und Schwingungsstärke.

3 Amplitude und Lautstärke

Ordne die Begriffe dem richtigen Bild zu:
kleine Amplitude/große Amplitude/lauter Ton/leiser Ton.

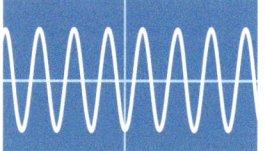 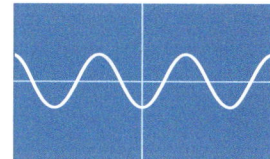

4 Verschiedenen Schwingungen

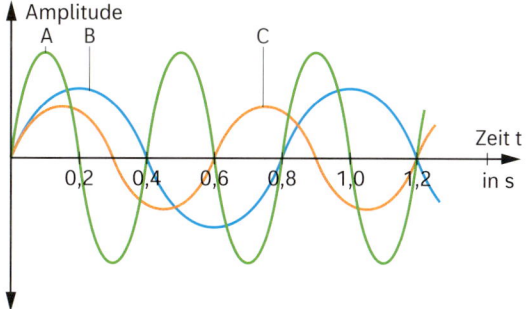

a) Nenne die Schwingung mit der höchsten Frequenz.
b) Nenne die Schwingung mit der größten Amplitude.

Hörschäden

1 Lärm im Alltag

	mag ich	stört mich	gesundheits-gefährdend
Musik hören	? ? ?	? ? ?	? ? ? ? ?
Rasen mähen	? ? ?	? ? ?	? ? ? ? ?
(weitere Beispiele)	? ? ?	? ? ?	? ? ? ? ?

a) Übernimm die Tabelle (oben) in dein Heft.
b) Trage mehrere Situationen ein, die laut sind.
c) Kreuze dann an, wie du die Situation einschätzt.
d) Vergleiche deine Einschätzungen mit denen deiner Mitschüler und der Abb. 2.

Lärm. Im Alltag sind wir immer wieder Situationen ausgesetzt, in denen wir den Schall als unangenehm und zu laut empfinden.
Lautstärke wird in Dezibel (dB) gemessen. Erreicht Schall 60 dB, spricht man von Lärm. Lärm kann krank machen. Gesundheitliche Folgen können Kopfschmerzen, Schlafstörungen, Konzentrationsschwäche, Bluthochdruck, Nervosität oder Aggressivität sein. Ab 100 dB empfindet man Schmerz.

Lärmschäden. Wird sogar die Lautstärke von 80 dB auf Dauer überschritten, treten Gehörschäden auf. Man wird schwerhörig oder taub. Besonders schlimm ist, dass man die Schwerhörigkeit oder Taubheit nicht heilen kann. Daher ist ein Arbeitgeber ab einer Lärmbelastung von 80 dB verpflichtet, einen Gehörschutz zur Verfügung zu stellen. Ab 85 dB muss der Arbeitnehmer einen Gehörschutz tragen.

Lautstärke in Dezibel — sehr laut — **Zerstörung des Innenohrs**

150 dB
140 dB — **Schmerzgrenze**
130 dB
120 dB — Startendes Düsenflugzeug, Heavy-Metal-Rock, Flugzeuglärm, Disco
110 dB

Hörschäden

100 dB
90 dB — Moped, Eisenbahn, Stereoanlage, Straßenlärm
80 dB

Nervliche Beeinträchtigung

70 dB
60 dB — Pkw, Radio (Zimmerlautstärke), normale Unterhaltung, Flüstern
50 dB
20 dB
sehr leise
0 dB — **Hörschwelle**

2 *Ist der Schall zu stark, kann er sogar schmerzen*

MERKE
▶ **Lautstärke wird in Dezibel angegeben.**
▶ **Dauerhafter Lärm macht krank.**
▶ **Deswegen ist Lärmschutz wichtig.**

---

2 Fragen zum Text
a) Nenne gesundheitliche Folgen von Lärm.
b) Ab welchen dB-Wert können dauerhafte Gehörschäden entstehen?

3 In der Disco
a) Entnehmt der Abb. 2, welche Lautstärke oft in der Disco erreicht wird.
b) Wäre diese Lautstärke an einem Arbeitsplatz zulässig?
c) Was schließt du daraus? Diskutiert in der Klasse.

Lärmschutz

1 Gehörschutzstöpsel und Gehörschutzkapseln

a) Testet Gehörschutzstöpsel und Gehörschutzkapseln.
b) Notiert Vor- und Nachteile.

Lärm vermeiden. Um sich vor Lärm zu schützen gibt es verschiedene Maßnahmen. Soweit möglich sollte man Lärm vermeiden oder Abstand zu Lärmquellen einhalten. Im Alltag heißt das, dass du laute Musik einfach mal leiser stellen solltest. Vor allem bei Kopfhörern solltest du den empfohlenen Grenzwert für die Lautstärke nicht überschreiten. Viele Smartphones warnen ihren Benutzer, wenn beim Hören mit Kopfhörern eine zu große Lautstärke eingestellt ist.

Man sollte auch vermeiden, mehrere Lärmquellen gleichzeitig um sich zu haben. Manchmal läuft Musik, der Drucker druckt und dabei führt man noch ein Telefonat. Du kannst dich und deine Ohren schützen, indem du parallele Geräuschquellen vermeidest. Bereits beim Kauf elektrischer Geräte solltest du darauf achten, dass sie möglichst leise sind.

Lärmminderung. Kann man dem Lärm nicht ausweichen, gibt es grundsätzlich zwei weitere Maßnahmen, nämlich die Schalldämpfung und die Schalldämmung.

Schalldämpfer. Schalldämpfer arbeiten mit Dämmmaterialien. Ein natürliches Dämmmaterial ist Kork, künstliche Dämmmaterialien sind Schaumstoffe. Sie enthalten Luft, man nennt sie porös. Dämmstoffe sind schlechte Schallleiter, sie „verschlucken" den Schal. Man sagt, der Schall wird absorbiert. Der Schalldämpfer eines Auspuffs ist beispielsweise mit Glas- oder Stahlwolle gefüllt. Auch Gehörschutzkapseln sind mit Dämmmaterial gefüllt. Gehörschutzstöpsel, die direkt ins Ohr gesteckt werden, sind aus Schaumstoff.

Schalldämmung. Bei der Schalldämmung soll eine Abschirmung der Schallquelle stattfinden. Dies gelingt durch bauliche Maßnahmen wie Glasfenster oder beispielsweise an Straßen durch Schallschutzwände. Der Schall wird von den eingesetzten Baustoffen reflektiert.

MERKE
▶ **Lärmvermeidung ist ein guter Lärmschutz.**
▶ **Maßnahmen gegen Lärm sind Schalldämpfung und Schalldämmung.**

2 Fragen zum Text
a) Nenne Maßnahmen, die vor Lärm schützen.
b) Erkläre, was Dämmmaterialien gemeinsam haben.

3 Lärmschutz in der Schule
Nenne Maßnahmen, mit denen der Geräuschpegel in der Schule verringert werden kann.

2 Lärmschutzwand

▸ Schall entsteht durch Schwingungen eines Körpers.

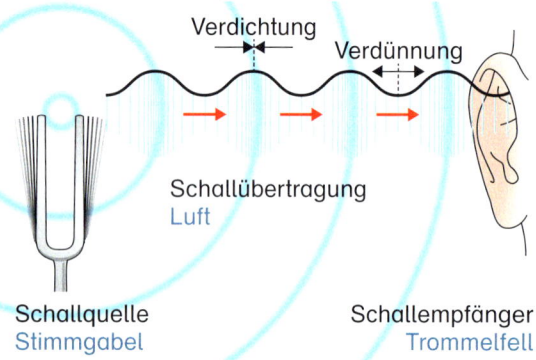

Verdichtung
Verdünnung
Schallübertragung
Luft
Schallquelle
Stimmgabel
Schallempfänger
Trommelfell

▸ Schall breitet sich in Schallwellen aus.

▸ Das Ohr ist ein Schallempfänger. Das Gleichgewichtsorgan ist auch ein Teil des Ohrs.

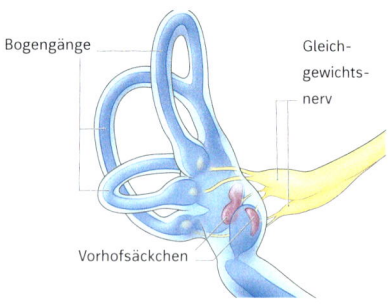

Bogengänge
Gleich-gewichts-nerv
Vorhofsäckchen

▸ Die Frequenz ist die Häufigkeit der Schwingung pro Sekunde; Einheit: Hertz

Amplitude
Je größer,
desto lauter.
Zeit
Frequenz
Je breiter,
desto tiefer.

▸ ❶ Die Amplitude bezeichnet den größten Ausschlag einer Schwingung.

▸ Die Lautstärke wird in Dezibel gemessen.

▸ Bei Lautstärken über 60 dB spricht man von Lärm. Lärm ist gesundheitsschädlich.
Lautstärken über 80 dB verursachen dauerhafte Hörschäden.

▸ Lärmschutzmaßnahmen sind: Lärmvermeidung, Abstand, Schalldämpfung und Schalldämmung.

---

1. Die Ohrmuschel nimmt den Schall auf.

2. Die Schwingungen der Luft bringen das Trommelfell zum Schwingen.

3. Die Gehörgangsknöchelchen übertragen die Schwingungen des Trommelfells auf die Schnecke.

4. Sinneszellen der Schnecke erzeugen daraufhin Signale.

5. Über den Hörnerv gelangen die Signale ins Gehirn.

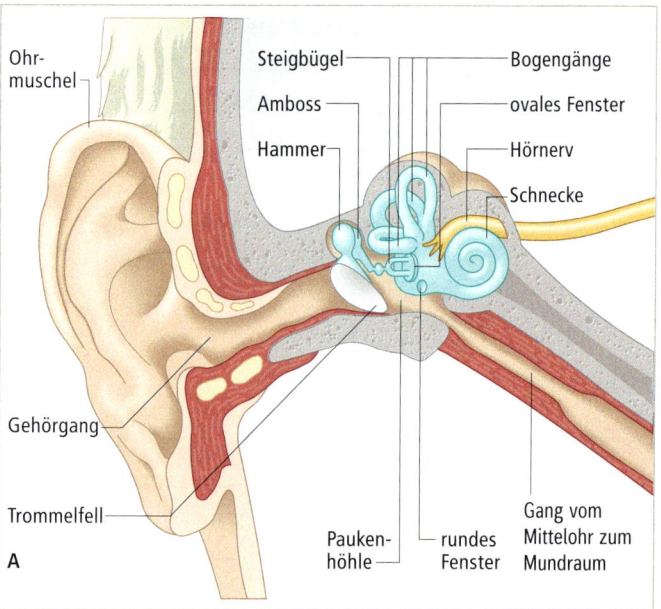

Ohr-muschel
Steigbügel
Bogengänge
Amboss
ovales Fenster
Hammer
Hörnerv
Schnecke
Gehörgang
Trommelfell
A
Pauken-höhle
rundes Fenster
Gang vom Mittelohr zum Mundraum

TRAINER

1 Der Weg des Schalls

Beschreibe in Stichpunkten den Weg des Schalls bis zur Wahrnehmung.

2 Lauschen im „Wilden Westen"

Erläutere diese Szene mit den Cowboys aus dem „Wilden Westen".

3 Dosentelefon

Erkläre die Funktionsweise eines Dosentelefons.

4 Je …, desto …

Vervollständige die Sätze:

a) Je größer die Frequenz, desto …

b) Je tiefer der Ton, desto …

5 ➊ Je …, desto …

Vervollständige die Sätze:

a) Je größer die Amplitude, desto …

b) Je geringer die Lautstärke, desto …

6 Oktoberfest

Im Oktoberfestzelt wird oft eine Lautstärke von 100 dB erreicht.

a) Wäre diese Lautstärke an einem Arbeitsplatz zulässig?

b) Was wären notwendige Maßnahmen?

7 An der Autobahn

Beim Bau einer Autobahn werden verschiedene Maßnahmen ergriffen um die Anlieger vor Lärm zu schützen.
Überlegt, welche das sein könnten.

8 So schützt du dein Gehör

Verfasse fünf Tipps zum Lärmschutz, die dem Schutz des Gehörs dienen.

Wenn du Hilfe bei den Aufgaben brauchst, schau auf den folgenden Seiten nach:

Aufgabe	Hilfe auf	Aufgabe	Hilfe auf
1	S. 150	5	S. 155
2	S. 151	6	S. 156
3	S. 151	7	S. 156, 157
4	S. 155	8	S. 156, 157

Lösungsvorschläge zu den Trainer-Aufgaben findest du im Anhang des Buches.

Säuren und Laugen

In den meisten Obstsorten sind von Natur aus Säuren enthalten, die man gefahrlos genießen kann, etwa Äpfelsäure oder Zitronensäure.

Es gibt aber Säuren und auch Laugen, die gefährlich sind, weil sie die Haut verätzen oder sogar Metalle auflösen können.

Eine typische Lauge ist die Natronlauge. Stark verdünnt sorgt sie für den braunen Farbton und den typischen Geschmack von Laugenbrezeln.

Materie, Stoffe und Technik

Salze

Salz kennst du vor allem aus der Küche vom Kochen. Allerdings gibt es noch viele weitere Verwendungsmöglichkeiten für Salze. So werden sie zum Beispiel auch als Düngemittel und als Streusalz verwendet.
In Bergwerken, in denen Salz abgebaut wird, findet man oft wunderschöne Salzkristalle.

Chemische Reaktionen

Explosionen und schnelle Verbrennungen gehören zu den eindrucksvollsten chemischen Reaktionen. Oftmals finden im Alltag chemische Reaktionen statt, die viel weniger spektakulär sind. So ist auch das Auflösen einer Brausetablette eine chemische Reaktion.
Farbänderungen, Niederschläge oder Gasbläschen weisen auf eine chemische Reaktion hin.

ENTDECKE...

▶ den Unterschied zwischen Atom und Ion
▶ die Reaktionsfreudigkeit der Alkalimetalle und Halogene
▶ den Zusammenhang zwischen Alltagserscheinungen und chemischen Reaktionen
▶ wie man mit Hilfe des Kugelmodells von DALTON Stoffumwandlungen veranschaulicht
▶ wie man sicherheits- und umweltgerecht mit chemischen Stoffen umgeht
▶ die pH-Skala zur Unterscheidung von sauren, neutralen und alkalischen Lösungen
▶ Verwendungsmöglichkeiten von sauren und alkalischen Lösungen
▶ die chemische Neutralisation
▶ den Aufbau von Salzen
▶ Analysemethoden zur Bestimmung des Metall-Anteils von Salzen
▶ Eigenschaften von Salzen und deren Verwendungsmöglichkeiten im Alltag

Energiestufenmodell

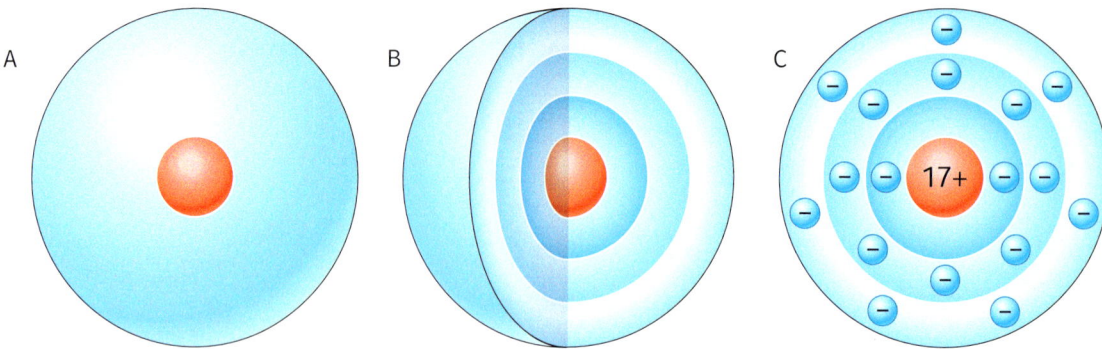

1 Verschiedene Atommodelle

1 Atommodelle

a) Um welche Atommodelle handelt es sich bei den Abbildungen A und B?

b) Erkläre, wie sie sich unterscheiden.

c) Abbildung C ist eine Weiterentwicklung des Modells B. Nenne Unterschiede, die dir auffallen.

d) ❶ Das Atommodell C hat zwei Namen, nenne sie.

e) ❶ Das Modell C lässt sich gut mit einer Zwiebel vergleichen. Erkläre diese Aussage.

Niels BOHR. Der dänische Physiker **Niels BOHR** wies nach, dass die Elektronen eines Atoms nicht beliebig in der Hülle verteilt sind. Daraus entwickelte er sein eigenes Atommodell: das **Schalenmodell** bzw. **Energiestufenmodell.**

2 Niels Bohr

Schale	Maximale Elektronenzahl
K	2
L	8
M	18
N	32

3 Das Schalenmodell der Atomhülle

Elektronenschalen. BOHR stellte fest, dass die Elektronen in ganz bestimmten Abständen um den Kern des Atoms angeordnet sind. In diesen Aufenthaltsbereichen bewegen sich die Elektronen mit sehr hoher Geschwindigkeit um den Kern. Diese Bereiche kann man sich wie die Schalen einer Zwiebel vorstellen.

Gleiches Bauprinzip bei allen Elementen. Die Schalen bezeichnet man mit den Buchstaben K, L, M, N usw. Jede Schale kann nur eine begrenzte Anzahl an Elektronen aufnehmen. Je weiter die Schale vom Kern entfernt ist, desto mehr Elektronen haben darauf Platz. Die innerste Schale (K) kann nur zwei Elektronen aufnehmen, die nächste Schale bereits 8 Elektronen. Die Schalen werden von innen nach außen besetzt.

MERKE

▶ Die Elektronen in der Hülle befinden sich auf bestimmten Schalen um den Atomkern.

▶ Jede Schale ist mit einer bestimmten Anzahl an Elektronen besetzt.

2 Fragen zum Text

a) Erkläre, warum das Atommodell von BOHR oft mit einer Zwiebel verglichen wird.

b) Wie viele Elektronen haben auf der innersten Schale Platz?

c) Ein Sauerstoff-Atom hat 8 Elektronen. Wie viele Schalen hat es?

A 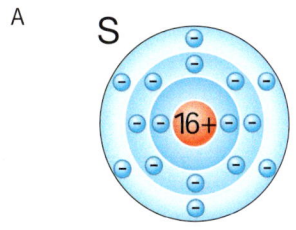 S

B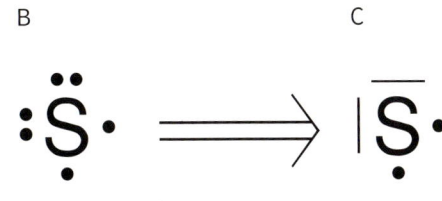

C

1 Schalenmodell und Valenzstrich-Schreibweise

1 So schreibt der Chemiker

a) Um welches Element handelt es sich in Abb. 1?

b) Vermute, was die Punkte am Elementsymbol bei B bedeuten.

c) C ist eine weitere Vereinfachung der Schreibweise von B. Erkläre, wie sie zustandekommt.

Außenelektronen. Elemente einer Elementfamilie stehen im Periodensystem in derselben Hauptgruppe und haben sehr ähnliche Eigenschaften. Dabei spielt der Aufbau der Atome eine große Rolle.
Im Periodensystem stimmt die Hauptgruppe mit der Anzahl der Außen- oder **Valenzelektronen** überein. So haben beispielsweise die Elemente der ersten Hauptgruppe ein Außenelektron und die der siebten sieben Außenelektronen. Die Anzahl der Außenelektronen bestimmt das chemische Verhalten der Elemente. Die Elektronen auf weiter innen liegenden Schalen haben keinen Einfluss.

Elektronen als Punkte und Striche. Da die Außenelektronen so bedeutend sind, hat man versucht, sie in einer übersichtlichen Schreibweise darzustellen. Dies wird die **Elektronenschreibweise** oder auch **Valenzstrich-Schreibweise** genannt.
Die Valenzelektronen werden als Punkte um das Elementsymbol geschrieben. Ein Punkt steht für ein Valenzelektron.

$$Li\cdot \quad \cdot Be\cdot \quad \cdot \overset{\cdot}{B}\cdot \quad \cdot \overset{\cdot}{C}\cdot$$

Bei mehr als vier Außenelektronen werden weitere Außenelektronen mit bereits vorhandenen zu Punktepaaren zusammengefasst.

Vereinfacht schreibt man jedes Elektronenpaar als Strich. Für die Elemente der zweiten Periode ergeben sich nach der Valenzstrich-Schreibweise folgende Atomsymbole:

$$Li\cdot \quad \cdot Be\cdot \quad \cdot \overset{\cdot}{B}\cdot \quad \cdot \overset{\cdot}{C}\cdot \quad |\overset{\cdot}{N}\cdot \quad |\overset{\cdot}{\underline{O}}\cdot \quad |\overline{\underline{F}}\cdot \quad |\overline{\underline{Ne}}|$$

MERKE

▶ Die Valenzstrich-Schreibweise bildet die Außenelektronen eines Elements ab.

▶ Einzelelektronen werden mit Punkten, Elektronenpaare mit Strichen dargestellt.

2 Fragen zum Text

a) Erkläre, warum die Außenelektronen eines Elements so wichtig sind.

b) Beschreibe, wie Einzelelektronen und Elektronenpaare bei der Valenzstrich-Schreibweise dargestellt werden.

c) Stelle die Elemente Schwefel, Helium und Brom in der Valenzstrich-Schreibweise dar.

3 Streichhölzer und Erbsen

Überlege, wie du mit Hilfe von Erbsen und Streichhölzern die Valenzstrich-Schreibweise darstellen kannst.

a) Erkläre, wofür die Streichhölzer und die Erbsen stehen.

b) Suche folgende Elemente im Periodensystem und lege sie mit Hilfe der Streichhölzer und Erbsen in der Valenzstrich-Schreibweise: Natrium, Arsen, Aluminium, Calcium, Xenon.

c) Erkläre, warum die Valenzstrich-Schreibweise ohne das Elementsymbol nicht eindeutig ist.

Vom Atom zum Ion

In einem Fernsehinterview erklärte ein Pizzabäcker dem Reporter: „Kochsalz (Natriumchlorid) darf man immer erst ganz zum Schluss in den Pizzateig geben. Kochsalz enthält giftiges Chlor und dies tötet die Hefe ab!"

a) Diskutiere mit deinem Banknachbarn über die Aussage.

b) Vergleiche die Eigenschaften der einzelnen Elemente mit den Eigenschaften von Kochsalz.

Kochsalz aus dem Labor. Kochsalz, also Natriumchlorid, gewinnt man meistens in Bergwerken oder aus Meerwasser. Im Labor lässt es sich aber auch direkt herstellen. Wird geschmolzenes Natrium in Chlorgas gehalten, setzt eine heftige Reaktion mit einer grell gelben Flamme ein. Es entsteht ein harter, weißer Stoff, Natriumchlorid.

Aus Atomen werden Ionen. Bei der Reaktion haben die Natrium-Atome ihr Außenelektron abgegeben und die Chlor-Atome haben es aufgenommen. Aus den elektrisch neutralen Atomen sind elektrisch geladene **Ionen** geworden.

Ein Natrium-Ion besitzt immer noch 11 Protonen im Kern, aber nur noch 10 Elektronen in der Hülle. Es ist ein einfach positiv geladenes Teilchen entstanden:

$$Na \rightarrow Na^+ + 1\ e^-, \text{Elektronenabgabe}$$

Ein Chlorid-Ion besitzt 17 Protonen im Kern, aber 18 Elektronen in der Hülle. Es ist ein einfach negativ geladenes Teilchen entstanden:

$$Cl + 1\ e^- \rightarrow Cl^-, \text{Elektronenaufnahme}$$

weich, metallisch glänzend, leicht entzündlich

Natrium

gelbgrün, gasförmig, giftig

Chlor

chemische Reaktion

Natriumchlorid

weiß, hart, spröde, ungiftig, nicht entzündlich

2 Chemische Reaktion zwischen Natrium und Chlor

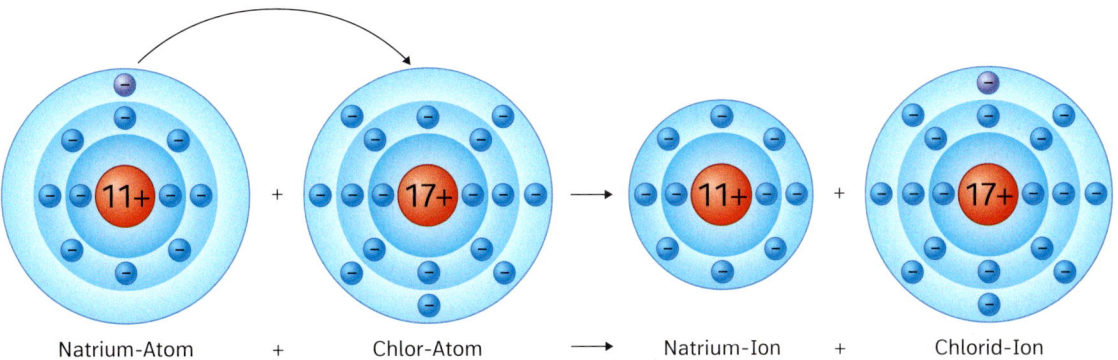

1 *Chemische Reaktion zwischen Natrium und Chlor*

Wer gibt ab, wer nimmt auf? Alle Atome haben das Bestreben, die Elektronenverteilung der Edelgase zu erreichen. Alle Edelgase (bis auf Helium) besitzen acht Außenelektronen, deshalb nennt man dieses Bestreben auch die **Oktettregel**.

Atome bilden Ionen, indem sie Elektronen aufnehmen oder abgeben. So erreichen sie den Elektronenzustand des nächstgelegenen Edelgases. Atome mit bis zu vier Außenelektronen **geben Elektronen ab** und bilden positiv geladene Ionen. Atome mit fünf bis sieben Außenelektronen **nehmen Elektronen auf** und bilden negativ geladene Ionen.

Eigenschaften von Ionen. Ionen haben andere Eigenschaften als die ursprünglichen Atome. Sie haben, wie die Edelgase, eine komplett gefüllte Außenschale. Deshalb sind Ionen reaktionsträge. Außerdem sind sie elektrisch geladen.

MERKE
▶ Durch die Aufnahme oder Abgabe von Elektronen entstehen aus Atomen positiv oder negativ geladene Ionen.
▶ Ionen haben andere Eigenschaften als die ursprünglichen Atome.
▶ Durch die Ionenbildung erreichen die Atome die Elektronenverteilung des nächstgelegenen Edelgases.

1 Fragen zum Text
a) Welche Ladung haben Atome, die ein Elektron abgeben?
b) Beschreibe mit eigenen Worten, was die Oktettregel besagt.
c) Erkläre, wann Atome bei der Ionenbildung Elektronen aufnehmen und wann sie Elektronen abgeben.
d) Wie unterscheiden sich die Eigenschaften von Atomen und Ionen?

2 Lithium und Fluor
Lithium-Atome und Fluor-Atome bilden ebenfalls Ionen.
a) Zeichne die Schalenmodelle eines Lithium- und eines Fluor-Atoms.
b) Zeichne die Schalenmodelle eines Lithium-Ions und eines Fluor-Ions.
c) Erkläre, was bei der Entstehung der Ionen passiert ist.
d) Welche Elektronenverteilung erreichen sie durch die Ionenbildung?
e) Schreibe die Atome und die Ionen der beiden Stoffe in der Valenzstrichschreibweise auf.

Die Ionenbindung

1 Aus Atomen werden Ionen

1 Sich gegenseitig ergänzen

a) Beschreibe, was du auf dem Bild oben siehst.

b) Um welche Elemente handelt es sich?

c) In welcher Hauptgruppe stehen die Elemente?

d) Betrachte die letzten beiden Bilder genauer. Vermute, warum die beiden sich anziehen.

Alkalimetalle und Halogene. Natrium ist ein Element der 1. Hauptgruppe im Periodensystem, ein **Alkalimetall**. Chlor steht im Periodensystem in der 7. Hauptgruppe, in der Gruppe der **Halogene.** Sowohl die Alkalimetalle als auch die Halogene haben das Bestreben, den Edelgaszustand zu erreichen.

Das Atom eines Alkalimetalls hat 1 Außenelektron. Der einfachste Weg zu einer vollbesetzten Außenschale ist es, 1 Elektron abzugeben.

Die Atome eines Halogens haben 7 Außenelektronen. Um den nächstgelegenen Edelgaszustand zu erreichen, muss ein Halogen-Atom 1 Elektron aufnehmen.

Geben und Nehmen. Das Atom des Alkalimetalls gibt sein einzelnes Elektron an das Halogen-Atom ab. Dadurch erreichen beide eine komplett gefüllte Außenschale. Da hierfür nur 1 Elektron übertragen werden muss, sind Halogene und Alkalimetalle sehr reaktionsfreudig. Bei der chemischen Reaktion der beiden Stoffe entstehen Ionen.

Gegensätze ziehen sich an. Das Metall-Atom hat 1 Elektron abgegeben, es ist also positiv geladen. Das Nichtmetall-Atom hat 1 Elektron aufgenommen, es ist also negativ geladen. Positiv und negativ geladene Ionen ziehen sich stark an. So entsteht eine feste chemische Bindung, die **Ionenbindung**.

Die Ionen ordnen sich regelmäßig nebeneinander an und bilden einen Kristall. Eine solche Anordnung heißt **Ionengitter**.

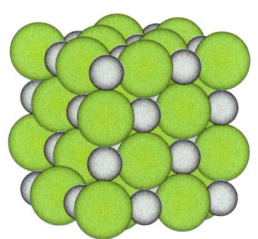

Da es in einem Ionengitter immer gleich viele positive und negative Ladungen gibt, ist der Stoff nach außen hin elektrisch neutral.

2 Modell eines Kochsalzkristalls

MERKE

▶ **Gegensätzlich geladene Ionen ziehen sich stark an. Sie bilden eine Ionenbindung.**

▶ **Die regelmäßige Anordnung der Ionen in einem Kristall nennt man Ionengitter.**

2 Fragen zum Text

a) Beschreibe, was mit den Atomen passiert, wenn Natrium mit Chlor reagiert.

b) Erkläre, wie eine Ionenbindung entsteht.

3 Vier-Gewinnt

Nutze das Spielfeld eines Vier-Gewinnt-Spiels, um die Spielsteine so anzuordnen, dass keine gleichfarbigen Steine nebeneinanderliegen.

a) Vergleiche die Anordnung mit der Anordnung der Ionen in einem Kochsalzkristall.

b) ❂ Erkläre, warum in einem Kochsalzkristall keine gleichen Ionen nebeneinanderliegen.

1 Mineralwasser-Etikett

1 Stoffe im Mineralwasser

a) Betrachte das Etikett der Mineralwasserflasche. Welche Stoffe sind im Mineralwasser enthalten?

b) Die Inhaltsstoffe sind in zwei Gruppen aufgeteilt, nenne sie.

c) Beschreibe, welche Eigenschaften die Inhaltsstoffe der beiden Gruppen gemeinsam haben.

Metalle reagieren mit Nichtmetallen. Außer Natrium und Chlor reagieren auch andere Metalle mit Nichtmetallen.

Dabei **geben** die **Metall-Atome** immer Elektronen **ab.** Sie bilden also positiv geladene Ionen. Sie heißen **Kationen.**

Die **Nichtmetall-Atome nehmen** immer Elektronen **auf.** Ihre Ionen sind also negativ geladen. Sie heißen **Anionen.**

Benennung und Formeln. Verbindungen aus einem Metall und einem Nichtmetall werden immer gleichartig benannt:

Name des Metalls (Kation)	+	Name des Nichtmetalls (Anion)	+	Endung -id

Beispiele:

Natriumchlorid, Lithiumfluorid, Kaliumbromid

Beispiele für Reaktionsgleichungen:

Natrium-Ion + Chlorid-Ion → Natriumchlorid

$$Na^+ \quad + \quad Cl^- \quad \rightarrow \quad NaCl$$

Lithium-Ion + Fluorid-Ion → Lithiumfluorid

$$Li^+ \quad + \quad F^- \quad \rightarrow \quad LiF$$

MERKE

▶ Positiv geladene Ionen heißen Kationen, negativ geladene Ionen Anionen.

▶ Verbindungen aus Metallen und Nichtmetallen haben die Endung „id".

2 Fragen zum Text

a) Erkläre die Begriffe Anion und Kation.

b) Beschreibe, wie die Verbindung aus einem Metall und einem Nichtmetall zu ihrem Namen kommt.

c) Kalium reagiert mit Chlor. Stelle ein Reaktionsschema und eine Formelgleichung auf.

3 Zufallsverbindungen

Schneidet aus einem blauen und einem gelben Papier jeweils 4 gleich große Kärtchen aus. Beschriftet die blauen mit den Elementsymbolen Li, Na, K und Rb, die gelben mit F, Cl, Br, I.

Legt alle Kärtchen verdeckt auf den Tisch. Jetzt dreht einer ein Kärtchen von jeder Farbe um und benennt die Verbindung, die aus den beiden Elementen entsteht. Für jede richtige Antwort gibt es einen Punkt.

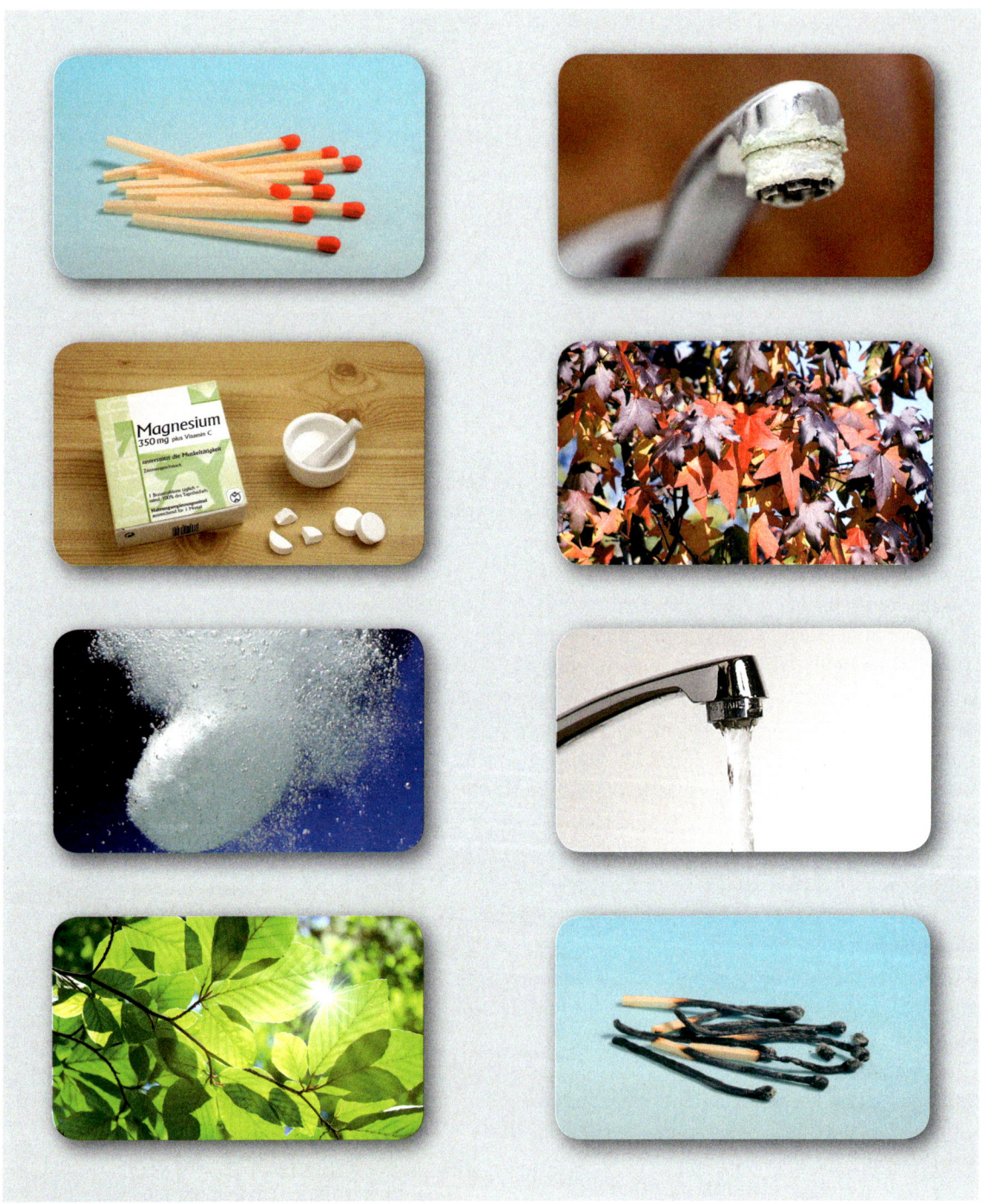

1 Chemie im Alltag

Jeweils zwei Bilder auf dieser Seite gehören zusammen.

a) Überlege, welche das jeweils sind.

b) Wie unterscheiden sich die zwei Bilder?

c) Woran erkennst du, dass es hier um chemische Reaktionen geht?

d) Nenne weitere Beispiele für chemische Reaktionen aus dem Alltag.

Stoffe verändern sich. Wenn ein Streichholz brennt, verändert es sich. Das biegsame und helle Holz wird schwarz und brüchig.

Wirft man eine Brausetablette in ein Wasserglas, steigen Gasblasen auf und die Tablette löst sich langsam auf.

Bei diesen Vorgängen entstehen neue Stoffe mit neuen Eigenschaften. Es handelt sich hier um **chemische Reaktionen**.

Beobachtungen bei chemischen Reaktionen. Während einer chemischen Reaktion können verschiedene Besonderheiten auftreten:

- **Wärmeentwicklung,** wie bei einem brennenden Streichholz,
- **Gasentwicklung,** wie bei einer Brausetablette,
- **Farbänderung,** wie beim Braten einer Bratwurst,
- **Niederschlag,** wie die Kalkablagerungen an einem Wasserhahn.

Physikalische Vorgänge. Erwärmt man Wasser in einem Topf, wird es zu Wasserdampf. Kühlt er ab, so wird der Dampf wieder zu Wasser. Hier ist also **kein** neuer Stoff entstanden. Im Gegensatz zum Verbrennen eines Streichholzes ist das Erhitzen von Wasser keine chemische Reaktion.

MERKE

▸ Bei einer chemischen Reaktion entstehen dauerhaft neue Stoffe mit neuen Eigenschaften.

▸ Kennzeichen einer chemischen Reaktion können Wärmeentwicklung, Gasentwicklung, Farbänderung oder ein Niederschlag sein.

▸ Bei physikalischen Vorgängen ändern sich Stoffe nur vorübergehend.

---

1 Fragen zum Text

a) Erkläre, wann es sich bei einem Vorgang um eine chemische Reaktion handelt.

b) Nenne die Beobachtungen, die man bei einer chemischen Reaktion machen kann.

c) Beschreibe die Phänomene jeweils an einem Beispiel aus dem Alltag.

2 Alles chemische Reaktionen?

Ordne zu, ob es sich bei den folgenden Ereignissen um chemische Reaktionen handelt. Begründe deine Antworten:

a) Benzin verbrennen;

b) Nudelwasser salzen;

c) Zucker in einen Kaffee geben;

d) ein Brot backen;

e) ein Apfel verfault;

f) eine Sandburg bauen.

3 Die Glühlampe

Auf den beiden Bildern unten siehst du zwei Glühlampen. Die erste Glühlampe lässt sich immer wieder ein- und ausschalten. Die zweite Lampe hat keine schützende Glashülle. Schaltet man sie ein, leuchtet der Draht nur kurz auf und verbrennt dann. Bei welchem Vorgang handelt es sich um eine chemische Reaktion? Begründe deine Entscheidung.

1 Glühlampe mit und ohne Glashülle

1 Unterschiedliche Modelle, aber dieselben Bausteine

1 Bauplan

a) Beschreibe, was in Abb. 1 (oben) zu sehen ist. (Hinweis: Die Modelle bestehen aus denselben Bausteinen.)

b) Nenne Gemeinsamkeiten und Unterschiede, die du auf den Bildern erkennst.

c) Unten in Abb. 2 wird eine chemische Reaktion dargestellt. Beschreibe, was du siehst.

d) Versuche Ähnlichkeiten zwischen den Abbildungen 1 und 2 zu finden.

2 Kupfer und Schwefel

Beschreibe und vergleiche die Bilder unten auf der Seite. Vermute, was im mittlerem Bild geschieht.

Atome werden umgeordnet. Auf den Bildern unten siehst du, wie Kupfer zusammen mit Schwefel erhitzt wird. Die beiden Stoffe reagieren miteinander. Es entsteht ein neuer, blauschwarzer Stoff. Aus Kupfer und Schwefel ist ein neuer Stoff entstanden.

Kupfer besteht aus Kupfer-Atomen, Schwefel aus Schwefel-Atomen. Bei der chemischen Reaktion werden sowohl die Kupfer-Atome als auch die Schwefel-Atome voneinander getrennt. Anschließend **ordnen sich diese Atome neu an** und bilden den neuen Stoff Kupfersulfid.

Die **Stoffumwandlung** ist ein **Kennzeichen von chemischen Reaktionen.**

Die Spielzeug-Modelle in Abb. 1 zeigen, dass aus denselben Bausteinen unterschiedliche Modelle entstehen können.

2 Kupfer und Schwefel reagieren miteinander

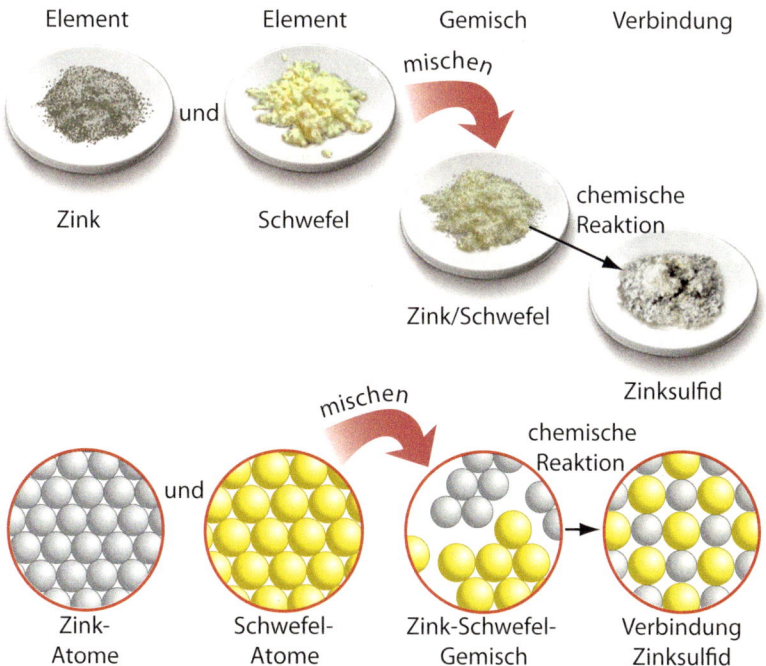

Element	Element	Gemisch	Verbindung

mischen

chemische Reaktion

Zink	Schwefel

Zink/Schwefel

Zinksulfid

mischen

chemische Reaktion

und

Zink-Atome	Schwefel-Atome	Zink-Schwefel-Gemisch	Verbindung Zinksulfid

1 Chemische Reaktion zwischen Zink und Schwefel

Anwendung des Dalton-Modells. Das Atommodell von Dalton eignet sich gut, um den Vorgang der chemischen Reaktion zu erklären:

▶ Alle Atome bleiben erhalten. Sie werden bei chemischen Reaktionen weder neu erzeugt noch zerstört.

▶ Die Atome ordnen sich aber anders an als zuvor (Abb. 2, unten). So entstehen neue Stoffe mit neuen Eigenschaften

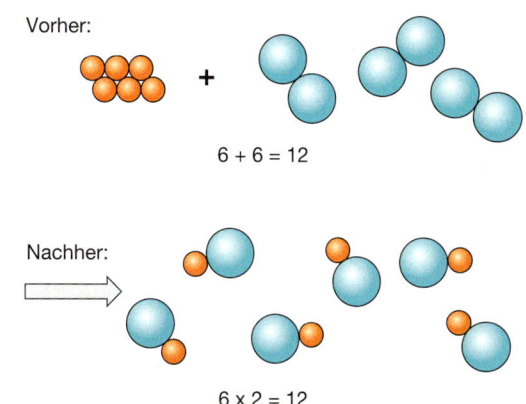

Vorher:

+

6 + 6 = 12

Nachher:

6 x 2 = 12

2 Atome ordnen sich bei chemischen Reaktionen um

MERKE

▶ **Die Stoffumwandlung ist ein Kennzeichen von chemischen Reaktionen.**

▶ **Die Anzahl der Atome bleibt bei einer chemischen Reaktion insgesamt unverändert.**

▶ **Bei einer chemischen Reaktion ordnen sich die vorhandenen Atome neu an.**

1 Fragen zum Text

a) Welcher Stoff entsteht, wenn Kupfer und Schwefel miteinander reagieren?

b) Beschreibe die Aussagen von Dalton zu chemischen Reaktionen mit eigenen Worten.

c) Abbildung 1 zeigt die Reaktion zwischen Zink und Schwefel. Erläutere den Vorgang im Hinblick auf die Atome.

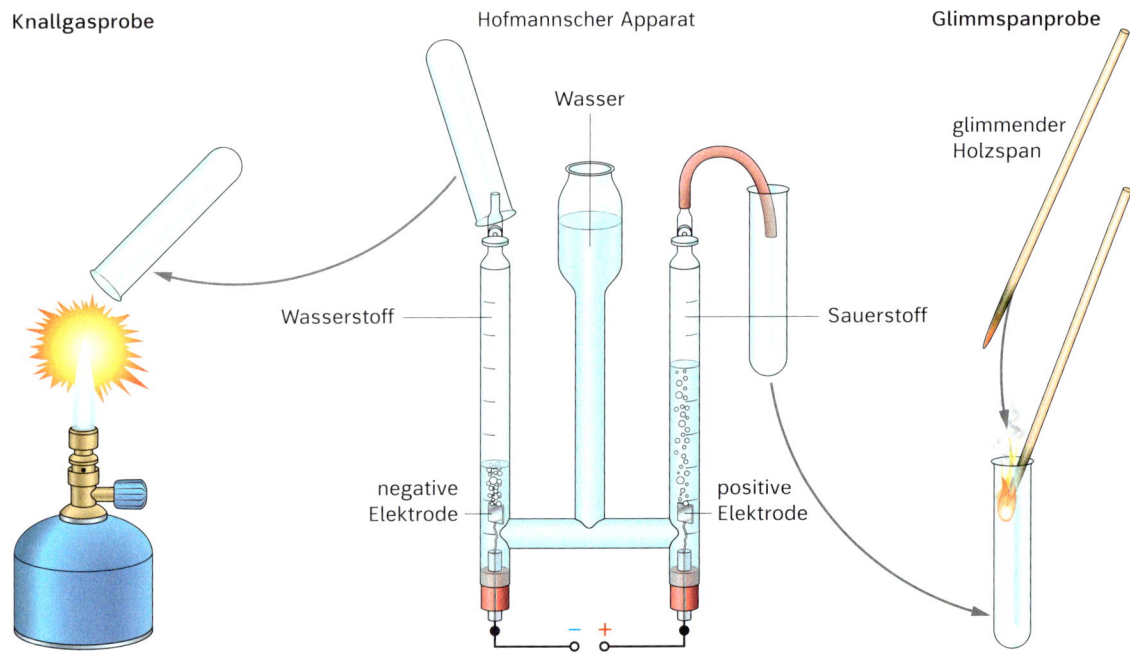

Knallgasprobe

Hofmannscher Apparat

Wasser

Glimmspanprobe

glimmender
Holzspan

Wasserstoff

Sauerstoff

negative
Elektrode

positive
Elektrode

1 *Wasser lässt sich mit elektrischem Strom in zwei Gase zerlegen*

1 Lehrerversuch: Wasser wird zerlegt

Der Hofmannsche Apparat wird mit destilliertem
Wasser gefüllt, dem etwas Natriumsulfat zugesetzt
wurde, um die Leitfähigkeit zu erhöhen.
Nun wird das Gerät an eine Gleichspannungsquelle
angeschlossen (etwa 6-12 V) und längere Zeit lau-
fen gelassen.

a) Beschreibe, was du an den Elektroden beobachten kannst.

b) Betrachte die beiden Glasröhren. Vergleiche die
Gasmengen, die links und rechts entstehen.

c) Mit dem Gas über dem Pluspol wird die Glimm-
spanprobe durchgeführt. Beschreibe, was im
Reagenzglas geschieht. Vermute, um welches
Gas es sich handelt.

d) Mit dem Gas über dem Minuspol wird die Knall-
gasprobe durchgeführt. Beschreibe, was im
Reagenzglas geschieht. Vermute, um welches
Gas es sich handelt.

Zersetzung von Wasser. An den Elektroden eines mit
Wasser gefüllten Hofmannschen Apparats entstehen
aus Wasser zwei Gase. Am Pluspol entsteht Sauerstoff (O_2). Am Minuspol sammelt sich eine doppelt
so große Menge Wasserstoff (H_2).

Analyse. Im Hofmannschen Apparat wird die chemische Verbindung Wasser mithilfe von Elektrizität
in die Elemente Wasserstoff und Sauerstoff zerlegt.
Die Umwandlung eines Stoffes in seine Bestandteile
durch Zerlegen heißt **Analyse**. Geschieht dies mithilfe
von Elektrizität nennt man dies eine **Elektrolyse**.

Bildung von Wasser. Ein Gemisch aus Wasserstoff und Luft explodiert schon beim kleinsten Funken. Der Sauerstoff der Luft reagiert dann mit dem Wasserstoff. Darauf beruht die **Knallgasprobe** als Wasserstoffnachweis.

Synthese. Bei der Knallgasreaktion verbindet sich Wasserstoff mit dem Sauerstoff der Luft zu Wasser. Bildet sich ein neuer Stoff aus Elementen, so nennt man diese Stoffumwandlung eine **Synthese.**

Analyse und Synthese. Die Analyse und die Synthese sind umkehrbare Reaktionen. Bei der Analyse wird eine Verbindung in ihre Bestandteile zerlegt. Bei einer Synthese werden die Bestandteile zu einer Verbindung zusammengesetzt.
Atome werden bei chemischen Reaktionen weder neu erzeugt noch zerstört. Die Anzahl der Atome bleibt unverändert.

///

MERKE
▶ Bei einer Analyse wird ein Stoff in seine Bestandteile zerlegt.
▶ Eine Analyse mithilfe von Elektrizität heißt Elektrolyse.
▶ Die Umkehrung einer Analyse ist die Synthese.

///

1 Fragen zum Text
a) Beschreibe mit eigenen Worten, wie die Knallgasprobe funktioniert.
b) Welche Stoffe entstehen bei der Zersetzung von Wasser?
c) Erkläre die Begriffe Synthese, Elektrolyse und Analyse.

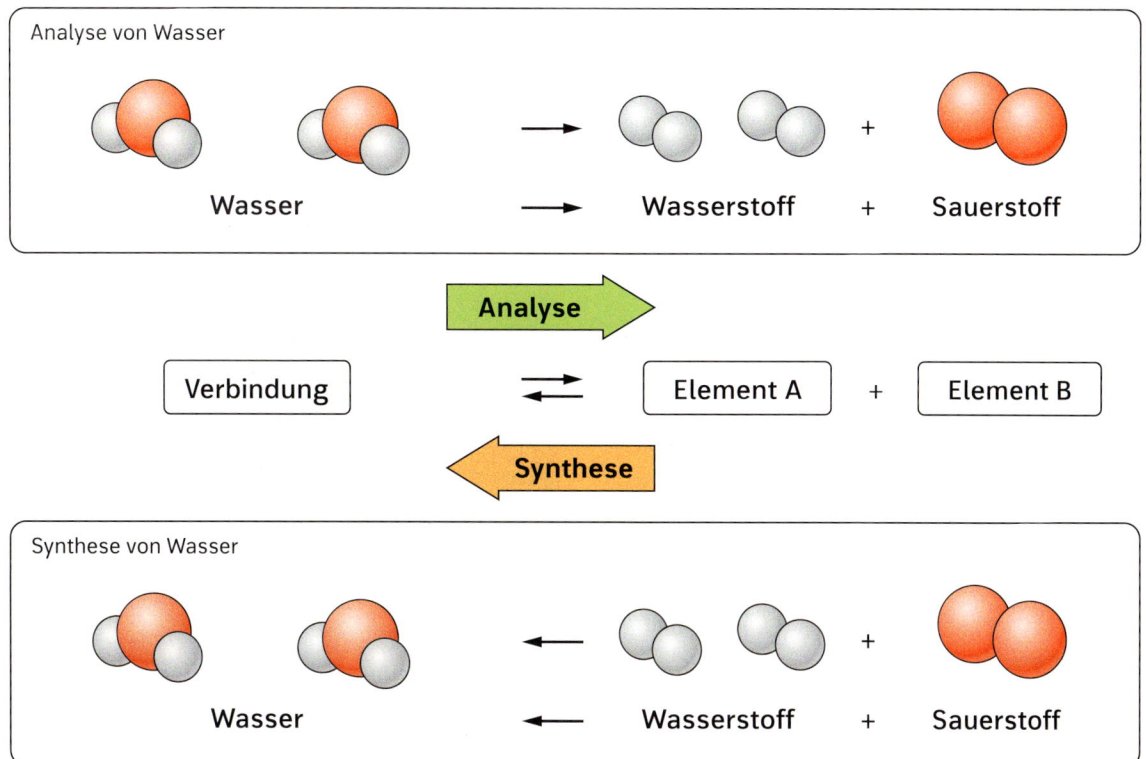

Analyse von Wasser

Wasser ⟶ Wasserstoff + Sauerstoff

Analyse

Verbindung ⇌ Element A + Element B

Synthese

Synthese von Wasser

Wasser ⟵ Wasserstoff + Sauerstoff

1 Analyse und Synthese am Beispiel von Wasser

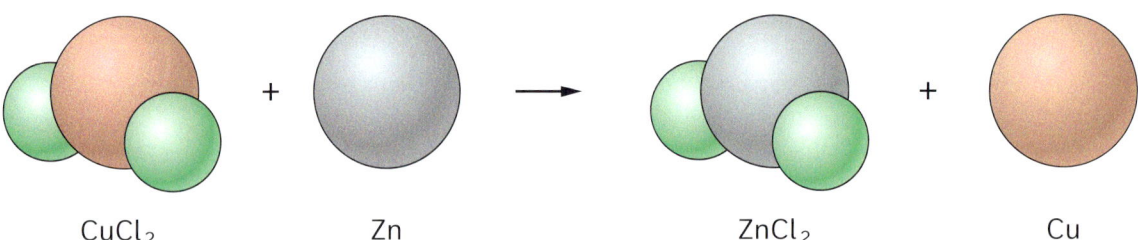

1 *Kupferchlorid reagiert mit Zink*

1 Partnertausch

a) Erkläre kurz, was man unter einer Synthese und einer Analyse versteht.
b) Betrachte die chemische Reaktion in Abb. 1. Versuche, die Reaktion zu beschreiben (Hinweis: Verwende den Begriff „Partnertausch").

Eine weitere Art der Stoffumwandlung bei einer chemischen Reaktion ist die **Umsetzung.** Dies ist eine Kombination aus Synthese und Analyse.

Einfache Umsetzung. Bei der Reaktion von Kupferchlorid und Zink wird zunächst die Kupferverbindung zerlegt. Es handelt sich um eine Analyse. Gleichzeitig reagiert das Chlor aus der Verbindung mit dem Zink und es entsteht eine neue Verbindung, Zinkchlorid. Dies ist eine Synthese.

$$CuCl_2 \quad + \quad Zn \quad \rightarrow \quad ZnCl_2 \quad + \quad Cu$$
Kupferchlorid + Zink → Zinkchlorid + Kupfer

Doppelte Umsetzung. Reagieren zwei Verbindungen miteinander, so dass zwei neue Verbindungen entstehen, so spricht man von einer doppelten Umsetzung. Bei der Reaktion von Silbernitrat mit Natriumchlorid entstehen zwei neue Verbindungen, Natriumnitrat und Silberchlorid. Das Silberchlorid bildet einen weißen Niederschlag (Abb. 3).

$$NaCl \quad + \quad AgNO_3 \quad \rightarrow \quad AgCl \quad + \quad NaNO_3$$
Natriumchlorid + Silbernitrat → Silberchlorid + Natriumnitrat

MERKE

▶ Eine chemische Umsetzung ist eine Kombination aus einer Synthese und einer Analyse.
▶ Bei einer einfachen Umsetzung reagiert ein Element mit einer Verbindung.
▶ Bei einer doppelten Umsetzung reagieren zwei Verbindungen miteinander.

2 Fragen zum Text

a) Erkläre den Begriff Umsetzung.
b) Erläutere die doppelte Umsetzung an einem Beispiel.

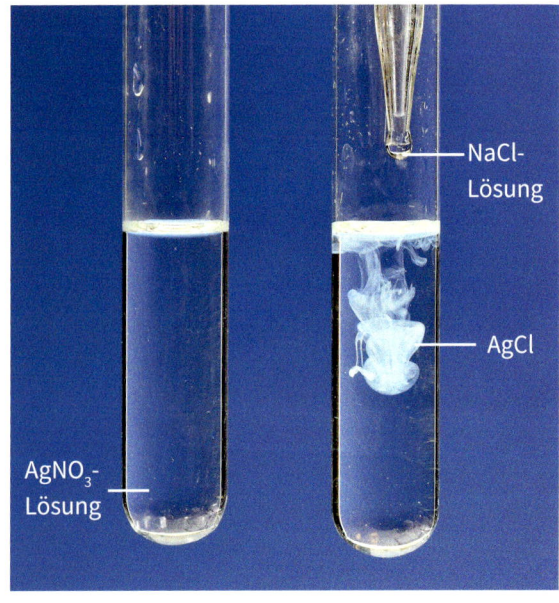

NaCl-Lösung

AgCl

AgNO$_3$-Lösung

2 *Ein Tropfen Natriumchlorid-Lösung wird in eine Silbernitrat-Lösung getropft*

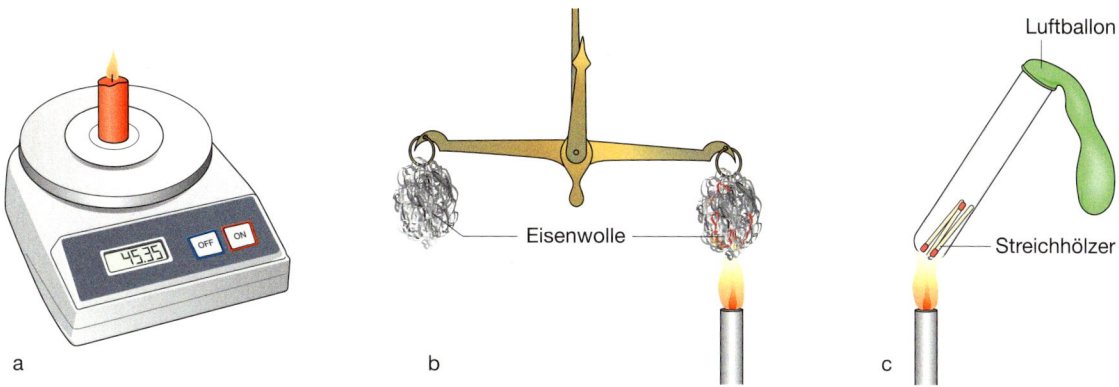

1 Ändert sich die Masse bei chemischen Reaktionen?

1 Verschiedene chemische Reaktionen

Betrachte die Abbildungen oben. Ändern sich bei den Beispielen die Massen der Stoffe?

2 Versuch: Streichhölzer wiegen

a) Gib vier Streichhölzer in ein Reagenzglas. Verschließe es mit einem Luftballon und wiege es. Erhitze es, bis sich die Streichhölzer entzünden. Wiege erneut, wenn das Glas abgekühlt ist.

b) Beschreibe deine Beobachtungen.

c) Führe den Versuch erneut durch, aber ohne den Luftballon. Was stellst du fest?

Widersprüchliche Ergebnisse? Untersucht man Verbrennungsreaktionen, erhält man Ergebnisse, die widersprüchlich erscheinen:

▶ Verbrennt eine Kerze auf einer Waage, wird sie im Laufe der Zeit immer **leichter**.

▶ Erhitzt man eine Portion Eisenwolle, zeigt die Balkenwaage, dass das Gewicht **zugenommen** hat.

▶ Verbrennt man Streichhölzer in einem Reagenzglas mit Luftballon, **bleibt** das Gewicht **gleich**.

Die Masse bleibt erhalten. Eine brennende Kerze wird **leichter,** weil die Verbrennungsgase in die Umgebung entweichen. Bei der Eisenwolle kommt während der Reaktion Sauerstoff aus der Luft dazu; deshalb wird sie **schwerer.**

Beim Reagenzglas mit den Streichhölzern verhindert der Luftballon, dass Stoffe mit der Umgebung ausgetauscht werden. Es ist ein **geschlossenes System.**

Dies zeigt, dass bei einer chemischen Reaktion die Masse der beteiligten Stoffe insgesamt **gleich bleibt**. Man bezeichnet dies auch als das **Gesetz von der Erhaltung der Masse**.

Dieses Ergebnis stimmt genau überein mit der Aussage von DALTON, dass bei chemischen Reaktionen Atome weder neu erzeugt noch zerstört werden; die Anzahl der Atome also unverändert bleibt.

Energie. Bei allen chemischen Reaktionen wird Energie umgesetzt. Bei exothermen Reaktionen wird Energie freigesetzt. Bei endothermen Reaktionen muss Energie zugeführt werden.

Neben der Stoffumwandlung und dem Erhalt der Masse ist der **Energieumsatz** ein weiteres Kennzeichen von chemischen Reaktionen.

MERKE

▶ Bei chemischen Reaktionen ist die Masse der Ausgangsstoffe gleich groß wie die Masse der Endstoffe.

▶ Bei allen chemischen Reaktionen gibt es einen Energieumsatz.

▶ Stoffumwandlung, Energieumsatz und Erhalt der Masse sind Kennzeichen einer chemischen Reaktion.

3 Fragen zum Text

a) Erkläre das Gesetz von der Erhaltung der Masse.

b) Welche Rolle spielt die Energie bei chemischen Reaktionen?

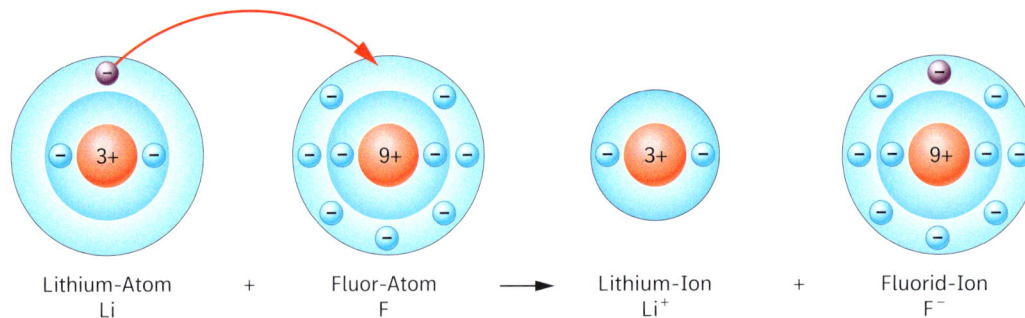

| Lithium-Atom | + | Fluor-Atom | → | Lithium-Ion | + | Fluorid-Ion |
| Li | | F | | Li⁺ | | F⁻ |

▶ Die Elektronen in der Hülle befinden sich auf Schalen um den Atomkern.

▶ Durch die Aufnahme oder Abgabe von Elektronen entstehen aus Atomen positiv oder negativ geladene Ionen.

▶ Gegensätzlich geladene Ionen ziehen sich stark an und bilden eine Ionenbindung.

▶ Ionen haben andere Eigenschaften als die ursprünglichen Atome.

▶ Bei einer chemischen Reaktion entstehen neue Stoffe mit neuen Eigenschaften.

▶ Kennzeichen einer chemischen Reaktion können Wärmeentwicklung, Gasentwicklung, Farbänderung oder ein Niederschlag sein.

▶ Die Anzahl der Atome bleibt bei einer chemischen Reaktion insgesamt unverändert.

▶ Bei einer chemischen Reaktion werden die vorhandenen Atome neu angeordnet.

▶ Bei einer Analyse wird ein Stoff in seine Bestandteile zerlegt.

▶ Die Umkehrung einer Analyse ist die Synthese:

Analyse
Wasser → Wasserstoff und Sauerstoff
←
Synthese

↳ Die Valenzstrich-Schreibweise bildet die Außenelektronen eines Elements ab.

↳ Positiv geladene Ionen heißen Kationen, negativ geladene Ionen Anionen.

↳ Verbindungen aus Metallen und Nichtmetallen haben die Endung „id".

↳ Eine chemische Umsetzung ist eine Kombination aus einer Synthese und einer Analyse.

↳ Bei einer chemischen Reaktion ist die Gesamtmasse der Ausgangsstoffe gleich der Gesamtmasse der Endstoffe.

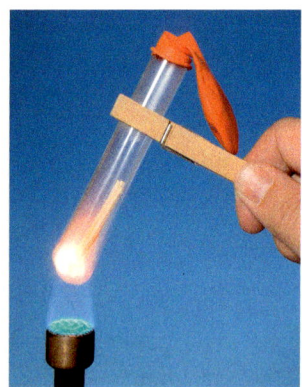

↳ Bei allen chemischen Reaktionen gibt es einen Energieumsatz.

↳ Stoffumwandlung, Energieumsatz und Erhalt der Masse sind Kennzeichen einer chemischen Reaktion.

TRAINER

1 Energiestufenmodell

a) Ein Kohlenstoff-Atom hat 6 Elektronen. Wie viele Elektronenschalen besitzt es?

b) Stelle die Elektronenanordnung des Atoms in einer Querschnittszeichnung dar.

2 ◑ Valenzstrichschreibweise

Suche die Elemente Sauerstoff, Bor und Neon im Periodensystem. Stelle ihre Außenelektronen in der Valenzstrich-Schreibweise dar.

3 Vom Atom zum Ion

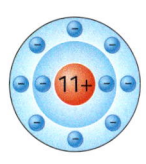 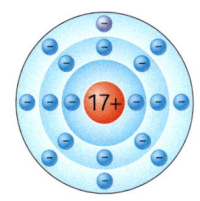

a) Die Bilder zeigen symbolisch verschiedene Teilchen. Um welche Teilchen handelt es sich?

b) Beschreibe, wie die Teilchen diesen Zustand erreichen.

c) Schreibe die Formel des Salzes auf, das aus den beiden Stoffen besteht.

d) ◑ Nenne den Namen des Salzes.

e) ◑ Welches der beiden Teilchen ist ein Kation, welches ein Anion? Begründe deine Antwort.

4 Chemische Reaktionen im Alltag

a) Nenne vier mögliche typische Kennzeichen einer chemischen Reaktion.

b) Handelt es sich hier um chemische Reaktionen? Begründe deine Entscheidung.

kochendes Wasser   Feuerwerk

5 ◑ Stoffumwandlung

Betrachte die drei Modelldarstellungen chemischer Reaktionen. Begründe, warum die Abbildung 1 richtig ist und die Abbildungen 2 und 3 falsch sind.

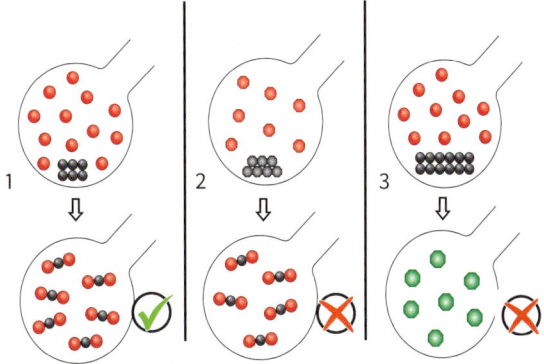

6 Synthese und Analyse

Erläutere die Begriffe Analyse und Synthese am Beispiel Wasser.

7 ◑ Chemische Reaktion

Bei der Reaktion von Magnesiumoxid mit Zink entstehen Magnesium und Zinkoxid. Um welche Art der Stoffumwandlung handelt es sich?

$$MgO + Zn \rightarrow Mg + ZnO$$

8 ◑ Erhalt der Masse und Energieumsatz

Nach dem Verbrennen von Stahlwolle ist sie schwerer als vor der Reaktion. Trotzdem gilt das Gesetz des Erhalts der Masse. Erkläre diesen Widerspruch.

Wenn du Hilfe bei den Aufgaben brauchst, schau auf den folgenden Seiten nach:

Aufgabe	Hilfe auf	Aufgabe	Hilfe auf
1	S. 162	5	S. 170, 171
2	S. 163	6	S. 172, 173
3a, b, c	S. 164, 165	7	S. 174
4	S. 169	8	S. 175

Lösungsvorschläge zu den Trainer-Aufgaben findest du im Anhang des Buches.

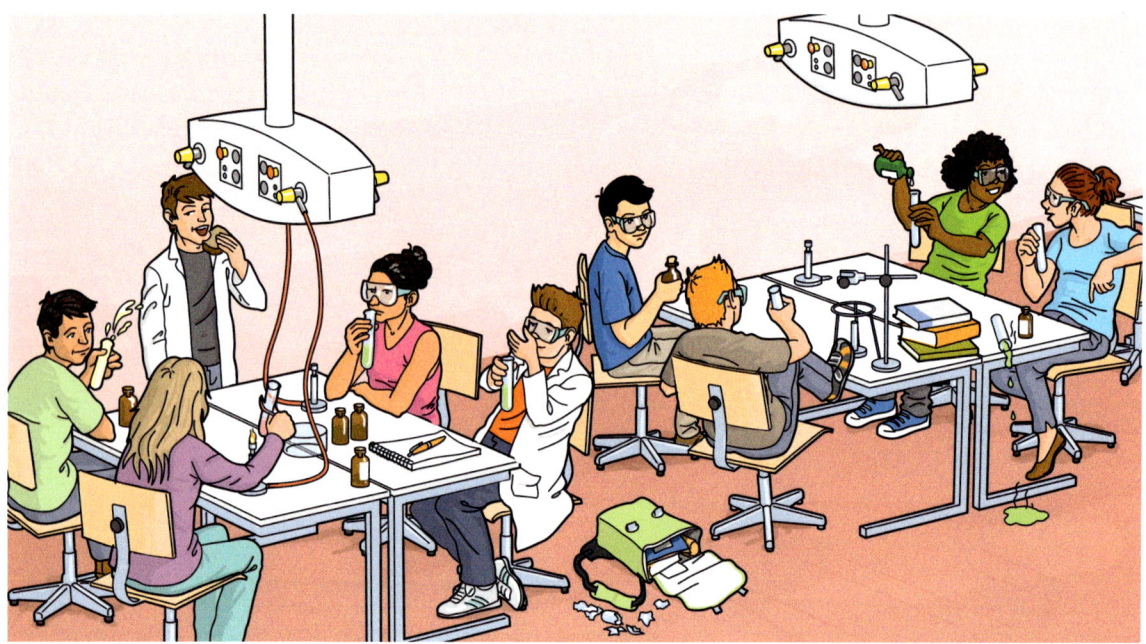

1 In diesem Chemiesaal läuft einiges schief …

1 Chaos im Chemiesaal?

a) Betrachte das Bild oben. Die Schülerinnen und Schüler machen viele Fehler. Notiere sie.

b) Begründe, weshalb eine Schutzbrille beim Experimentieren vorgeschrieben ist.

c) Weshalb müssen die Schultaschen unter den Tisch oder an die Wand des Fachraums gestellt werden?

d) Jacken und Mäntel gehören an die Kleiderhaken und nicht auf die Stuhllehnen. Begründe das.

2 Sicherheit geht vor

Notiere, wo du den Not-Aus-Schalter, das Fluchtweg-Schild, die Löschdecke und den Feuerlöscher in eurem Fachraum findest.

3 Gefahrenhinweise auf Verpackungen

a) Auf welche Gefahr weist das Etikett bei einem Geschirrspülmittel (Abb. 2) hin? Vergleiche mit der Übersicht (siehe S. 8).

b) Bringe leere Verpackungen mit Gefahrensymbolen darauf mit oder fotografiere sie.

c) Sprecht darüber, vor welchen Gefahren die Symbole euch warnen.

Im Fachraum für Naturwissenschaften. Ein Fachraum, in dem experimentiert werden kann, unterscheidet sich von einem üblichen Klassenzimmer. Es gibt oft mehrere Waschbecken sowie Anschlüsse für Gas und Strom. Manche Experimente sollte man unter einem Abzug machen. Dort wird die Luft abgesaugt und ins Freie geleitet; schädliche Abgase gelangen dann gar nicht in den gesamten Raum.

2 Gefahrenhinweis bei einem Geschirrspülmittel

H-Sätze:
H225 Flüssigkeit und Dampf leicht entzündbar.
H319 Verursacht schwere Augenreizung.

P-Sätze:
P210 Von Hitze/Funken/offener Flamme/ heißen Oberflächen fernhalten. Nicht rauchen.
P233 Behälter dicht verschlossen halten.
P241 Explosionsgeschützte elektrische Betriebsmittel, Lüftungsanlagen, Beleuchtung und Arbeitsgeräte verwenden.
P243 Maßnahmen gegen elektrostatische Aufladungen treffen.
P280 Schutzhandschuhe und Augen-/Gesichtsschutz tragen.
P337+P313 Bei anhaltender Augenreizung: Ärztlichen Rat einholen/ärztliche Hilfe hinzuziehen.
P403+P235 Kühl an einem gut belüfteten Ort aufbewahren.

1 Gefahrstoff Spiritus

Verhalten beim Experimentieren. Auf den Seiten 8 und 9 findest du ausführliche Hinweise zur Sicherheit und zum Experimentieren im Fachraum. **Beachte diese Hinweise genau.**
Wichtig ist, dass du grundsätzlich eine Schutzbrille beim Experimentieren trägst. Falls doch einmal eine Chemikalie in dein Auge gelangt, musst du sofort Bescheid geben. Dann werden die Augen mit einer besonderen Augendusche ausgespült.

Explosiv

Entzündbar

Brandfördernd

Gase unter Druck

Ätzend

Giftig

Reizwirkung

Gesundheitsgefahr

Umweltgefährdend

2 Gefahren-Piktogramme (siehe dazu auch S. 8/9)

Abfallentsorgung. Gefährliche Chemikalienabfälle darfst du nicht einfach in den Ausguss schütten oder in den Papierkorb geben. Sie werden in besonderen Behältern gesammelt.

Gefahren-Piktogramme. Vielleicht sind dir schon im Alltag die kleinen roten Gefahren-Piktogramme aufgefallen. Sie weisen auf mögliche Gefahren hin. Du findest sie zum Beispiel auf dem Etikett einer Flasche Brennspiritus oder bei Tankstellen.
Es gibt neun Piktogramme (Abb. 2). Sie sind seit einigen Jahren weltweit gültig. Man nennt es auch das GHS-System. Behälter, die mit einem solchen Symbol gekennzeichnet sind, enthalten einen oder mehrere Gefahrstoffe.
Auf den Etiketten stehen **Gefahrenhinweise** (H-Sätze) und **Sicherheitshinweise** (P-Sätze). Die Abb. 1 zeigt ein Beispiel dafür. Verwendest du ein Produkt mit einem Gefahren-Etikett, solltest du dieses aufmerksam lesen und beachten.

MERKE
▶ Verhalte dich im Fachraum so, dass keiner gefährdet wird.
▶ Verwende eine Schutzbrille beim Experimentieren.
▶ Die Gefahren-Piktogramme weisen auf Gefahrstoffe hin. Achte darauf!

1 Fragen zum Text
a) Wie unterscheidet sich ein Fachraum von einem Klassenzimmer?
b) Nenne einige Dinge im Fachraum, die zur Sicherheit beitragen.
c) Erkläre, wann eine Augendusche genutzt wird.
d) Nenne die Bedeutung des GHS-Piktogramms 6.

1 *Saure Lebensmittel*

a) Zitronen schmecken sauer. Nenne weitere Lebensmittel, die sauer schmecken.

b) Vermute, warum diese Lebensmittel sauer schmecken.

c) Du hast fettige Hände. Wie kannst du deine Hände am besten reinigen?

d) Beschreibe, wie sich Seifenlauge anfühlt.

e) Hast du eine Idee, warum die meisten Brezeln Laugenbrezeln heißen?

Säuren schmecken sauer. Viele Lebensmittel schmecken sauer. In Zitronen, Orangen, Äpfeln und anderen Früchten sind verschiedene Fruchtsäuren von Natur aus enthalten. Das sind zum Beispiel die Zitronensäure, Weinsäure oder Ascorbinsäure. Die Ascorbinsäure ist besser bekannt unter dem Namen Vitamin C. Unser Körper braucht diese Säure, um gesund zu bleiben.

In Joghurt oder in der Buttermilch ist Milchsäure enthalten. Der saure Geschmack von sprudelndem Mineralwasser stammt von der Kohlensäure. In Colagetränken ist meistens stark verdünnte Phosphorsäure enthalten.

Säuren konservieren. Bei der Herstellung von Sauerkraut aus Weißkraut sind die Milchsäure-Bakterien aktiv. Sie erzeugen Milchsäure. Das gibt dem Kraut den sauren Geschmack und macht es lange haltbar. Auch Essigsäure wirkt konservierend. Gurken und anderes Gemüse legen wir in Essig ein, damit sie länger haltbar bleiben.

Fischkonserven und Fleischsalat werden oft spezielle Konservierungsmittel zugesetzt, zum Beispiel Benzoesäure oder Sorbinsäure. Solche Zusatzstoffe werden dann auf der Zutatenliste auf dem Etikett abgedruckt.

Säuren lösen Stoffe auf. Die Magensäure sorgt dafür, dass die Lebensmittel, die wir essen, zerlegt und verdaut werden. Nur so kann unser Körper die Nährstoffe gut verwerten. Wenn du „sauer" aufstoßen musst, merkst du, dass die Magensäure unangenehm sauer sein kann. Die Magenwände werden von einer Schleimschicht vor der Magensäure geschützt.

Kalkflecken in Bad und Küche lassen sich mit Essigreiniger oder Zitronensaft entfernen. Die darin enthaltene Säure löst den Kalk auf.

1 *Hände waschen mit Seife*

Laugen zum Waschen. Wenn wir uns mit einem Stück Seife die Hände waschen, haben wir es mit einer Lauge zu tun.

Laugen können Fette besonders gut entfernen. Deshalb sind Laugen oft ein Bestandteil verschiedener Reinigungsmittel.

Den Begriff „Lauge" kennst du vielleicht auch vom Wäschewaschen, da spricht man zum Beispiel von der Waschlauge in der Waschmaschine.

Laugen sind ätzend. Um Lack von Möbeln zu entfernen, beizt man diese ab. Das heißt, die Möbel werden mit konzentrierter Natronlauge eingestrichen. Sie löst den alten Lack, sodass man ihn anschließend abkratzen kann. Dazu muss man unbedingt auf die Sicherheit achten und Schutzhandschuhe, Schutzkleidung und eine Schutzbrille tragen.

2 *Alter Lack wird mit starker Lauge entfernt*

Rohrreiniger ist stark ätzend. Gibt man die weißen Körnchen in Wasser, entsteht konzentrierte Natronlauge. Sie zerfrisst die Stoffe, die das Rohr verstopfen, etwa Haare oder Speisereste.

Solche chemischen Rohrreiniger sind gefährlich in der Handhabung und belasten das Abwasser. Besser ist es, wenn man ohne sie auskommt.

Laugengebäck. Tatsächlich wird der Teig für Laugengebäck vor dem Backen kurz in Natronlauge getaucht. Das Ergebnis sind dann braun gefärbte Backwaren mit dem typischen Geschmack.

Die Lauge zum Backen ist stark verdünnt und verändert sich durch die Hitze im Ofen. Daher kannst du Laugengebäck gefahrlos essen.

MERKE
- ▶ Säuren schmecken sauer. Sie kommen in vielen Lebensmitteln vor.
- ▶ Manche Säuren machen Lebensmittel haltbar und verbessern den Geschmack.
- ▶ Säuren können aber auch gefährlich sein.
- ▶ Laugen sind ätzend.
- ▶ Laugen lösen Fette, Lacke und organische Stoffe wie Speisereste auf.

1 Fragen zum Text
a) Nenne einige Beispiele für saure Lebensmittel.
b) Beschreibe die Wirkung von Milchsäure und Essigsäure.
c) Woran zeigt sich, dass Säuren auch gefährlich sein können?
d) Starke Laugen sind ätzend. Beschreibe zwei Beispiele dafür.
e) Erläutere, wie Laugengebäck hergestellt wird.

Indikatoren zeigen Säuren und Laugen an

1 *Schwarztee verändert sich mit Zitronensaft*

2 *Blaukrautsaft zeigt sauren Zitronensaft an*

1 Säuren nachweisen

Säuren in Lebensmitteln kann man am Geschmack erkennen. Begründe, weshalb es wichtig ist, dass man Säuren auch anders nachweisen kann.

2 Schwarztee und Zitronensaft

Gib etwas Zitronensaft in schwarzen Tee. Beschreibe, was sich dann verändert.

3 Blaukrautsaft verändert sich

a) Gib etwas Zitronensaft auf eine kleine Portion Blaukrautsaft. Du kannst dazu den Saft aus einem Glas oder einer Dose mit bereits gekochtem Blaukraut (Rotkohl) verwenden.

b) Prüfe nun auch, was geschieht, wenn du ein wenig Backpulver zu Blaukrautsaft gibst. Backpulver ist in Wasser gelöst eine schwache Lauge.

Säuren und Laugen nachweisen – aber wie? Säuren in Lebensmitteln erkennst du zu Hause am sauren Geschmack. Doch im Chemielabor sind Geschmacksproben verboten, denn starke Säuren oder Laugen können schwere Verletzungen hervorrufen.
Man benötigt also eine andere Methode, um Säuren und auch Laugen zu erkennen. Es gibt solche Stoffe, die durch ihre Farbe anzeigen, ob etwas sauer oder basisch ist. Sie heißen Indikatoren („Anzeiger").

Indikatoren. Schwarztee wird heller, wenn du Zitronensaft dazugibst. Er eignet sich somit als Indikator. Noch besser ist der Saft von gekochtem Blaukraut. Blaukrautsaft ist violett. Mit Zitronensaft wird er rotviolett. Gibt man einen basischen Stoff hinzu, wird er blauviolett.

Universal-Indikatoren. Es ist mühsam, wenn du erst Schwarztee kochen oder Blaukrautsaft besorgen musst, bevor du eine Lösung testen kannst. Einfacher und schneller geht es, wenn du einen fertigen Indikator verwendest. Gut geeignet ist ein Universal-Indikator. Er kann saure und basische Lösungen anzeigen. Es gibt ihn als Flüssigkeit, als Teststäbchen oder in Form einer kleinen Papierrolle. Die Farbe zeigt sogar an, ob die Lösung stark oder schwach sauer ist. Abb. 3 zeigt ein Beispiel dafür.

MERKE
▶ Saure und basische Lösungen kann man mit einem Indikator nachweisen.
▶ Ein gebräuchlicher Indikator ist der Universal-Indikator.

---

4 Fragen zum Text

a) Weshalb benötigt man einen Indikator?

b) Welchen Nachteil hat Blaukrautsaft als Indikator?

3 *Universal-Indikator*

So stellst du Blaukrautsaft-Indikator her

1 Blaukraut

Blaukrautsaft eignet sich sehr gut als Indikator und ist ganz einfach selbst herzustellen.

- ▶ Zunächst müsst ihr das nötige Material besorgen. Denkt auch an Proben, die ihr untersuchen wollt.

- ▶ Dann stellt ihr den Blaukrautsaft her.

- ▶ Teilt den Saft auf mehrere Portionen auf, z. B. in mehreren Reagenzgläsern.

- ▶ Gebt immer gleich viel Flüssigkeit zum Blaukrautsaft, damit ihr die Wirkung vergleichen könnt.

- ▶ Betrachtet die Reagenzgläser vor hellem Hintergrund oder vor dem Fenster.

- ▶ Schreibt eure Ergebnisse auf; ihr könnt die Gläser auch fotografieren.

- ▶ Wenn ihr zum Schluss noch Blaukrautsaft übrig habt, könnt ihr den Rest in ein Gläschen geben und im Kühlschrank aufbewahren (etwa 2 Wochen lang).

Materialien: Blaukraut (in Streifen geschnitten oder selbst schneiden), Kochtopf oder großes Becherglas, kleineres Becherglas für den Saft, kochendes Wasser, Reagenzgläser mit Gestell, verschiedene Getränke (Säfte, Milch, Wasser mit und ohne Kohlensäure), Zitronensaft, Apfelsaft, Spiritus, Essig, Backpulver, Natron, Seifenlauge.

Durchführung: Gebt das geschnittene Blaukraut in kochendes Wasser. Lasst es so lange drin, bis das Wasser kräftig violett geworden ist.
Gießt den Saft in ein Becherglas oder Marmeladenglas. Füllt jeweils ca. 5–10 cm hoch Blaukrautsaft in ein Reagenzglas.

2 Blaukrautsaft gewinnt man direkt aus dem Kraut

Nummeriert die Reagenzgläser mit Folienschreiber. Gebt nun in jedes der Reagenzgläser einen der Stoffe, die ihr testen wollt.
Schreibt ins Heft, welcher Stoff sich in welchem Reagenzglas befindet (z. B. 1 = Zitronensaft, 2 = Seifenlauge usw.).

Aufgaben:
a) Sortiert eure Reagenzgläser nach Säuren und Laugen.
b) Haltet eure Ergebnisse in einer Tabelle fest.

3 Blaukrautsaft als Indikator

Der pH-Wert

1 *Das Wasser im Aquarium muss überprüft werden*

Fische benötigen oft eine ganz bestimmte Wasserqualität, damit sie überleben können. Aquarienbesitzer bestimmen daher regelmäßig mit einem Indikator den pH-Wert. Damit kann man feststellen, wie stark sauer oder basisch das Wasser im Aquarium ist.

Der pH-Wert. Ein Universal-Indikator zeigt verschiedene Farbtöne an, je nachdem, wie stark sauer oder basisch eine Lösung ist. Jedem Farbton ist ein bestimmter Zahlenwert zugeordnet, der **pH-Wert.** Den pH-Wert bekommt man, indem man die Färbung der Indikatorlösung mit einer Farbskala vergleicht; sie ist meist auf der Verpackung aufgedruckt.

1 Test beim Aquarium

Besitzer eines Aquariums müssen immer wieder den Zustand des Wassers überprüfen. Dazu gehört auch die Messung des pH-Wertes mit Hilfe eines Indikators. Erkläre, was damit geprüft werden kann.

2 Wie stark sauer ist eine Lösung?

Du hast Mineralwasser mit Kohlensäure, Zitronensaft und Speiseessig. Diese Flüssigkeiten sind verschieden sauer. Überlege, wie du sie mit Hilfe von Universal-Indikator unterscheiden und ordnen kannst.

Die pH-Werte gehen von 0 bis 14. Manche Indikatorpapiere zeigen aber einen kleineren Bereich an.

▶ Bei **sauren** Lösungen ist der pH-Wert **kleiner als 7**. Je kleiner die Zahl, desto stärker sauer ist die Lösung.

▶ Bei **basischen** Lösungen ist der pH-Wert **größer als 7**. Je höher die Zahl, desto stärker basisch ist die Lösung.

▶ Eine Flüssigkeit mit einem **pH-Wert um 7** wird als **neutral** bezeichnet. Sie reagiert also weder sauer noch alkalisch.

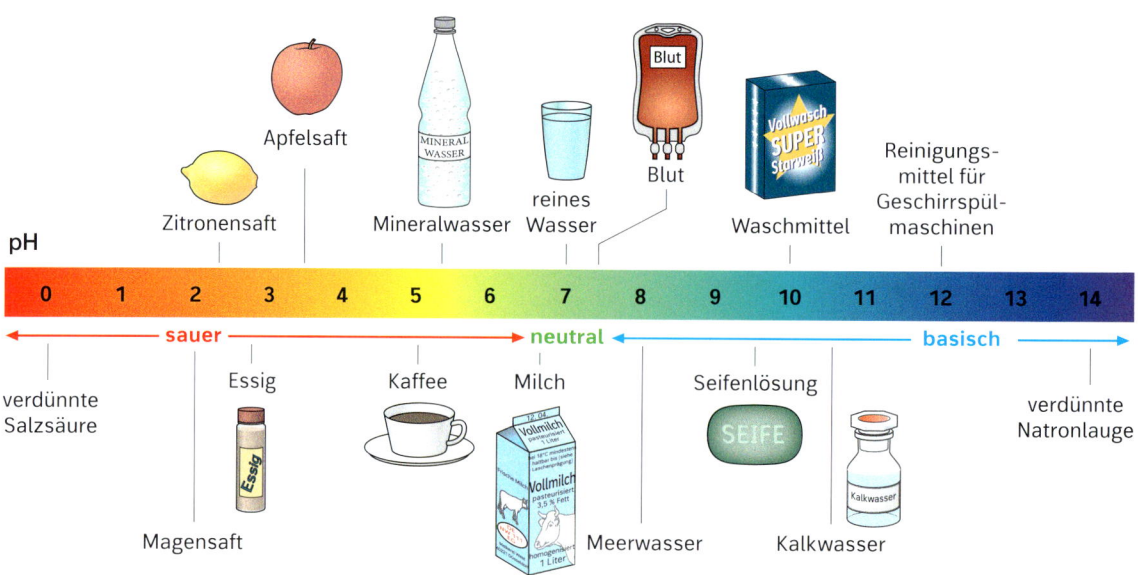

2 *pH-Skala mit Beispielen*

1 *pH-Meter*

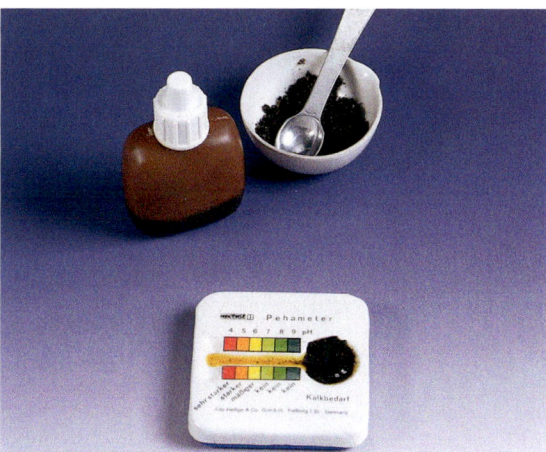

2 *pH-Wert-Bestimmung einer Bodenprobe*

Beispiele für pH-Werte. Der Magensaft ist mit einem pH-Wert von etwa 2 stark sauer. Essig und Fruchtsäfte haben Werte zwischen 2,5 und 4.
Leitungswasser ist mit einem pH-Wert um 7 neutral, Meerwasser dagegen leicht alkalisch. Gelöstes Backpulver liegt etwa bei pH 9, Seife bei pH 10. Abflussreiniger reagiert stark alkalisch: pH um 14.
Die Abbildung links unten zeigt weitere Beispiele.

Anwendungen. In **Kläranlagen** wird der pH-Wert des Wassers ständig gemessen, ebenso wie in Anlagen, die **Trinkwasser** aufbereiten. Sie verwenden dafür elektronische Messgeräte, so genannte **pH-Meter** (Abb. 1).
Damit kann man pH-Werte schnell und genau feststellen. Die Werte können dann auch direkt von einem Computer verarbeitet werden.
Wird der eingestellte Grenzwert über- oder unterschritten, wird ein Alarm ausgelöst.
Für Landwirte und Gärtner ist der **pH-Wert des Bodens** wichtig. So wachsen Heidelbeeren, Erdbeeren und auch Tomaten gut auf einem leicht sauren Boden. Gerste und Zuckerrüben dagegen brauchen es etwas basischer.

MERKE

▶ **Der pH-Wert gibt an, wie stark sauer oder basisch eine Lösung ist.**
▶ **Die Skala geht von pH 0 bis pH 14.**
▶ **Saure Lösungen haben pH-Werte kleiner als 7.**
▶ **Basische haben Werte größer als 7.**
▶ **Neutrale Lösungen haben einen Wert von 7.**

1 Fragen zum Text

a) Nenne drei Beispiele für saure Lösungen.
b) Nenne drei Beispiele für basische Lösungen.
c) Beschreibe, wie du den pH-Wert einer Flüssigkeit bestimmen kannst.
d) Wie arbeitet ein pH-Meter?
e) Erkläre warum in der Landwirtschaft der pH-Wert des Bodens wichtig ist.

2 pH-Wert im Blick

a) Bestimmt die pH-Werte verschiedener Flüssigkeiten aus dem Haushalt.
b) Erstellt eine Tabelle mit euren Ergebnissen.
c) ❼ Vergleiche Vor- und Nachteile von pH-Meter und Universal-Indikatorpapier.

1 Verschiedene Mineralwässer

1 Verschiedene Mineralwässer

a) Es gibt Wasser in Flaschen, das stark sprudelt, wenig sprudelt oder gar nicht sprudelt. Vermute, wie das zustande kommt.

b) Wie schmeckt sprudelndes Wasser? Vergleiche mit dem Geschmack von Leitungswasser.

c) Miss den pH-Wert von Leitungswasser und sprudelndem Mineralwasser.

Sprudelndes Wasser. Stilles Wasser oder Leitungswasser hat für viele einen faden, „langweiligen" Geschmack. Sie bevorzugen sprudelndes Wasser. Es schmeckt prickelnd und etwas säuerlich. Wie kommt das zustande?

Kohlensäure. Aus Leitungswasser kann man leicht Sprudelwasser herstellen, zum Beispiel mit einem Trinkwasser-Sprudler. Das ist ein Gerät, mit dem man das Gas Kohlenstoffdioxid (CO_2) in eine Flasche mit Wasser pressen kann. Das Gas befindet sich unter Druck in einer kleinen Gasflasche. Auf Knopfdruck gelangt das CO_2 in das Wasser. Das Gas löst sich zum Teil und reagiert mit dem Wasser zu **Kohlensäure:**

Kohlenstoffdioxid + Wasser → Kohlensäure

Diese (schwache) Säure sorgt für den frischen, leicht sauren Geschmack. Die Kohlensäure zerfällt allerdings in einem offenen Glas gleich wieder in CO_2 und Wasser. Das CO_2 entweicht in Form von Gasbläschen. Das sind die „Blubberblasen" bei einem sprudelnden Getränk.

Schweflige Säure. Verbrennt Schwefel an der Luft, entsteht Schwefeldioxid. Löst man es in Wasser, entsteht eine Säure. Sie heißt **Schweflige Säure:**

Schwefeldioxid + Wasser → Schweflige Säure

Sie entsteht auch, wenn Schwefeldioxid aus Abgasen sich in Regenwasser löst. Der Regen ist dann sauer. Er kann Pflanzen und Hausfassaden angreifen.

2 Trinkwasser-Sprudler

3 So entsteht Schweflige Säure

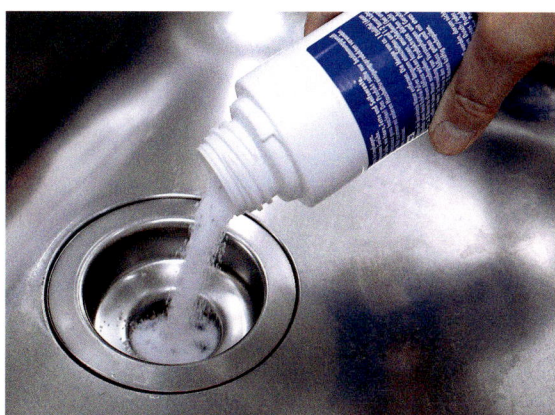

1 Abflussreiniger

Natronlauge. Abflussreiniger enthalten viel Natriumhydroxid. Das ist ein weißer Feststoff, der sich leicht in Wasser löst; dabei wird sehr viel Wärme frei. Die Lösung, die daraus entsteht, heißt **Natronlauge.** Es ist eine stark ätzende Flüssigkeit.

Basen in Wasser ergeben Laugen. Der Feststoff Natriumhydroxid wird in der Chemie auch als **Base** bezeichnet. Denn gibt man solche Basen in Wasser, reagiert die entstandene Lösung **basisch.**
Diese basische Lösung bezeichnet man dann als „Lauge".
In unserem Beispiel ist also Natriumhydroxid eine Base. Die entstandene Lösung heißt Natronlauge:

Natriumhydroxid + Wasser → Natronlauge

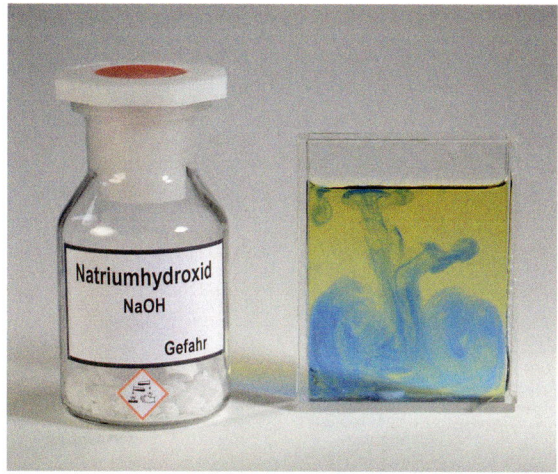

2 Natriumhydroxid und Wasser ergibt Natronlauge

Magnesiumlauge. Eine Lauge, die nicht so aggressiv wirkt, ist Magnesiumlauge ($Mg(OH)_2$). Man kann sie leicht herstellen, wenn man die Base Magnesiumhydroxid in Wasser löst:

Magnesiumhydroxid + Wasser → Magnesiumlauge

MERKE
- ▶ **Kohlensäure entsteht, wenn man das Gas CO_2 in Wasser löst.**
- ▶ **Schwefeldioxid und Wasser reagiert zu Schwefliger Säure.**
- ▶ **Eine Base in Wasser gelöst ergibt eine Lauge. Beispiele: Natriumhydroxid in Wasser ergibt Natronlauge; Magnesiumhydroxid und Wasser ergibt Magnesiumlauge.**

1 Fragen zum Text
a) Beschreibe einen Weg, Kohlensäure herzustellen.
b) Wie entsteht Schweflige Säure?
c) Beim Umgang mit Abflussreiniger muss man sehr vorsichtig sein. Begründe das.
d) Beschreibe, wie man Magnesiumlauge herstellen kann.

2 ➐ Mit Formeln geht es kürzer …
a) In Formelschreibweise lassen sich chemische Reaktionen kürzer beschreiben als mit Worten:

$$CO_2 + H_2O \rightarrow H_2CO_3 \quad \text{Kohlensäure}$$
$$SO_2 + H_2O \rightarrow H_2SO_3 \quad \text{Schweflige Säure}$$

Prüfe nach, ob links und rechts des Reaktionspfeils jeweils gleich viele Atome vorkommen (oder ob man die Reaktionsgleichungen noch ausgleichen muss).
b) Der weiße Feststoff Natriumhydroxid hat die Formel NaOH. Der Teil –OH steht also für „Hydroxid".
Stelle die Formeln für Lithiumhydroxid und Kaliumhydroxid auf.
c) Magnesiumhydroxid hat die Formel $Mg(OH)_2$. Schreibe die Formel für Calciumhydroxid auf.

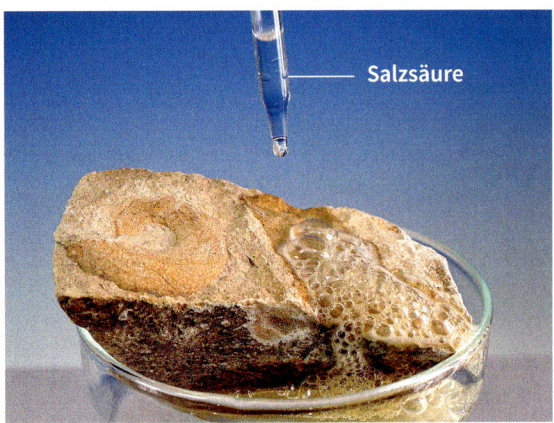

1 Säuren reagieren mit Kalk

2 Säuren reagieren mit unedlen Metallen

1 Säure + Kalk

a) Lege etwas Eierschale oder ein Stück Kalkgestein in eine Petrischale. Gib etwas Essig oder Essigessenz (GHS 7), hinzu und beobachte.

b) Bei a) bilden sich Gasbläschen. Um welches Gas handelt es sich, wenn es Kalkwasser trübt?

2 Seifenlauge

a) Beschreibe das Gefühl, wenn du Seifenlauge zwischen den Fingern verreibst.

b) Hast du schon einmal aus Versehen einen Spritzer Seifenlauge ins Auge bekommen? Was hast du gespürt?

Säuren reagieren mit Kalk. Gibst du etwas Säure auf Kalkstein oder Eierschalen, bilden sich kleine Gasbläschen. Es ist das Gas Kohlenstoffdioxid. Der Kalk löst sich langsam auf.

Diese Eigenschaft nutzt man, um mit Säuren den Kalk an unerwünschten Stellen zu entfernen, etwa im Badezimmer oder in der Küche. Deshalb gibt es Reinigungsmittel zum Beispiel mit Zitronensäure. Damit lassen sich Kalkflecken leicht entfernen.

Säuren reagieren mit unedlen Metallen. Unedle Metalle wie Magnesium, Zink oder Eisen reagieren mit Säuren. Dabei entstehen jeweils Wasserstoffgas und eine Metallverbindung.

Diese Eigenschaft nutzt man bei der Herstellung und Verarbeitung von Metallen in der Industrie.

Säuren leiten den elektrischen Strom. Reines Wasser leitet den elektrischen Strom kaum. Gibt man aber etwas Säure hinzu, beginnt ein Lämpchen in einem Stromkreis zu leuchten.

Wichtig ist diese Eigenschaft bei der klassischen Autobatterie. Sie funktioniert nur, wenn sie mit Schwefelsäure befüllt ist.

Säuren können ätzend sein. Der Essig in der Küche enthält zu etwa 5 % Essigsäure. Man kann ihn gefahrlos für Salate verwenden. Die Essigessenz mit 25 % Essigsäure muss aber auf jeden Fall verdünnt werden, bevor sie in den Salat kommt.

Säuren wie Salzsäure, Schwefelsäure oder Salpetersäure gibt es in jedem Chemielabor. Hier muss man immer vorsichtig sein; bei konzentrierten Säuren sind Schutzhandschuhe vorgeschrieben.

3 Essig und Essigessenz

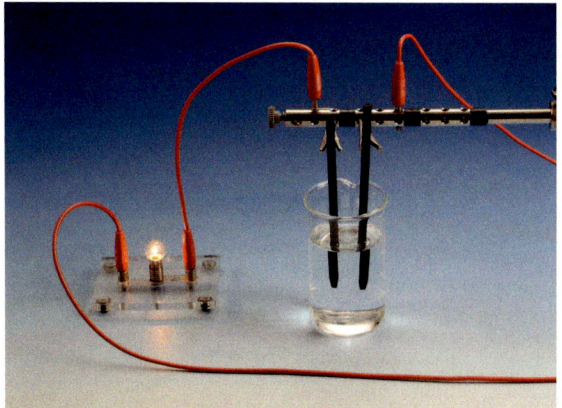

1 *Laugen leiten den elektrischen Strom*

Laugen leiten den elektrischen Strom. Auch Laugen sind elektrisch leitfähig. Diese Eigenschaft ist zum Beispiel wichtig, um Natronlauge herzustellen.

Laugen fühlen sich seifig an. Verreibt man Seifenlauge zwischen den Fingern, fühlt sich das glitschig an. Durch die Lauge wird nämlich die oberste Hautschicht ein wenig zersetzt.
Bei Seifenlauge ist das nicht gefährlich. Bei konzentrierten Laugen ist das aber der Fall.

Laugen sind ätzend. Konzentrierte Natronlauge ist stark ätzend. Du hast bereits gehört, dass sie fürs Abbeizen von Farben und Lacken sowie in Abflussreinigern verwendet wird. Das ist gefährlich für Menschen und belastet das Abwasser. Hier muss man besonders vorsichtig sein.

2 *Gefahrenhinweise für Rohrreiniger*

Laugen lösen Fette. Laugen lösen fette Ablagerungen besonders gut. Deshalb erzeugen auch die Reinigungsmittel für Geschirrspülmaschinen eine Waschlauge. Stark verdünnte Laugen gibt es auch in milderen Reinigungsmitteln.

Wichtig für die chemische Industrie. Säuren und Laugen gehören zum Handwerkszeug der chemischen Industrie. Man braucht sie, um zahlreiche Produkte herzustellen, etwa Düngemittel, Farbstoffe, Arzneimittel, Waschmittel, Aluminium, Seife und Papier.

MERKE
▶ Säuren und Laugen können ätzend und daher auch gefährlich sein. Man muss immer vorsichtig mit ihnen umgehen.
▶ Säuren reagieren mit Kalk und unedlen Metallen.
▶ Säuren und Laugen leiten den elektrischen Strom. Beide nutzt man für Reinigungsmittel.
▶ Laugen fühlen sich seifig an.
▶ Die chemische Industrie benötigt Säuren und Laugen für zahlreiche Produkte.

1 Fragen zum Text
a) Beschreibe, womit du Kalkflecken entfernen kannst.
b) Erläutere, wie Magnesium mit Salzsäure reagiert.
c) Erkläre, weshalb sich normaler Essig für Salat eignet, Essigessenz aber nicht.
d) Begründe, weshalb manche Reinigungsmittel eine Lauge enthalten.

2 Sauber gereinigt
a) Rohrreiniger sind stark ätzend. Begründe, weshalb man solche Mittel im Haushalt möglichst selten einsetzen sollte.
b) Lies die Sicherheitshinweise auf dem Etikett in Abbildung 2. Fasse zusammen, welchen Eindruck du von diesem Mittel bekommst.

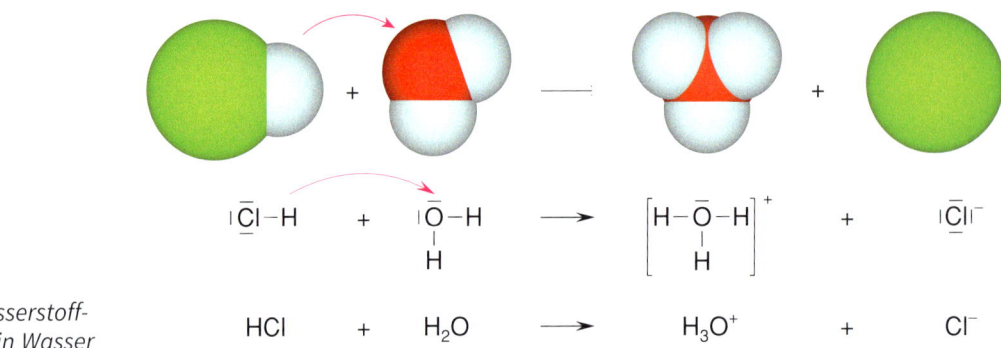

$$|\overline{Cl}-H \quad + \quad |\overline{O}-H \quad \longrightarrow \quad \left[H-\overline{O}-H\right]^{+} \quad + \quad |\overline{Cl}|^{-}$$
$$\qquad\qquad\qquad\;\; | \qquad\qquad\qquad\qquad\;\; |$$
$$\qquad\qquad\qquad H \qquad\qquad\qquad\qquad H$$

1 *Chlorwasserstoff-Molekül in Wasser*

$$HCl \quad + \quad H_2O \quad \longrightarrow \quad H_3O^+ \quad + \quad Cl^-$$

1 Wiederholung

a) Erkläre, was ein Ion ist. Nenne auch Beispiele.
b) Schreibe die Formel für ein positiv geladenes Wasserstoff-Ion auf.

Aus Chlorwasserstoff wird Salzsäure. Salzsäure ist eine wichtige Säure in jedem Chemielabor. Man kann sie herstellen, indem man das Gas Chlorwasserstoff (HCl) in Wasser einleitet. Ein Indikator zeigt an, dass eine Säure entstanden ist: Salzsäure.

Säuren geben Protonen ab. Was geschieht, wenn das Gas in Wasser geleitet wird?
Chlorwasserstoff-Moleküle (HCl) geben jeweils ein Proton (H⁺-Ion) an ein Wasser-Molekül ab.
Dabei entstehen jeweils ein Cl⁻-Ion (Chlorid-Ion) und ein H3O⁺-Ion (Oxonium-Ion):

$$HCl + H_2O \;\rightarrow\; Cl^- + H_3O^+$$

Ein Chlorwasserstoff-Molekül gibt ein Proton ab. Chemiker sagen, es ist ein **Protonen-Donator.**

Aus Ammoniak wird Ammoniak-Lauge. Ammoniak-Lauge (oder auch „Ammoniakwasser") verwendet man auch im Labor. Man kann diese basische Lösung herstellen, indem man das Gas Ammoniak (NH_3) in Wasser löst.

Basen nehmen Protonen auf. Was geschieht nun, wenn Ammoniak in Wasser geleitet wird?
Ammoniak-Moleküle (NH_3) nehmen jeweils ein Proton (H⁺-Ion) von einem Wasser-Molekül auf. Daraus entstehen ein NH_4^+-Ion (Ammonium-Ion) und ein OH⁻-Ion:

$$NH_3 + H_2O \;\rightarrow\; NH_4^+ + OH^-$$

Basen **nehmen** also Protonen **auf.** Es sind **Protonen-Akzeptoren.**

MERKE

▶ Säuren sind Protonen-Donatoren. Sie geben Protonen (H⁺-Ionen) ab.
▶ Basen sind Protonen-Akzeptoren. Sie nehmen Protonen auf.

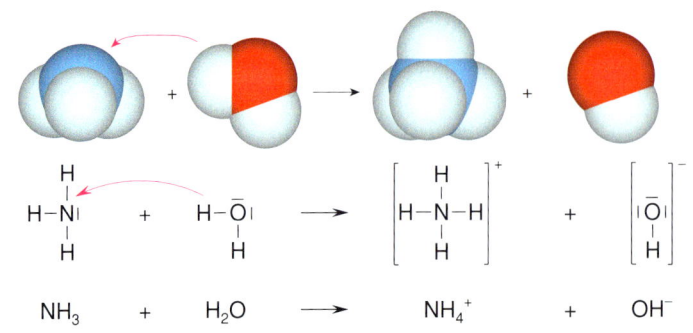

$$\begin{array}{ccccccccc} & H & & & & & & H & \\ & | & & & & & & | & \\ H-N| & + & H-\overline{O}| & \longrightarrow & \left[\begin{array}{c}H\\|\\H-N-H\\|\\H\end{array}\right]^{+} & + & \left[\begin{array}{c}|\overline{O}|\\|\\H\end{array}\right]^{-} \\ | & & | & & & & \\ H & & H & & & & \end{array}$$

$$NH_3 \quad + \quad H_2O \quad \longrightarrow \quad NH_4^+ \quad + \quad OH^-$$

2 *Ammoniak-Molekül in Wasser*

2 Fragen zum Text

a) Erkläre, was geschieht, wenn Chlorwasserstoff (HCl) in Wasser geleitet wird.
b) Ergänze den Satz: Säuren nennt man Protonen-Donatoren, weil …
c) Ergänze den Satz: Basen nennt man Protonen-Akzeptoren, weil …

▶ Die Gefahren-Pikto-gramme weisen auf Gefahrstoffe hin.

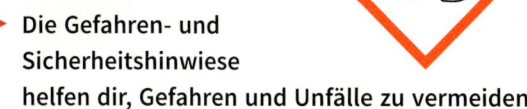

▶ Die Gefahren- und Sicherheitshinweise helfen dir, Gefahren und Unfälle zu vermeiden.

▶ Säuren kommen in vielen Lebensmit-teln vor. Manche machen Lebens-mittel haltbar und verbessern den Geschmack.

▶ Säuren können aber auch gefährlich sein, sie wirken ätzend.

▶ Laugen lösen Fette, Lacke und organische Stoffe auf. Auch sie wirken ätzend.

▶ Saure und basische Lösungen kann man mit einem Indikator nachweisen, zum Beispiel mit Blaukrautsaft oder Universal-Indikator.

▶ Der pH-Wert gibt an, wie stark sauer oder basisch eine Lösung ist.

▶ Die pH-Wert-Skala geht von 0 bis 14. Eine neutrale Lösung hat den pH-Wert 7. Kleinere Werte zeigen saure Lösungen an. Größere Werte zeigen basische Lösungen an.

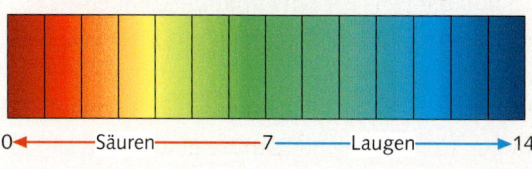

0 ◄── Säuren ── 7 ── Laugen ──► 14

▶ Nichtmetalloxide mit Wasser ergeben Säuren, Beispiele:

Kohlenstoffdioxid + Wasser → Kohlensäure
Schwefeldioxid + Wasser → Schweflige Säure

▶ Metallhydroxide mit Wasser ergeben Laugen, Beispiele:

Natriumhydroxid + Wasser → Natronlauge
Magnesiumhydroxid + Wasser → Magnesiumlauge

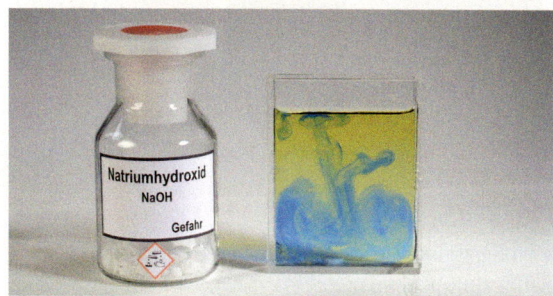

▶ Eine Base in Wasser gelöst ergibt eine Lauge. Metallhydroxide sind daher Basen.

▶ Säuren reagieren mit Kalk und unedlen Metallen. Säuren und Laugen leiten den elektrischen Strom.

▶ Reinigungsmittel enthalten oft Säuren oder Laugen. Die Inhaltsstoffe der Reiniger belasten die Umwelt. Man sollte sie daher sparsam nutzen.

▶ Die chemische Industrie benötigt Säuren und Laugen zur Herstellung zahlreicher Produkte.

➊ Säuren sind Protonen-Donatoren. Sie geben Protonen (H^+-Ionen) ab. Beispiel:
$$HCl + H^2O \rightarrow Cl^- + H_3O^+$$

➊ Basen sind Protonen-Akzeptoren. Sie nehmen Protonen auf.
$$NH_3 + H_2O \rightarrow NH_4^+ + OH^-$$

1 Sicherheit

a) Sicherheit ist wichtig. Nenne 5 Punkte, die du im Fachraum unbedingt beachten musst.

b) Auf welchen Seiten im Schulbuch findest du Hinweise zur Sicherheit?

c) Beschreibe, wofür die abgebildeten Gegenstände im Fachraum benötigt werden.

2 GHS-Symbole

a) Wie sehen die GHS-Symbole für „ätzend" und „entzündbar" aus?

b) Im Haushalt findest du eine Flasche mit diesem Symbol: Was musst du im Umgang mit diesem Stoff beachten?

3 Säuren im Alltag

Ein Wasserkocher ist verkalkt. Welche der folgenden Mittel kannst du zum Entkalken verwenden?
Salzwasser, Colagetränk, Zitronensaft, Spülmittel, Milch, Essig, Backpulver, Zahnpasta
Begründe deine Entscheidung.

4 Der Umgang mit Laugen

a) Laugen fühlen sich glitschig an, wenn man sie zwischen den Fingern verreibt. Was zeigt das?

b) Seifenlauge ist basisch. Beurteile, ob Seife dann nicht viel zu gefährlich zum Händewaschen ist.

c) Im Labor steht eine Flasche Natronlauge mit dem pH-Wert 13,5. Ein Chemie-Laborant soll davon 250 ml in ein Becherglas abfüllen. Wie sollte er sich verhalten?

5 Indikatoren

Wenn du in schwarzen Tee etwas Zitronensaft gibst, verfärbt sich der Tee. Erkläre, was das bedeutet.

6 Blaukraut oder Rotkohl?

Manche nennen es Blaukraut, andere Rotkohl – obwohl es das gleiche Kohlgemüse ist.
Die Rotkohl-Fans kochen es meistens mit etwas Essig oder sauren Äpfeln. Die Blaukraut-Fans verzichten auf diese Zutaten.
Begründe, weshalb es die beiden unterschiedlichen Namen für das gleiche Gemüse gibt.

7 Zum pH-Wert

Richtig oder falsch? Schreibe die folgenden Aussagen in dein Heft; ergänze oder korrigiere sie dabei.
a) Der pH-Wert ist ein Maß für die Stärke von …
b) Die pH-Wert-Skala geht von ?? bis 14.
c) Säuren haben einen pH-Wert zwischen 7 und 14.
d) Laugen haben einen pH-Wert zwischen 0 und 14.
e) Wasser ist neutral bei pH 0.

8 Der pH-Wert in Alltag und Technik

a) In Kläranlagen reinigen vor allem Mikroorganismen das Abwasser. Dort gibt es eine automatische Überwachung des pH-Wertes.
Vermute, weshalb man das macht.
b) Auch für Gärtner und Aquarienbesitzer ist der pH-Wert wichtig. Beschreibe an je einem Beispiel, weshalb das so ist.
c) Nenne verschiedene Möglichkeiten, den pH-Wert zu bestimmen.

9 Eier-Experiment

a) Legt man ein Ei in Essigessenz, entdeckt man bald Bläschen an der Schale.
Welches Gas könnte das sein? Begründe deine Vermutung
b) Ein bis zwei Tage später ist die Schale verschwunden. Versuche das zu erklären.

10 ❼ Wichtige Stoffe

a) In Abgasen von Kraftwerken und Autos kommt auch Schwefeldioxid vor. Erkläre, was daraus entsteht, wenn das Gas sich in Wasser löst. Schreibe auch die Formel auf.
b) Regenwasser ist oft nicht ganz neutral, sondern leicht sauer; und das sogar mitten in der Natur, wenn keine Abgase in der Luft sind.
Vermute, woran das liegen könnte.

11 ❼ Im Labor …

a) Kaliumlauge ist auch eine bekannte Lauge. Überlege, wie du sie du sie herstellen kannst.
b) Erkläre, was entsteht, wenn du Calciumhydroxid in Wasser gibst.
c) Nenne die Formeln für Natronlauge, Kohlensäure und Magnesiumlauge.

12 Reinigungsmittel

a) Jedes Jahr werden viele tausend Tonnen Reinigungsmittel verkauft. Neben Säuren oder Laugen enthalten sie weitere Wirkstoffe. Nach Gebrauch gelangen diese Stoffe ins Abwasser. Formuliere einen Tipp zum umweltgerechten Umgang mit Reinigungsmitteln.
b) Recherchiert im Internet beim Umweltbundesamt nach weiteren Informationen. Aus den Tipps könnt ihr ein Plakat oder einen Flyer erstellen.

13 ❼ Protonen abgeben oder aufnehmen

a) Was für ein Stoff liegt vor, wenn er H^+-Ionen aufnimmt?
b) Nenne den Begriff für einen Stoff, der Protonen abgibt.

Wenn du Hilfe bei den Aufgaben brauchst, schau auf den folgenden Seiten nach:

Aufgabe	Hilfe auf	Aufgabe	Hilfe auf
1 , 2	S. 178, 179	10	S. 186
3, 4	S. 188, 189	11	S. 187
5, 6	S. 182, 183	12	S. 188, 189
7, 8	S. 184, 185	13	S. 190
9	S. 188	-	-

Lösungsvorschläge zu den Trainer-Aufgaben findest du im Anhang des Buches.

1 Sammelbehälter für Chemikalienreste

1 Säuren und Laugen

a) Erkundigt euch bei der Lehrkraft, wo nach dem Unterricht Abfälle von Säuren und Laugen gesammelt werden. Vergleiche mit dem Bild oben.

b) Gib etwa ein Fingerbreit Speiseessig in ein Reagenzglas. Füge einige Tropfen Universalindikator hinzu. Tropfe dann mit einer Pipette verdünnte Natronlauge (GHS 5) hinzu. Beobachte die Färbung des Indikators.

c) Gib etwas verdünnte Salzsäure (GHS 5) in ein Becherglas. Bestimme den pH-Wert. Gib nun mit einem Spatel etwas Natron (Natriumhydrogencarbonat), eine Base, hinzu. Bestimme den pH-Wert erneut.

Säure plus Lauge? Säuren können stark ätzend wirken und Laugen ebenso. Doch tatsächlich sammelt man im Chemielabor Reste von Säuren und Laugen im selben Behälter! Ergibt das nicht eine besonders gefährliche Mischung?

Das Experiment. Wie Säuren und Laugen zusammenwirken, das kann man in einem Experiment testen. Dazu benötigt man ein Becherglas mit verdünnter Salzsäure und ein zweites Becherglas mit verdünnter Natronlauge. In beide tropft man jeweils etwas flüssigen Universalindikator. Anschließend gibt man die Lauge langsam zur Säure.

Jetzt kann man etwas Überraschendes feststellen: Der Indikator wird grün! Die entstandene Lösung ist weder sauer noch basisch, sondern **neutral.** Säure und Lauge haben sich gegenseitig neutralisiert.

Neutralisation. Mischt man Salzsäure und Natronlauge, erwärmt sich die Lösung. Das heißt, es wird Energie frei. Dies ist ein Zeichen dafür, dass die Stoffe miteinander reagieren.

Dampft man die neutralisierte Lösung ein, bleibt ein weißes Salz zurück, Kochsalz. Der chemische Name für Kochsalz ist **Natriumchlorid.**

So kann man die Reaktion zusammenfassen:

Salzsäure + Natronlauge
  → Wasser + Natriumchlorid; Energie wird frei

Die Neutralisation funktioniert auch bei allen anderen Säuren und Laugen. Daher gilt allgemein:
Säuren und **Laugen neutralisieren sich.** Dabei entstehen **Wasser** und ein **Salz:**

Säure + Lauge → Wasser + Salz;
                    Energie wird frei

MERKE
▶ **Säuren und Laugen reagieren zu Wasser und Salz.**
▶ **Diese Reaktion heißt Neutralisation.**
▶ **Beim Eindampfen bleibt das Salz übrig.**

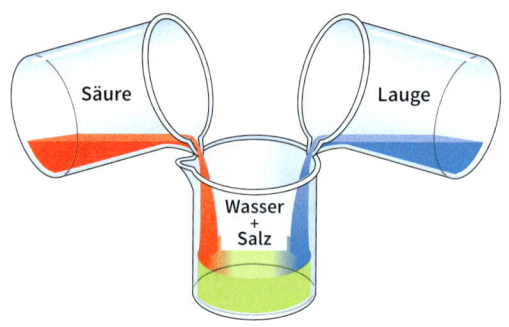

2 Säuren und Laugen neutralisieren sich

1 Fragen zum Text

a) Wie entsorgt man Säuren und Laugen im Labor?

b) Begründe, weshalb dies sinnvoll ist.

c) Wie kann man nachweisen, dass die Lösung neutral ist?

d) Nenne die allgemeine Wortgleichung zur Neutralisation.

2 Mehrwegflaschen werden gereinigt

a) Mehrwegflaschen aus Glas werden oft mit verdünnter Natronlauge gereinigt. Auf welche Weise kann das entstandene Abwasser neutralisiert werden?

b) Bei der Herstellung von Holzfaserplatten enthalten die Abwässer Säuren. Wie würdest du das Abwasser neutralisieren?

3 Abwässer neutralisieren

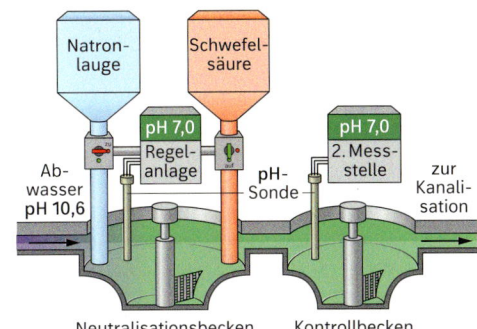

Saure oder basische Abwässer aus der Industrie müssen neutralisiert werden, bevor sie in die Kanalisation gelangen. Sonst könnten die Mikroorganismen in der Kläranlage geschädigt werden.
Erläutere mit Hilfe der Abbildung, wie eine Neutralisationsanlage funktioniert.

⬈ EXTRA

Neutralisation – genauer betrachtet

In einem Becherglas mit Natronlauge (NaOH) befinden sich **Na^+- und OH^--Ionen** sowie Wasser-Moleküle.
In Salzsäure (HCl) befinden sich **H^+- und Cl^--Ionen** sowie Wasser-Moleküle.
Bei der Neutralisation kommt es zu folgender Reaktion:

HCl + NaOH $\rightarrow$ H_2O + NaCl; Energie wird frei

Das Wesentliche bei allen Neutralisations-Reaktionen ist die **Reaktion zwischen** den **H^+-Ionen** der Säure und den **OH^--Ionen** der Lauge.
Sie verbinden sich zu neutralen Wasser-Molekülen:

H^+ + OH^- $\rightarrow$ H_2O; Energie wird frei

Sind gleich viele H^+- wie OH^--Ionen an der Reaktion beteiligt, ist die Lösung nach der Reaktion neutral (pH-Wert 7).

Die Natrium- und die Chlorid-Ionen sind an der Reaktion nicht beteiligt. Sie schwimmen in der Lösung. Erst wenn man die Lösung eindampft, verbinden sie sich zu festem Natriumchlorid (NaCl).

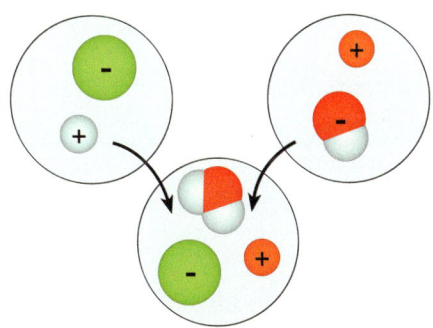

4 Reaktionsgleichungen

a) Erstelle die Reaktionsgleichung für die Neutralisation von Salzsäure mit Kalilauge (KOH).

b) Schwefelsäure wird von Kalilauge neutralisiert:
H_2SO_4 + [?] KOH $\rightarrow$ [?] H_2O + K_2SO_4
Ergänze die Gleichung, sodass links und rechts vom Pfeil gleich viele Formel-Teilchen stehen.

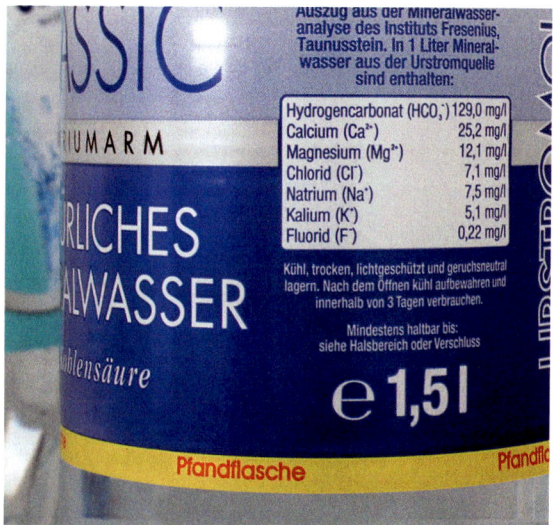

1 *Mineralwasser enthält viele Salze*

Auszug aus der Mineralwasser-
analyse des Instituts Fresenius,
Taunusstein. In 1 Liter Mineralwasser aus der Urstromquelle
sind enthalten:

Hydrogencarbonat (HCO_3^-)	129,0 mg/l
Calcium (Ca^+)	25,2 mg/l
Magnesium (Mg^+)	12,1 mg/l
Chlorid (Cl^-)	7,1 mg/l
Natrium (Na^+)	7,5 mg/l
Kalium (K^+)	5,1 mg/l
Fluorid (F^-)	0,22 mg/l

Kühl, trocken, lichtgeschützt und geruchsneutral
lagern. Nach dem Öffnen kühl aufbewahren und
innerhalb von 3 Tagen verbrauchen.

Mindestens haltbar bis:
siehe Halsbereich oder Verschluss

1 Mineralwasser unter der Lupe

a) Betrachte die Liste mit den Inhaltsstoffen auf dem Etikett einer Flasche Mineralwasser. Vergleiche mit der Abbildung oben.

b) Gib Mineralwasser in eine Petrischale. Stelle sie für mehrere Tage an einen warmen Ort, bis das Wasser verdunstet ist. Woraus könnte der Belag bestehen?

c) Betrachte den Belag aus b) mit einer starken Lupe oder unter dem Mikroskop.

Salze im Mineralwasser. Schau dir das Etikett einer Flasche Mineralwasser an. Dort findest du meistens eine Liste mit Inhaltsstoffen, etwa Natrium, Kalium, Calcium oder auch Sulfat und Chlorid. Manchmal stehen diese Namen auch als Ionen auf dem Etikett, z. B. als Na^+, Ca^{2+} oder Cl^-.

Tatsächlich sind das die Bestandteile von Salzen, die im Mineralwasser gelöst vorkommen.

Es gibt also nicht nur das eine bekannte Salz aus der Küche, Natriumchlorid, sondern auch viele andere Salze. Jedes natürliche Gewässer enthält stets verschiedene Salze in gelöster Form.

Salzbildung im Labor. Im Labor lassen sich Salze herstellen, zum Beispiel durch Neutralisation von Säuren und Laugen.

Natriumchlorid entsteht aus der Neutralisation von Natronlauge (**Na**OH) mit Salzsäure (H**Cl**). Das Salz heißt dann **Natrium**chlorid – als Formel **Na**Cl.

Nimmt man andere Säuren und Laugen, ergeben sich andere Salze.
Beispiele:

Kaliumlauge (oder: Kalilauge) + **Schwefel**säure
→ **Kalium**sulfat + **Wasser**

Calciumlauge + **Salz**säure
→ **Calcium**chlorid + **Wasser**

Salze haben einen **Metall**-Anteil, der aus der Lauge stammt und einen **Säure**-Anteil, der von der Säure stammt:

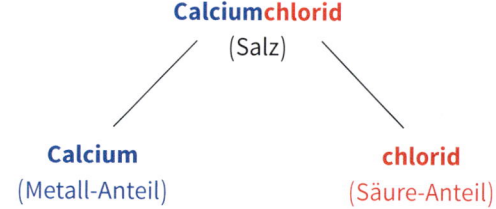

Calciumchlorid
(Salz)

Calcium
(Metall-Anteil)

chlorid
(Säure-Anteil)

MERKE

▶ Salze kann man durch Neutralisation von Laugen durch Säuren herstellen.

▶ Salze bestehen aus einem Metall-Anteil und einem Säure-Anteil. Daraus ergibt sich auch der Name des Salzes.

2 Fragen zum Text

a) Beschreibe die Bildung von Calciumchlorid.

b) Erkläre, wie der Name Kaliumsulfat zustande-kommt.

3 ⚓ Formelgleichungen

a) Formuliere die Formelgleichungen zu den beiden Salzen aus Aufgabe 2 (Hilfe: $Ca(OH)_2$, KOH, H_2SO_4).

b) Kohlensäure (H_2CO_3) und Magnesiumlauge ($Mg(OH)_2$) reagieren zum Salz Magnesiumcarbonat ($MgCO_3$). Erstelle die Formelgleichung.

1 Drei Sorten Kochsalz

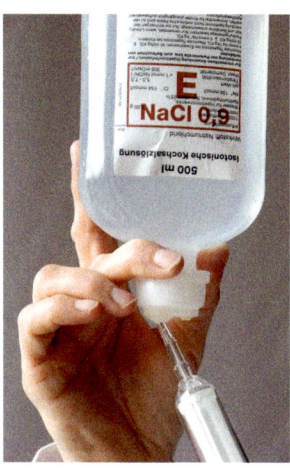

Bei großen Blutverlusten etwa nach Operationen erhalten Patienten eine Kochsalzlösung in die Blutbahn getropft. Sie ist dem Salzgehalt des Körpers angepasst. So werden Verluste an Flüssigkeit und Salz wieder ausgeglichen.

2 Medizinische Kochsalzlösung

1 Salz ist nicht gleich Salz

a) Betrachte die Abbildung oben. Die Stoffe haben etwas gemeinsam und sie unterscheiden sich. Versuche, die Unterschiede zu erklären.

b) Beim Sport oder bei großer Hitze kommen wir ins Schwitzen. Weißt du, wie ein Schweißtropfen schmeckt?

Salz hat verschiedene Namen. Salz findet man im Supermarkt unter verschiedenen Namen. Es kann Steinsalz, Siedesalz oder Meersalz heißen. Gemeint ist jedes Mal das „Kochsalz" für die Küche, Natriumchlorid. Die Namen zeigen, wie das Salz gewonnen wurde.
Steinsalz stammt aus Bergwerken. Meersalz gewinnt man aus Meerwasser. Siedesalz stammt aus salzhaltigen Quellen; das salzige Wasser wird so lange eingedampft, bis das weiße Salz übrig bleibt.

Salz ist lebenswichtig. Ein Erwachsener hat etwa 200 g Salz im Körper. Dass unser Körper Salz enthält, merkst du, wenn du einen Schweißtropfen in den Mund bekommst; er schmeckt salzig.
Wir scheiden täglich Salz aus, über die Nieren und auch über die Haut. Doch ohne Salz können die Zellen in unserem Körper nicht richtig arbeiten.
Wir müssen den Salzverlust daher durch Essen und Trinken wieder ausgleichen, vor allem nach dem Schwitzen. Mineralwasser oder Fruchtsaftschorlen sind gute Durstlöscher.

Konservierungsmittel. Mit Salz lassen sich Lebensmittel haltbar machen, also konservieren. Das Salz bindet Wasser. So entzieht es den Bakterien die Lebensgrundlage. Sie können sich dann nicht weiter vermehren.
Bevor es elektrischen Strom und Kühlschränke gab, war das Salzen die wichtigste Methode, um Lebensmittel zu konservieren – vor allem Fleisch und Fisch.
Salz war also wichtig, aber ebenso knapp und daher auch sehr teuer. Man hat es daher früher auch das „weiße Gold" genannt. Wer Salz besaß, konnte reich werden.

MERKE
▶ Kochsalz ist unentbehrlich für den menschlichen Körper.
▶ Es war früher das wichtigste Konservierungsmittel für Fisch und Fleisch.
▶ Salz war daher ein wertvolles Handelsgut.

2 Fragen zum Text

a) Erkläre die Namen Steinsalz und Meersalz.

b) Aus welchem Grund geben Ärzte manchmal eine physiologische Kochsalzlösung ins Blut?

c) Erkläre, wie das Salz beim Konservieren wirkt.

Die Eigenschaften von Kochsalz

1 Kochsalz unter der Lupe

Nimm etwas Kochsalz und betrachte mehrere Körnchen mit einer starken Lupe, am besten auf einem dunklen Hintergrund. Beschreibe, was du sehen kannst.

2 Kann man Salz verformen?

a) Schlage mit einem Hammer auf ein Kupferblech.

b) Wickle dann ein Stück Kochsalz oder Steinsalz in ein Papiertaschentuch ein. Schlage nun mit einem Hammer darauf. Vergleiche die Ergebnisse aus a) und b).

3 Leiten Salze den elektrischen Strom?

a) Prüfe, ob ein größeres Stückchen Kochsalz leitfähig ist. Baue dazu eine einfache Prüfschaltung auf.

b) Löse nun etwas Kochsalz in Wasser. Prüfe nach, ob diese Salzlösung den elektrischen Strom leitet.

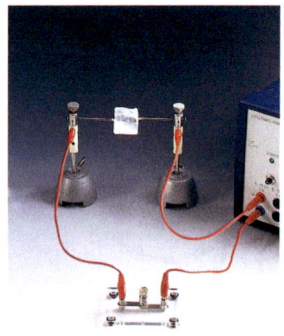

4 Wie viel Kochsalz löst sich in Wasser?

a) Miss 50 g Wasser und 25 g Kochsalz ab. Gib nun langsam unter Rühren so lange von dem Salz in das Wasser, bis ein kleiner Rest am Boden ungelöst liegenbleibt.

b) Wiege nach, wie viel Salz übrig geblieben ist. Berechne nun, wie viel Salz sich gelöst hat.

c) Gib deinen Wert für die Löslichkeit von Kochsalz in Gramm pro 100 g Wasser an.

5 Kochsalzkristalle züchten

Du kannst die Salzlösung aus Aufgabe 4 verwenden oder eine Lösung neu ansetzen.
Gib dann etwa 20 Gramm Salz in 50 Milliliter Wasser. Rühre gut um, damit sich möglichst viel des Salzes lösen kann. Filtriere die Lösung anschließend. Gieße etwas von der Lösung in eine Petrischale. Stelle sie an einen ruhigen und warmen Ort. Beobachte in den nächsten Tagen, was geschieht.

1 Kochsalzkristalle aus einem Bergwerk

Kochsalz besteht aus Kristallen. Unter der Lupe kannst du sehen, dass Kochsalz aus vielen kleinen regelmäßig aufgebauten Einheiten besteht. Sie sind würfelförmig gebaut. Man nennt sie **Kristalle.**

Kochsalz ist hart und spröde. Wenn Du versuchst, ein größeres Stück Salz zu verformen, so zerbricht es in viele kleine Stückchen. Man sagt dazu, dass Salz **spröde** ist. Ein Stück Kupferblech dagegen lässt sich verformen, ohne dass es zerbricht.

Kochsalz ist wasserlöslich. In 100 Gramm Wasser lösen sich etwa 36 Gramm Salz. Die Lösung ist dann gesättigt. Gibt man mehr Salz dazu, bildet sich ein Bodensatz aus nicht gelöstem Salz.
Lässt man eine Salzlösung stehen, verdunstet das Wasser und es bilden sich wieder würfelförmige Kristalle. Man sagt, das Salz kristallisiert aus.

Salze leiten den Strom nicht, aber Salzlösungen. Trockenes Kochsalz leitet den elektrischen Strom nicht. Eine Kochsalzlösung aber leitet den elektrischen Strom.
Du kannst das feststellen, wenn du eine Prüfschaltung aufbaust. Wenn die beiden Kabelenden in die Kochsalzlösung tauchen, brennt das Lämpchen.

MERKE
▶ Kochsalz besteht aus regelmäßig gebauten Kristallen.
▶ Kochsalz ist hart und spröde.
▶ Kochsalz löst sich in Wasser und kristallisiert wieder aus.
▶ Eine Kochsalzlösung leitet den elektrischen Strom, festes Kochsalz dagegen nicht.

1 Fragen zum Text
a) Beschreibe die Form eines Kochsalzkristalls.
b) Wie viel Salz löst sich in 100 Gramm Wasser?
c) Ist Kochsalz elektrisch leitfähig?

2 Meersalz
a) In heißen Ländern am Meer gewinnt man aus dem Meerwasser das Meersalz. Vermute, wie das vor sich geht.
b) Man kann Salz auch aus Bergwerken fördern (Steinsalz) oder indem man salzhaltiges Grund- oder Quellwasser eindampft (Siedesalz). Begründe, weshalb man behaupten kann, dass Meersalz umweltfreundlich gewonnen wird.

2 Kochsalzkristalle in der Petrischale

3 Gewinnung von Meersalz

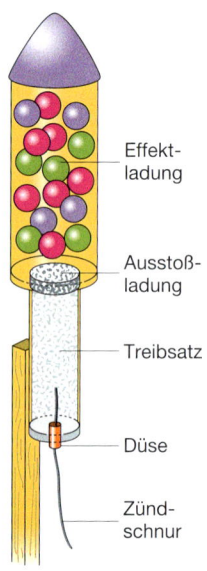

1 *Aufbau einer Feuerwerksrakete*

Effekt-
ladung

Ausstoß-
ladung

Treibsatz

Düse

Zünd-
schnur

2 *Die bunten Farben beim Feuerwerk stammen oft aus Salzen*

1 Feuerwerk

a) Schildere deine Eindrücke, wenn an Silvester Feuerwerksraketen abgeschossen werden.

b) Schaue die Abbildung oben links an. Beschreibe die Vorgänge bei einer Feuerwerksrakete.

c) Welches Gefahrensymbol ist auf den meisten Feuerwerksartikeln aufgedruckt?

2 Farben in der Kerzenflamme

Streue etwas Kochsalz in eine Kerzenflamme. Was kannst du beobachten?

3 *Feuerwerksartikel tragen ein Gefahrensymbol*

Die vielen bunten Farben eines **Feuerwerks** können einen schon begeistern. Die leuchtenden Sterne und die Knallerei sollen die bösen Geister vertreiben. Das haben die Menschen damals im Mittelalter geglaubt.

Salze lassen den Himmel leuchten. Die bunten Farben beim Feuerwerk entstehen durch beigemischte Salze. Dafür verantwortlich sind vor allem einige Metalle der ersten und zweiten Hauptgruppe des Periodensystems.
Der Antrieb der Raketen stammt aus der Verbrennung von Schwarzpulver. Die dabei frei werdende Energie regt den Metallanteil im Salz an, intensives Licht einer bestimmten Farbe abzugeben.
Salze der Elemente Lithium und Strontium leuchten rot. Bariumsalze erzeugen grünes Licht, Kaliumsalze rotviolettes Licht. Magnesium erzeugt helle Lichtblitze. Ein Feuerwerk ist also reinste Chemie.

Flammenfärbung im Labor zur Analyse. Die farbigen Flammen nutzt man auch im Chemielabor. Es ist eine wichtige Methode zur **Analyse** der Salze. Bei einer Analyse untersucht man, welche Stoffe in einer Probe enthalten sind.
Salze bestehen aus einem Metall-Anteil (z. B. Natrium) und einem Säure-Anteil (z. B. Chlorid). Mit der Flammenfärbung kann man herausfinden, welcher **Metall-Anteil** in einem Salz enthalten ist.
Dazu hält man eine kleine Menge des Salzes in eine Brennerflamme. An der Farbe der Flamme kann man erkennen, um welches Metall es sich handelt.

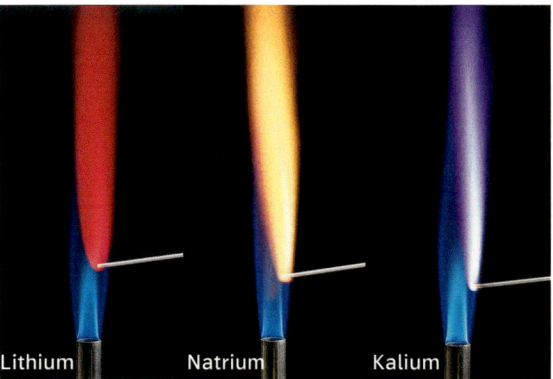

1 *Flammenfarben bei einigen Alkalimetallen*

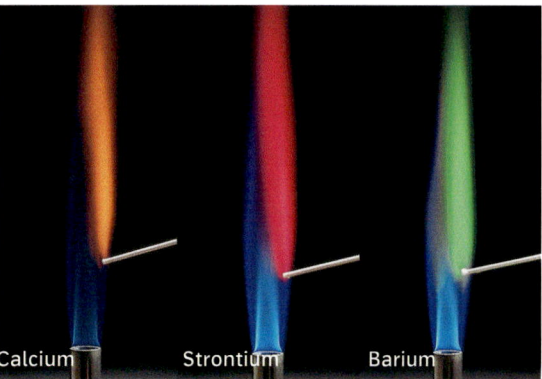

2 *Flammenfarben bei einigen Erdalkalimetallen*

MERKE

▶ Viele Alkali- und Erdalkalimetalle in Salzen erkennt man an der Flammenfärbung.

▶ Die typischen Farben nutzt man zur chemischen Analyse von Salzen und beim Feuerwerk.

---

1 Fragen zum Text

a) Wodurch wird eine Flamme grün gefärbt?

b) Für welche Zwecke nutzt man Flammenfarben?

c) Erläutere den Begriff Analyse.

2 Salze unterscheiden

a) Erkläre, wie du herausfinden kannst, ob es sich bei einer Salzprobe um Natriumchlorid oder um Kaliumchlorid handelt. Führe den Versuch selbst durch, wenn die Lehrkraft einverstanden ist.

b) Überlege, welche zwei Salze du nicht mit der Flammenfärbung unterscheiden könntest.

EXTRA

Feuerwerke belasten die Umwelt

Tiere und kleine Kinder haben oft Angst vor dem ungewohnten **Lärm** bei der Silvesterknallerei. Viele Haustierbesitzer und andere lärmgeplagte Menschen würden Feuerwerke deshalb verbieten.

Doch auch **Umwelt** und **Gesundheit** werden von den Verbrennungsprodukten der Knaller und Raketen belastet:
Am Jahresende gelangen sehr große Mengen an Feinstaub, Kohlenstoffdioxid und Stickstoffoxiden in Luft und Boden. Das Umweltbundesamt schätzt, dass es allein in Deutschland etwa 4 200 Tonnen Feinstaub im Jahr sind. Das Einatmen von Feinstaub gefährdet die Gesundheit. Allerdings macht der Feuerwerks-Feinstaub über ein gesamtes Jahr gesehen nur etwa 2 % des gesamten Feinstaubs aus.

Jedes Jahr gibt es immer wieder schwere **Unfälle** mit Raketen und Böllern. Es kommt zu Verbrennungen und zu Verletzungen am Auge. In schlimmen Fällen verlieren Menschen ihr Augenlicht, eine Hand, ein Bein oder sogar ihr Leben.
Feuerwerk löst oft auch **Brände** aus, mit Schäden in Millionenhöhe sowie Verletzten und Toten.

3 Feuerwerk – pro und contra

a) Feuerwerk fasziniert – hat aber auch viele negative Seiten. Was haltet ihr davon? Schreibt eine Liste mit pro- und contra-Argumenten.

b) Diskutiert in der Klasse darüber: Soll man Feuerwerk verbieten oder einschränken?

1 Viele Salze sehen ähnlich aus

1 Salze unterscheiden

Viele Salze bestehen aus weißen Körnchen. Begründe, warum es wichtig ist, Salze zu unterscheiden.

Salze nachweisen. Salze bestehen aus einem **Metall-Anteil** (z.B. Natrium, Kupfer …) und einem **Säure-Anteil** (z.B. Chlorid, Sulfat …). Um ein Salz nachzuweisen, muss man beide Anteile bestimmen. Den Metall-Anteil kannst du über die Flammenfärbung herausfinden. Für den Säure-Anteil (= Säure-Rest) benötigst du verschiedene Nachweis-Lösungen.

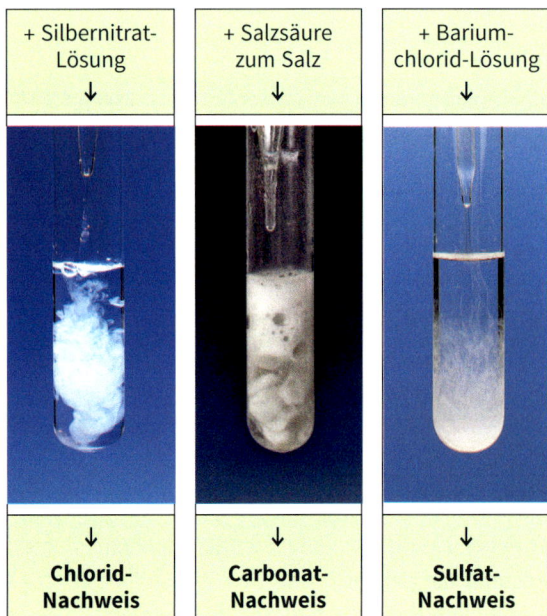

2 Nachweisreaktionen

Chloride sind Salze der Salzsäure (HCl). Mit einer **Silbernitrat-Lösung** reagieren Chloride zum schwer löslichen Silberchlorid. Es löst sich nicht in Wasser, sondern zeigt sich als käsig-weißer Niederschlag.

Carbonate sind Salze der Kohlensäure (H_2CO_3). Hier gibt man etwas Salzsäure auf die feste Salzprobe. Schäumt die Probe auf, handelt es sich um ein Carbonat-Salz. Bei der Reaktion wird nämlich das Gas CO_2 frei.

Sulfate sind Salze der Schwefelsäure (H_2SO_4). Die Sulfate weist man mit einer **Bariumchlorid-Lösung** nach. Es entsteht das schwer lösliche Salz Bariumsulfat als fein-weißer Niederschlag.

MERKE
▶ Chloride kann man mit einer Silbernitrat-Lösung nachweisen.
▶ Carbonate schäumen stark auf, wenn man Salzsäure darauf gibt.
▶ Sulfate weist man mit einer Bariumchlorid-Lösung nach.

2 Fragen zum Text
a) Nenne die Nachweis-Lösungen für Chloride und Sulfate.
b) Beschreibe die Nachweisreaktion mit Salzsäure.

3 Welcher Säure-Rest ist es?
In den Petrischalen unten befinden sich drei verschiedene Salze. Dann tropft man auf jedes Salz etwas Salzsäure.
a) Bei welchem Salz kann man mit einer Reaktion rechnen? Begründe.
b) Was geschieht bei dieser Reaktion?

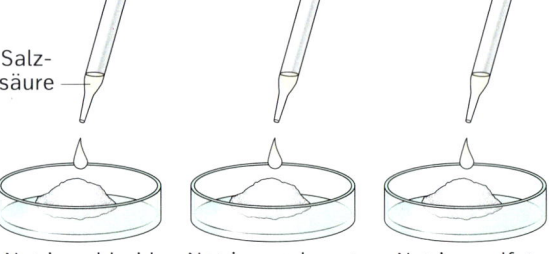

Salz-säure

Natriumchlorid   Natriumcarbonat   Natriumsulfat

1 Zink reagiert mit Salzsäure

3 Kupfersulfat-Kristalle

1 Wie entstehen Salze?

Nenne die Wege zur Salzbildung, die du bisher kennst.

Es gibt mehrere Möglichkeiten, Salze herzustellen. Zwei Methoden kennst du, es gibt zwei weitere.

Metall und Säure. Reagiert ein unedles Metall wie Zink mit einer Säure, entstehen ein Salz und Wasserstoff. Den Wasserstoff erkennst du an den aufsteigenden Gasblasen (Abb. 1).

Beispiel:

Zink + Salzsäure → Zinkchlorid + Wasserstoff

$$Zn + 2\,HCl \rightarrow ZnCl_2 + H_2$$

Metalloxid und Säure. Reagiert ein Metalloxid wie Kupferoxid mit Säure, entstehen ein Salz und Wasser.

Beispiel:

Kupferoxid + Schwefelsäure → Kupfersulfat + Wasser

$$CuO + H_2SO_4 \rightarrow CuSO_4 + H_2O$$

MERKE

▶ Ein unedles Metall reagiert mit Säure zu einem Salz und Wasserstoff.

▶ Ein Metalloxid reagiert mit Säure zu einem Salz und Wasser.

2 Fragen zum Text

a) Beschreibe, wie du Zinkchlorid herstellen kannst.

b) Nenne drei Möglichkeiten zur Salzbildung.

3 Formelgleichungen zur Salzbildung

Erstelle jeweils die Wort- und die Formelgleichung:

a) Aus dem unedlen Metall Natrium soll Natriumchlorid hergestellt werden.

b) Magnesiumoxid reagiert mit Schwefelsäure zu …

c) Mit Hilfe von Magnesiumlauge soll Magnesiumsulfat hergestellt werden.

d) Aus dem Metall Kalium soll Kaliumchlorid hergestellt werden.

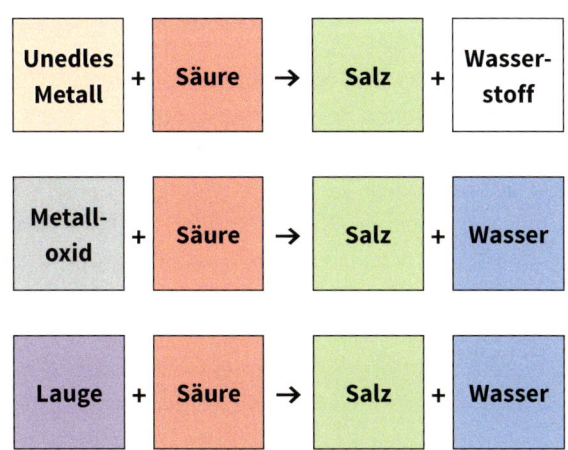

2 Verschiedene Wege der Salzbildung

1 Brausepulver enthält ein Salz …

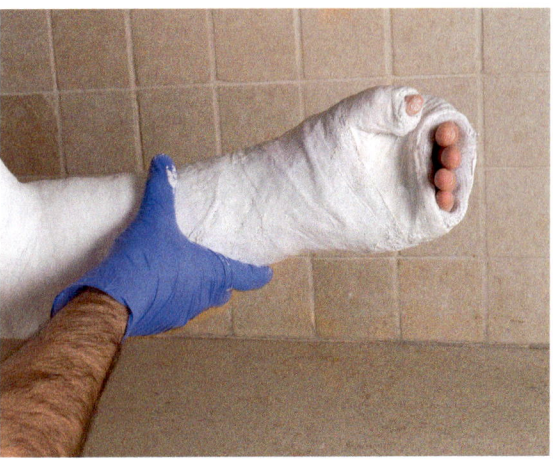

3 Gipsverband

1 Brausepulver

a) Brausepulver enthält unter anderem das Salz Natriumhydrogencarbonat sowie Weinsäure (GHS 7) oder Zitronensäure (GHS 7). Mit Wasser beginnt das Gemisch zu sprudeln. Welches Gas ist es?

b) ❼ Versuche, die Reaktion in a) näher zu erläutern (Hilfe: Denke an die Nachweisreaktion für Carbonate).

2 Kalk im Wasserkocher

Kalk am Wasserhahn oder im Wasserkocher stört manchmal sehr. Mit welchen Mitteln kann man Kalk entfernen?

2 Verkalkter Wasserkocher

Natron. Dieser Stoff heißt auch Natriumhydrogencarbonat. Er ist Hauptbestandteil von Brausepulver – neben Zitronensäure, Zucker und Farbstoffen. In Wasser reagiert die Zitronensäure mit dem Natron und setzt das Gas Kohlenstoffdioxid frei. Daher sprudelt das Brausepulver mit Wasser.

Kalk. Der chemische Name lautet Calciumcarbonat. Die schwäbische Alb und die Alpen bestehen zu einem großen Teil aus Kalkgestein.
Auch die Ablagerungen in Wasserkochern bestehen aus Kalk. Er war zuvor im Wasser gelöst.
In Zahncremes wird Kalk als Schleif- und Poliermittel beigemischt.
Beim Hausbau benötigt man Kalk für Kalkmörtel, für Zement und Beton. In unserem Körper ist Kalk für die Stabilität der Knochen verantwortlich.

Gips. Bei einem Arm- oder Beinbruch legt der Arzt oft einen Gipsverband an. Dafür verwendet er Mullbinden, die mit Gipspulver präpariert sind. Man feuchtet sie an und wickelt sie um die verletzte Stelle. Der Gips, also Calciumsulfat, härtet dann aus. So fixiert man den gebrochenen Knochen, damit er ungestört wieder zusammenwachsen kann.
Beim Innenausbau von Häusern verwendet man oft Gipskartonplatten, zum Beispiel für Zwischenwände oder Verkleidungen. Wände werden oft mit Gips verputzt und kleine Löcher können mit Gipsmasse wieder repariert werden.

1 Düngemittel bestehen oft aus mehreren Salzen

2 Streusalz taut Glatteis auf

Düngemittel. Pflanzen brauchen bestimmte Salze zum Wachsen. Sie kommen eigentlich im Boden vor. Doch durch die Ernte werden dem Boden ständig Salze entzogen. Man muss sie also wieder zuführen. Deshalb bringt man Dünger auf die Äcker, entweder Mist, Kompost, Gülle oder Mineraldünger („Kunstdünger"). Der Mineraldünger wird aus verschiedenen Gesteinen sowie Säuren und Laugen in Chemiefabriken hergestellt.

Gelangt mehr Dünger in den Boden, als die Pflanzen verwerten können, bleiben die Salze im Boden übrig. Der Regen schwemmt sie aus oder sie sickern ins Grundwasser. Auf diese Weise gelangen zum Beispiel Nitrat-Salze ins Trinkwasser. Ab einer bestimmten Menge wirken sie schädlich für Kleinkinder.

Streusalz. Bei Glatteis im Winter sieht man oft die orangen LKWs der Gemeinden herumfahren. Sie streuen Kochsalz oder ein Salzgemisch auf die Straßen, damit das Eis auftaut. Salz macht Straßen sicherer. Das ist der Vorteil. Doch es gibt auch Nachteile. Das gestreute Salz belastet die Umwelt. Wenn zu viel Salz in Pflanzen gelangt, können die Zellen zerstört werden. Das sieht man bei Bäumen an den braun verfärbten, abgestorbenen Blatträndern.

Das Salz reizt auch die Pfoten von Hunden und Katzen. Dort kann es dann zu Entzündungen kommen, die nur langsam wieder heilen.

Salz fördert auch den Rost an Autos und Stahlträgern und greift sogar Beton an.

1 Fragen zum Text

a) Erkläre die Wirkung von Natron im Brausepulver.

b) Nenne Beispiele, wo überall Kalk vorkommt.

c) Nenne den Alltagsbegriff für Calciumsulfat.

2 Streusalz

Das Streusalz im Winter bringt eine Reihe von Nachteilen. Überlege, wie man hierbei mehr Rücksicht auf die Umwelt nehmen kann.

3 ◑ Überdüngung

Zu viel Dünger im Boden schadet der Umwelt. Recherchiere, wie der ausgeschwemmte Dünger Flüssen und Seen schadet.

▶ Neutralisation: Säuren und Laugen reagieren zu Salz und Wasser:

Säure + Lauge → Salz + Wasser

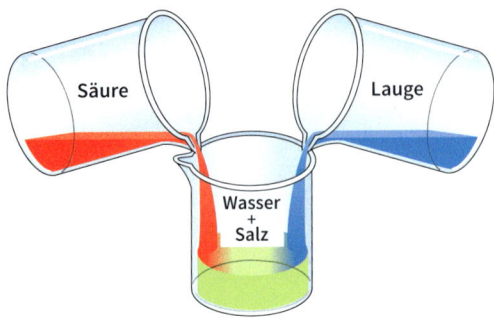

▶ Es gibt viele verschiedene Salze. Sie bestehen aus einem Metall-Anteil und einem Säure-Anteil. Beispiel:

Metall-Anteil→ Calciumchlorid ←Säure-Anteil

▶ Bei der Neutralisation von Salzsäure mit Natronlauge entsteht Kochsalz, Natriumchlorid.

❶ $HCl + NaOH → NaCl + H_2O$

▶ Kochsalz ist aus regelmäßig aufgebauten Einheiten aufgebaut, aus würfelförmigen Kristallen.

▶ Kochsalz ist hart und spröde. Es löst sich in Wasser. Eine Kochsalzlösung leitet den elektrischen Strom.

▶ Kochsalz ist lebensnotwendig für den menschlichen Körper.

▶ Früher war Kochsalz sehr wertvoll, da es das wichtigste Konservierungsmittel für Fisch und Fleisch war.

▶ Viele Alkali- und Erdalkalimetalle in Salzen erkennt man an der Flammenfärbung. Man nutzt die Flammenfärbung für die Analyse von Salzen und beim Feuerwerk.

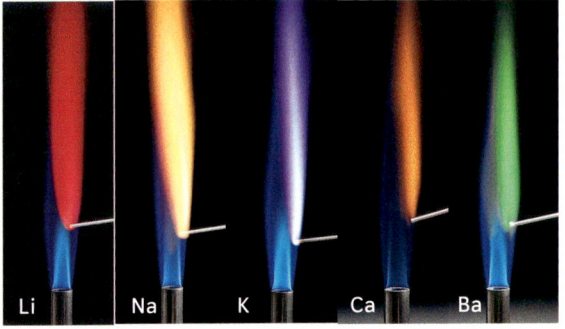

Li   Na   K   Ca   Ba

▶ Feuerwerk erzeugt große Mengen gesundheitsschädlichen Feinstaub sowie Verbrennungsgase.

❶ Den Säure-Anteil eines Salzes kann man nachweisen:

Chlorid: mit Silbernitratlösung
Carbonat: mit Salzsäure
Sulfat: mit Bariumchlorid-Lösung

❶ Salze kann man auf verschiedenen Wegen herstellen:

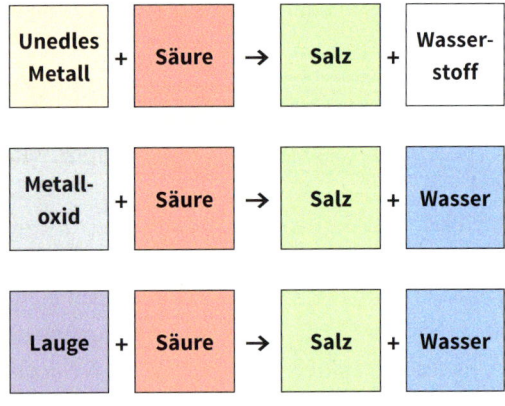

▶ Salze werden zu verschiedensten Zwecken eingesetzt, z. B. als Düngemittel, in Lebensmitteln, als Baustoff, als Streumittel im Winter.

▶ Salze können sehr nützlich sein. Sie können die Umwelt aber auch gefährden(Streusalz, Dünger, Feuerwerk).

TRAINER

1 Neutralisation

a) Erläutere eine Neutralisationsreaktion am Beispiel Kaliumlauge und Salzsäure.

b) Fabrikabwässer werden oft neutralisiert, bevor sie in Kläranlagen geleitet werden. Begründe diese Maßnahme.

c) Welche Salze entstehen bei der Neutralisation von Calciumlauge und Salzsäure? Schreibe eine Wortgleichung.

d) ➊ Schreibe die Wort- und die Formelgleichung für die Reaktion zwischen Calciumlauge und Schwefelsäure (H_2SO_4) auf.
Wie heißt das entstandene Salz?
Nenne zwei Beispiele, wofür es verwendet wird.

2 Kochsalz im Alltag

a) Zeige an Beispielen auf, wo in unserem Alltag Kochsalz vorkommt.

b) Erkläre, weshalb Salz früher so wertvoll war.

c) Weshalb bekommen Verletzte eine Kochsalzlösung in die Blutbahn getropft?

3 Eigenschaften von Kochsalz

a) Nenne einige Eigenschaften von Kochsalz.

b) Beschreibe kurz die Unterschiede zwischen Meersalz, Siedesalz und Steinsalz.

c) „Himalaya-Salz" ist durch Eisen-Ionen rötlich gefärbt. Recherchiere, ob dies ein besonders wertvolles Salz ist.

4 ➊ Darstellung von Salzen

a) Ergänze diese Wortgleichung:
Kupferoxid und Schwefelsäure ergibt …

b) Schreibe die Formelgleichung dafür auf.

c) Finde zwei Möglichkeiten, um das Salz Magnesiumchlorid im Labor herzustellen. Schreibe dazu die Wortgleichungen auf.

d) Stelle die Formelgleichungen zu Aufg. c) auf.

5 Salze in der Flamme

a) Welches Metall könnte diese Flammenfärbung ergeben?

b) Ein Feuerwerk sieht oft beeindruckend aus. Dennoch ist es umstritten. Beschreibe die Nachteile eines Feuerwerks.

c) Erläutere die Abbildung unten.

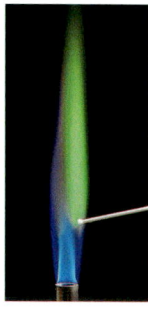

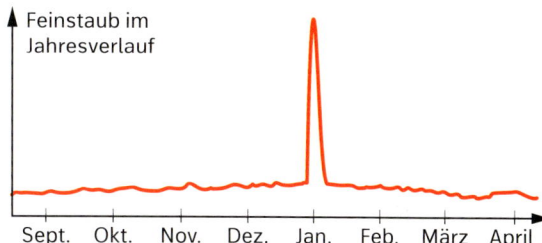

6 ➊ Ein Salz bestimmen

a) Im Chemikalienschrank steht ein Behälter mit einer klaren Lösung ohne Etikett. Er könnte Kaliumchlorid, Natriumsulfat oder Natriumcarbonat enthalten. Wie kannst du das gelöste Salz bestimmen?

b) Beschreibe, wie du überprüfen kannst, ob das weiße Salz in einem kleinen Fläschchen tatsächlich Lithiumcarbonat ist.

7 Streusalz

Streusalz macht die Straßen schnee- und eisfrei. Dennoch haben viele Gemeinden den Einsatz von Streusalz stark eingeschränkt. Erkläre dies.

Wenn du Hilfe bei den Aufgaben brauchst, schau auf den folgenden Seiten nach:

Aufgabe	Hilfe auf	Aufgabe	Hilfe auf
1	S. 194, 195	5	S. 200, 201
2	S. 197	6	S. 202
3	S. 198, 199	7	S. 204, 205
4	S. 196, 203	-	-

Lösungsvorschläge zu den Trainer-Aufgaben findest du im Anhang des Buches.

TRAINER: Lösungsvorschläge

Zu Seite 36 und 37

1 Alu oder Weißblech?

a) Man kann es mit Hilfe eines Magneten feststellen. Wird die Dose von einem Magneten angezogen, ist es sehr wahrscheinlich Weißblech (aus Eisen). Wird die Dose nicht angezogen, ist sie aus Alumimium.

b) Es muss entweder Eisen, Cobalt oder Nickel vorhanden sein. Nur diese Metalle sind magnetisch.

2 Nagelsammler

Das Bild zeigt, dass kleine Nägel von Magneten angezogen werden. Außerdem zeigt es, dass an den Enden des Magneten, an den Polen, die magnetische Kraft am stärksten ist.

3 Münzen

a) Er hat nicht bedacht, dass nicht alle Münzen magnetisch sind. Münzen zu 10, 20 und 50 Cent enthalten die Metalle Kupfer, Aluminium, Zink und Zinn. Keines davon ist magnetisch.

b) Mit den Münzen 1 Euro und 2 Euro hätte der Trick geklappt, denn sie bestehen aus Kupfer, Zink und Nickel – und Nickel ist magnetisch.

4 Schwebende Erdkugel

a) Der Globus ist nicht an einem Faden aufgehängt, er schwebt tatsächlich. Er wird von starken Magnetkräften gehalten. Unten sind es abstoßende Magnetkräfte (gleichnamige Pole stoßen sich ab); oben sind es anziehende Magnetkräfte (ungleichnamige Pole ziehen sich an).

b) Man kann die Magnetpole entweder mit einem Kompass nachweisen oder mit einem anderen Magneten, von dem man die Pole kennt.

c) Eine dünne Holzplatte ist kein Problem. Die Magnetkraft kann sie durchdringen (wenn sie nicht zu dick ist). Ein Eisenblech dagegen schirmt die Magnetkraft ab. Der Globus würde dann aus seiner stabilen Position herausfallen.

5 Anziehung oder Abstoßung?

rot
grün

---

grün
rot

---

rot
grün

---

grün
rot
(unten)

Gleichnamige Pole stoßen sich ab, ungleichnamige Pole ziehen sich an. Damit die Magnete sich nicht berühren, sondern schweben, müssen sich also immer die gleichnamigen Pole gegenüberstehen.

6 Magnetfeldlinien

Das Feldlinienbild kommt zustande, wenn sich zwei Stabmagneten mit gleichnamigen Polen gegenüberliegen. Ob es zwei Südpole oder zwei Nordpole sind, kann man nicht sagen.

7 Magnetismus durch Strom

a) Es ist eine Spule aus Kupferdraht abgebildet, auf einer Kunststoffplatte montiert, die von Strom durchflossen wird. Die Eisenfeilspäne zeigen das Magnetfeld an.

b) Das Magnetfeld verläuft innerhalb der Spule geradlinig und gleichmäßig. An den Polen sind die Feldlinien gebogen und verlaufen jeweils zum anderen Pol.

c) Das Feldlinienbild ist sehr ähnlich wie das eines Stabmagneten.

d) Man könnte mehr Drahtwicklungen verwenden, die Stromstärke erhöhen oder einen Eisenkern in die Spule schieben.

8 Elektromagnete

a) Ein starker Elektromagnet hat möglichst viele Drahtwindungen, wird von einem möglichst starken Strom durchflossen und hat einen Eisenkern.

b) Hubmagnete, Relais, elektrischer Türöffner, elektrischer Gong

c) Elektromagnete sind in der Stärke steuerbar und man kann sie abschalten, wenn man die Magnetkraft nicht mehr braucht oder diese stört (z. B. wenn man ein Teil ablösen will).

9 ➐ Richtung eines Magnetfeldes

a) Die magnetischen Feldlinien verlaufen stets vom Nordpol zum Südpol.

b) Dazu eignet sich das Experiment mit der magnetisierten Stricknadel, das hier im Buch auf Seite 22 (Aufgabe 1) beschrieben ist. Dazu wird ein Magnet an der Seite eines Wasserbeckens oder Aquariums befestigt. Dann steckt man eine magnetisierte Stricknadel mit dem Nordpol nach oben durch eine Korkplatte, sodass sie senkrecht im Wasser schwimmt. Anschließend bringt man die Stricknadel in die Nähe des Nordpols des Stabmagneten und lässt sie dann los.

10 Kraft im Magnetfeld

a) Leiter in einem Magnetfeld, die von Strom durchflossen werden, erfahren eine Kraft, die Lorentzkraft..

b) Die Stärke der Kraft hängt von der Stromstärke und von der Stärke des Magnetfeldes ab.

c) ➐ Mit der Drei-Finger-Regel der linken Hand kann man die Richtung der Lorentzkraft bestimmen.

11 Elektromotor

a) Die Drehbewegung eines Elektromotors kommt durch die Wechselwirkung von Dauermagnet und Elektromagnet zustande. Dabei entstehen abwechselnd anziehende und abstoßende Kräfte.

b) Die wichtigsten Teile sind der feststehende Dauermagnet (Ständer, Stator), der Läufer (Rotor) und der Polwender (Kommutator).

c) Das zweite Magnetfeld wird ebenfalls von einer Spule elektrisch erzeugt, deshalb ist kein Dauermagnet nötig.

12 Elektromotoren in Alltag und Technik

a) Ein Föhn besteht im Wesentlichen aus zwei Teilen, dem Gebläse und der Heizung. Ein Elektromotor mit einem Lüfterrad erzeugt einen Luftstrom, der von den Heizdrähten erwärmt wird.

b) Rühr- und Mixgeräte in der Küche, Brotschneidemaschinen, elektrische Nähmaschinen, Maschinen für Heimwerker (Bohrmaschine, elektrische Sägen, Schleifgeräte usw.), elektrische Zahnbürsten, Rasierapparate, Vibrationsmotoren in Smartphones, Antriebsmotore in CD-Spielern, Antrieb für Spielzeugautos, Drohnen, Elektroautos usw.

Zu Seite 52 und 53

1 Bewegung erzeugt Spannung

a) Das Messgerät zeigt wechselnd eine positive, dann eine negative Spannung an.

b) Die Spannung ist umso größer, je schneller sich das Magnetfeld ändert, je stärker das Magnetfeld ist und je größer die Windungszahl der Spule ist.

c) Ja, ein stärkerer Magnet hat ein stärkeres Magnetfeld; es erzeugt dann auch eine größere Induktionsspannung.

2 Ein rotierender Magnet

a) Der Zeiger des Messgeräts schwankt zwischen einer positiven und einer negativen Spannung.

b) Die Bewegungsrichtung der Elektronen ändert sich ständig. Der Zeiger des Messgeräts schlägt daher abwechselnd in beide Richtungen aus.

c) Wechselspannung

3 Gleichspannung und Wechselspannung

a) Bei einer Gleichspannung bewegen sich die Elektronen im Leiter stets in der gleichen Richtung, vom Minuspol zum Pluspol.
Bei der Wechselspannung ändert sich die Richtung dagegen ständig.

b) Gleichspannung: Die meisten elektronischen Geräte wie Smartphones, Computer, Radios, Verstärker, Spielzeuge und Autos verwenden Gleichspannung.
Wechselspannung: Das Stromnetz vom Kraftwerk bis hin zu den Verbrauchern arbeitet bisher weitestgehend mit Wechselspannung.

TRAINER: Lösungsvorschläge

4 Spannungsverlauf mit dem Oszilloskop

a) Die Spannung startet bei Null, erhöht sich gleichmäßig bis zum Maximalwert; anschließend geht es wieder auf Null zurück, dann wird die Spannung negativ – bis zum Maximalwert und geht anschließend wieder zum Nullwert. Der Verlauf wiederholt sich immer wieder.

b) Es ist eine Wechselspannung.

5 Frequenz

a) Die Frequenz gibt die Anzahl der Schwingungen pro Sekunde an.

b) Die Wechselspannung in unserem Stromnetz hat die Frequenz 50 Hertz.

c) Bei der Wechselspannung ändert sich die Richtung der Elektronen im Leiter ständig.

6 ➊ Amplitude und Periode

a) Amplitude

b) Amplitude ist die maximale Höhe einer Kurve. Je höher die Amplitude der Kurve, desto höher ist die Spannung.
Unter der Periode versteht man in der Physik den Ablauf einer vollständigen Schwingung. Die Zeit für eine Periode heißt Periodendauer.

c) Die kleinste Amplitude hat die Kurve C.

d) Die kleinste Frequenz hat die Kurve B.

7 Fahrraddynamo

a) In einem Fahrraddynamo befindet sich eine Spule mit Eisenkern sowie ein rotierender Magnet. Sobald der Magnet in Bewegung kommt, wird in der Spule eine Spannung induziert.

b) Bei dem modernen Nabendynamo kann man innen im Gehäuse Magnete erkennen. In dem Innenteil mit der Achse kann man eine Drahtwicklung erkennen. Hier ist also die Spule im Innern des Magnetfelds. Beim klassischen (Seitenläufer-) Fahrraddynamo ist die Spule außen, die Magnete sind innen.

8 ➊ Generator und Elektromotor

a) Magnetfeld und drehbare Spule erzeugen eine Induktionsspannung.

b) Elektromotoren und Generatoren haben den gleichen Aufbau. Beide nutzen die Induktion. Ein Generator ist daher auch als Elektromotor nutzbar (und umgekehrt).

c) Für das Modell eines Windgenerators nimmt man einfach einen Elektromotor und steckt ein Lüfterrad (einen Propeller) auf die Achse. Wer noch einen „Turm" haben möchte, kann eine Holzstange verwenden und den Motor ans obere Ende montieren.

9 Transformator, allgemein

a) Ein Transformator besteht aus zwei Spulen auf einem gemeinsamen Eisenkern. Zwischen den Spulen besteht keine leitende Verbindung.

b) Transformatoren arbeiten nur mit Wechselspannung.

10 Transformator, konkret

a) Spannungsquelle, Transformator mit zwei verschiedenen Windungszahlen (Eingangsspule mit sehr wenigen Windungen, Ausgangsspule mit sehr vielen Windungen), angeschlossen an eine Lampe.

b) Weil die Eingangsspule sehr wenige Windungen, die Ausgangsspule aber sehr viele Windungen hat, kann man mit dem Trafo eine relativ hohe Spannung erzeugen.

c) Das Verhältnis von N_1 zu N_2 ist 12 zu 1200, also 1 zu 100. Wenn die Ausgangsspannung etwa 230 Volt betragen soll, dann muss die Spannungsquelle etwa ein Hundertstel davon liefern, also 2,3 Volt.

d) Es gilt: $\dfrac{I_1}{I_2} = \dfrac{N_2}{N_1}$. Dann gilt weiter:

$$I_1 = \frac{N_2}{N_1} \cdot I_2 = (1200 : 12) \cdot 0{,}03\ A = 3\ A$$

Es fließt ein Strom von 3 Ampere.

11 Kurbeltaschenlampe

Die Taschenlampe enthält keine Batterie. Die Energie für die eingebauten Leuchtdioden stammt von einem eingebauten Dynamo. Er wird durch eine drehbare Kurbel bewegt – und gewinnt daraus elektrische Energie.

1 Energieformen

a) Beim Skispringer wird die Lageenergie auf der Sprungschanze in Bewegungsenergie umgewandelt.

b) Bogenschütze: Spannenergie
Ein Kind fährt mit einem Roller: Bewegungsenergie
Banane: Chemische Energie
Smartphone einschalten: Elektrische Energie

c) Beispiel: Ein Gegenstand wird hoch gehoben und in ein Regal gestellt.

d) Berechnung der Lageenergie:
$E = F \cdot h = 72,5 \text{ N} \cdot 2 \text{ m} = 145 \text{ Nm} = 145 \text{ J}$
Der Kugelstoßer hat eine Energie von 145 J aufgewendet.

2 Der springende Ball

a) Vgl. Abbildung 2, S. 57. Beim Start erst Lageenergie, dann Bewegungsenergie und Lageenergie, beim Aufprall Spannenergie. Anschließend wieder Bewegungsenergie und Lageenergie; am höchsten Punkt nur noch Lageenergie

b) Bei den Energieumformungen kommt es durch die Luftreibung und die Wärmeverluste bei der Verformung zu nicht nutzbaren Energieumwandlungen. Der Ball springt immer weniger hoch und bleibt schließlich liegen.

c) Die Energie, die nicht genutzt werden kann, heißt entwertete Energie.

3 Energieumwandlungen – ganz alltäglich

a) Kemal: Die chemische Energie der Nahrung wird in den Muskeln in Druckkraft auf die Pedale umgewandelt und in Bewegungsenergie umgeformt.

b) Alina : Die elektrische Energie des Haushaltsstromes wird in Wärmeenergie umgeformt.

c) Max: Die Lageenergie des Steinbrockens wird beim Fallen zu Bewegungsenergie, die schließlich beim Auftreffen den Boden verformt.

d) Mira: Die chemische Energie der Akkus wird zu elektrischer Energie. Diese wird im Leuchtmittel zur Strahlungsenergie des Lichts.

4 Energieumwandlung beim Automotor

a) Im Benzin ist chemische Energie gespeichert.

b) Wenn Benzin verbrennt, wird die chemische Energie zu Wärmeenergie.

c) Die heißen Verbrennungsgase dehnen sich stark aus. Der Kolben wird nach unten gedrückt.

d) Im Motor bewegen sich Ventile, die Pleuelstangen und die Kurbelwelle.

e) Die Auf- und Abbewegung des Kolbens muss auf eine drehbare Achse übertragen werden. Ein Getriebe überträgt die Drehung auf die Räder.

5 Elektrische Leistung

a) $P = U \cdot I$

b) $I = P : U$
$I = 2000 \text{ W} : 230 \text{ V} = 8,7 \text{ A}$ (gerundet)
Die Stromstärke beträgt gerundet 8,7 Ampere.

c) $P = U \cdot I = 230 \text{ V} \cdot 3,91 \text{ A} = 899,3 \text{ W}$
Der Reise-Wasserkocher hat eine Leistung von etwa 900 Watt (gerundet).

d) Im Wasserkocher mit 2000 Watt wird das Wasser schneller heiß, als im Reise-Wasserkocher mit einer Leistung von 900 Watt.

6 Das Typenschild

a) Das Gerät wird mit 230 Volt betrieben.

b) $I = P : U = 500 \text{ W} : 230 \text{ V} = 2,17 \text{ A}$

c) $E = P \cdot t = 500 \text{ W} \cdot 24 \text{ h} = 12\,000 \text{ Wh} = 12 \text{ kWh}$

7 🔄 Elektrische Energie

a) Der Stromzähler zeigt 24967 kWh an.

b) 24967 kWh · 0,30 €/kWh = 7490,10 €

c) $E = P \cdot t = 10 \text{ W} \cdot 2 \text{ h} = 20 \text{ Wh}$
pro Jahr: 20 Wh · 365 = 7300 Wh
Kosten: 7,3 kWh · 0,30 €/kWh = 2,19 €

8 Elektrische Energie sparsam nutzen

a) Stand-by-Betrieb bedeutet, dass ein Elektrogerät nie komplett ausgeschaltet werden kann.

b) Der günstigere Staubsauger benötigt mehr elektrische Energie als der teurere. Der Preisunterschied ist aber nicht nicht besonders groß. Wer hier beim Kauf ein wenig mehr ausgibt, bekommt ein sparsameres Gerät, das über die Jahre den Preisunterschied durch geringere Energiekosten wieder ausgleicht.

c) Schnellkochtöpfe verwenden; Backofentüren nicht unnötig öffnen; Spül- und Waschmaschinen erst dann einschalten, wenn sie vollständig gefüllt sind; Kühl- und Gefrierschranktüren schnell und ganz schließen; Stand-by-Verluste möglichst verringern.

9 Den Energiebegriff richtig verwenden

a) Nach dem Energieerhaltungssatz kann Energie weder hergestellt noch verbraucht werden. Sie wird nur in eine andere Energieform umgewandelt.

b) Statt „erzeugen" und „verbrauchen" sollten Begriffe wie: „umformen" oder „umsetzen" verwendet werden.

10 Wärmekraftwerke

a) Kohle-, Erdgas- und Kernkraftwerke sind Wärmekraftwerke.

b) In einem Wärmekraftwerk wird Wasser deutlich über 100 °Celsius erhitzt. Dabei entsteht Wasserdampf. Den unter Druck stehenden Wasserdampf leitet man über Turbinen. Diese drehen Generatoren, die die mechanische Energie in elektrische Energie umformen.

c) Wärmeenergie, Druckenergie, Bewegungsenergie, elektrische Energie.

11 Verschiedene Kraftwerkstypen

a) Solarkraftwerk, Braunkohlekraftwerk, Erdgaskraftwerk, Wasserkraftwerk.

b) Braunkohlekraftwerke stoßen viele luftverschmutzende Gase aus, die nur teilweise mit Katalysatoren unschädlich gemacht werden können. Sie haben einen hohen Ausstoß an Kohlenstoffdioxid. Dieses Gas fördert stark den Treibhauseffekt und damit den Klimawandel.

c) Energieträger wie Wind, Sonne und Wasser erneuern sich immer wieder. Sie sind umweltfreundlich, weil sie keine Brennstoffe benötigen und keine Abgase entstehen.

d) Es wäre gut, wenn man die Energie von erneuerbaren Energieträgern speichern könnte.

e) Der elektrische Strom wird in großen Kraftwerken fernab der Verbraucher in den Großstädten „erzeugt". Damit beim Transport über lange Stromleitungen möglichst geringe Übertragungsverluste entstehen, wird der elektrische Strom mit Hochspannung übertragen. Denn wenn die Spannung sehr hoch ist, bekommt man bei gleicher Energiemenge eine sehr kleine Stromstärke. Und eine kleine Stromstärke in den Leitungen führt zu kleinen Übertragungsverlusten.

1 Magnesium verbrennt

a) Dies ist eine exotherme Reaktion.

b) Will man z.B. Magnesium entzünden, muss es zunächst erhitzt werden. Die dabei zugeführte Energie heißt Aktivierungsenergie.

2 Exotherm oder endotherm?

a) Die Aufspaltung von Wasser durch elektrische Energie ist eine endotherme Reaktion.

b) Die Verbrennung von Holzkohle ist eine exotherme Reaktion. Nach dem Entflammen läuft die Reaktion weiter, ohne dass weiter Energie zugeführt werden muss.

c) Chemische Reaktionen, bei denen die Endprodukte einen höheren Energiegehalt haben als ihre Ausgangsstoffe, heißen endotherme Reaktionen.

d) Die Abbildung zeigt den Verlauf einer endothermen Reaktion. Nach Zuführung der Aktivierungsenergie entstehen energiereichere Endstoffe. Es muss laufend Energie zugeführt werden.

3 Wasser zerlegen

a) Wasser wird mit Natriumsulfat versetzt. Zwei Elektroden werden mit einer Gleichstromquelle verbunden. Am Pluspol steigt Sauerstoff auf, am Minuspol Wasserstoff.

b) Wasserstoff wird mit der Knallgasprobe nachgewiesen. Sauerstoff lässt sich mit Hilfe eines Glimmspans nachweisen. Er flammt auf.

c) Wenn der Strom bei einem Hofmannschen Apparat ausgeschaltet wird, hört die Reaktion auf. Zur Aufrechterhaltung einer endothermen Reaktion muss ständig Energie zugeführt werden.

d) Die Zerlegung von Wasser mit Hilfe von elektrischen Strom ist eine endotherme Reaktion.

4 Innere Energie

a) Wenn ein Stoff erhitzt wird, steigt seine innere Energie.

b) Dem Stoff wurde thermische Energie zugeführt.

c) Die Summe aus chemischer Energie und Wärmeenergie heißt innere Energie.

5 Katalysatoren: nützliche Helfer

a) Der Abgaskatalysator reinigt die Abgase von giftigen Stoffen. Sie werden in ungiftige Stoffe umgewandelt

b) Mit Hilfe des Katalysators wird giftiges Kohlenstoffmonoxid in ungiftiges Kohlenstoffdioxid umgewandelt. Stickstoffoxide werden zu Stickstoff umgesetzt. Dabei wird der Katalysator nicht verändert.

c) Während der Katalysator durch den Entgiftungsvorgang nicht verändert wird, sammeln sich im Filter die giftigen Stoffe. Er muss dann gereinigt werden.

6 Enzyme, weil sie vieles leichter machen

a) Enzyme sind Biokatalysatoren. Sie senken die Aktivierungsenergie und erleichtern so bestimmte chemische Reaktionen. Viele chemische Reaktionen kommen so erst zustande.

b) Enzyme in Waschmitteln spalten die großen Moleküle in kleinere auf und lösen sie von den Textilfasern. So braucht man beim Waschen weniger Energie. Man kann bei einer niedrigeren Temperatur waschen und die Kleidung wird trotzdem sauber.

c) Ein Test beim Arzt schafft Gewissheit, gegen welche Enzyme man evtl. allergisch reagiert. Dann kann man darauf achten, dass man zum Beispiel kein Waschmittel mehr benutzt, das diese Enzyme enthält. Die Enzyme sind auf der Verpackung der Waschmittel angegeben (Endung auf -ase).

7 Umkehrbare Reaktionen

a) Wenn ein Kupferstreifen in Essigsäure getaucht wird, entsteht Kupferacetat. Erhitzt man dieses Kupferacetat, wird das Kupferacetat wieder in Schwefelsäure und Kupfer zerlegt.

b) (Individuelle Lösungen)

TRAINER: Lösungsvorschläge

Zu Seite 97

1 Mikroorganismen

a) A Schimmelpilze
   B Milchsäurebakterien
   C Hefepilze

b) Mikroorganismen kommen überall auf der Erde vor, auch in Gebieten mit extremen Temperaturen oder in völliger Dunkelheit. Ebenso gibt es viele Mikroorganismen auf und im menschlichen Körper.

c) Mikroorganismen sind an der Umwandlung in Stoffkreisläufen beteiligt (z.B. als Zersetzer im Stoffkreislauf der Natur). Der Mensch nutzt Mikroorganismen zur Herstellung von Lebensmitteln und Medikamenten sowie zur Abwasserreinigung in Kläranlagen.

2 Bakterien im Stoffkreislauf

a) Stoffkreislauf der Natur: siehe Seite 87, Abb. 1.

b) Mikroorganismen wandeln als Zersetzer totes Material wie Laub, tote Tiere und Kot in Mineralstoffe und Kohlenstoffdioxid um.

3 Unterschiedliche Zellen

a) 1 Tierzelle
   2 Bakterienzelle
   3 Pflanzenzelle

b) Gemeinsamkeiten: Zellmembran, Zellplasma
   Unterschiede: kein Zellkern und keine Mitochondrien bei Bakterien, aber bei Pflanzenzellen und Tierzellen; Bakterien mit Geißel; Vakuole, Zellwand und Chloroplasten nur bei Pflanzenzellen.

4 Vermehrung

a) Bakterien vermehren sich durch einfache Zellteilung. Aus einer Zelle werden zwei, aus zwei Zellen vier, usw. Die Anzahl verdoppelt sich bei optimalen Bedingungen alle 20 Minuten.

b) Vergleiche Abb. 1, Seite 92.

c) Optimale Bedingungen für die Vermehrung sind Wärme (ca. 27-37 °C), genug Nährstoffe und Platz.

5 Schutz von Lebensmitteln

a) Marions Verhalten ist falsch. Lebensmittelreste wie Nudelsalat sollten nach dem Abkühlen in den Kühlschrank gestellt werden, damit sich Bakterien nicht so schnell vermehren können. Marion könnte krank werden, wenn sich die Bakterien bereits stark vermehrt haben.

b) Empfindliche Lebensmittel (Joghurt, Sahne, Fleisch,…) sollten im Kühlschrank gelagert werden. Bei gekühlten Lebensmitteln ist die Einhaltung der Kühlkette sehr wichtig. Lebensmittelreste müssen nach dem Abkühlen ebenfalls im Kühlschrank gelagert und bald gegessen werden.
   Besteck, das man in den Mund nimmt, darf nicht mit Lebensmitteln in Berührung kommen, die noch aufbewahrt werden.
   Besonders vorsichtig muss man bei hohen Temperaturen, z.B. im Sommer sein. Lebensmittel dürfen nicht in der Sonne stehen, sondern müssen kühl gelagert werden.
   Lebensmittel sollten nicht mehrmals aufgewärmt werden.
   Vor der Zubereitung von Speisen muss man sich die Hände waschen.

6 Herstellung von Lebensmittel

a) Milchsäurebakterien sind an der Herstellung von Joghurt und Sauerkraut beteiligt.

b) Milchsäurebakterien vergären Zucker zu Milchsäure. Dadurch werden die Lebensmittel haltbar gemacht.

c) Frischer gehobelter Kohl wird mit Salz in einem Gefäß gestampft bis sich Krautsaft bildet. Das Gefäß wird gut verschlossen und eine Woche lang bei Zimmertemperatur stehen gelassen. Danach gibt man es für 4-6 Wochen an einen kühlen Ort.

d) Die Milch wurde entweder zu stark oder zu wenig erhitzt. Die Gläser mit der Joghurtmasse wurden an einem zu kühlen oder zu heißen Ort gelagert.

1 Ansteckungsgefahr

a) Krankheitserreger gelangen an verschiedenen Stellen in den menschlichen Körper: über die Augen, über die Atemwege, mit verunreinigter Nahrung über den Mund, über Blutsauger, über Körperkontakt, beim Geschlechtsverkehr und über Wunden.

b) Vor einer Ansteckung mit einer Erkältung kann man sich oft durch ausreichende Hygiene schützen, zum Beispiel durch Händewaschen, und indem man engen Kontakt zu kranken Personen meidet.

2 Verschiedene Phasen

a) Infektion – Inkubation – Krankheit – Gesundung

b) Infektion: Die Krankheitserreger gelangen in den Körper.
Inkubation: Die Krankheitserreger vermehren sich im Körper.
Krankheit: Die typischen Krankheitssymptome treten auf.
Gesundung: das Immunsystem hat die Erreger vernichtet, der Körper kommt wieder zu Kräften.

3 Unterschiedliche Erreger

a) Viren, Bakterien und Pilze

b) Viren: Mumps, Schnupfen, AIDS, Herpes, Röteln, Windpocken
Bakterien: Karies, Lebensmittelvergiftung, Borreliose, Wundstarrkrampf

c) Ist das Immunsystem geschwächt, besteht vor allem bei Kindern die Gefahr, dass es bei Masern zu gefährlichen Folgeerkrankungen kommt. Die Kinder bekommen dann z. B. eine Mittelohr- oder Lungenentzündung. Auch die lebensgefährliche Hirnhautentzündung kann als Folgeerkrankung entstehen.

4 Der Körper schützt sich

a) Der menschliche Körper besitzt viele Schutzeinrichtungen gegen Krankheitserreger:
- Die Haut verhindert das Eindringen von Erregern
- Stoffe in den Schleimhäuten und Tränen bekämpfen Erreger.
- Die Salzsäure im Magen schützt vor Erregern.
- Fieber verhindert die Ausbreitung von Erregern.
- Das Immunsystem bekämpft gezielt Erreger und macht sie unschädlich.

b) Durch eine gesunde Lebensweise kann man den Körper in seiner Abwehrarbeit unterstützen. Dazu gehören Bewegung in frischer Luft, eine gesunde und abwechslungsreiche Ernährung, wenig Stress, genügend Schlaf und eine maßvolle Hygiene.

5 Eine Impfung schützt!

a) Impfungen sind ein wirksamer Schutz vor gefährlichen Krankheiten.

b) Bei einer Schutzimpfung werden abgeschwächte Erreger in den Körper gespritzt. Das Immunsystem wird so veranlasst, Antikörper herzustellen.

c) In einem Impfpass steht, wann man welche Impfung erhalten hat. Da viele Impfungen nach einigen Jahren wieder aufgefrischt werden müssen, behält man so den Überblick.

d) Bei der aktiven Immunisierung werden abgeschwächte Erreger in den Körper gespritzt. Der Körper bildet die Antikörper selbst. Bei der passiven Immunisierung werden passende Antikörper in den Körper gespritzt. Diese Impfung wirkt nur kurze Zeit.

e) Die Antikörper, die der Körper nach einer Schutzimpfung bildet, wehren nur einen ganz bestimmten Erreger ab. Der Grippeerreger verändert sich aber, daher sollte man die Impfung jedes Jahr wiederholen.

6 Abwehrsystem des Körpers

a) - Fresszellen zerstören die Erreger und informieren die Helferzellen.
- Helferzellen aktivieren die Killerzellen und Plasmazellen.
- Killerzellen vernichten mit dem Erreger infizierte Zellen.
- Die Plasmazellen bilden Antikörper.
- Die Gedächtniszellen merken sich die Gestalt eines Erregers.

b) Die Gedächtniszellen merken sich die Gestalt eines Erregers. Wird der Körper wieder vom gleichen Erreger infiziert, können sofort Antikörper gebildet werden.

c) Jeder Antikörper kann nur an einem passenden Antigen auf der Oberfläche des Erregers andocken. Die Erreger werden markiert bzw. verklumpen und können von den Killer- und Fresszellen vernichtet werden.
Skizze siehe Abb. 2, Seite 107.

d) Kontakt mit dem Blut vermeiden, im Notfall Einmal-Handschuhe tragen; beim Geschlechtsverkehr Kondome benutzen.

7 Aids

a) AIDS = erworbene Immunschwächekrankheit (Acquired Immune Deficiency Syndrome)
HIV = menschliches Immunschwäche-Virus (Humane Immundeficiency Virus)

b) Das Virus wird über Blut, Sperma oder Scheidenflüssigkeit übertragen und muss für eine Infektion in die Blutbahn gelangen.

c) Das Virus befällt die Helferzellen des Immunsystems und setzt so die Abwehr außer Kraft. Der Körper kann sich immer schlechter gegen Krankheiten wehren und selbst harmlose Krankheiten werden schließlich zur Gefahr.

d) Kondome schützen beim Geschlechtsverkehr vor einer Ansteckung. Bei der Behandlung von Verletzten schützen Einmalhandschuhe.

Zu Seite 133

1 Einstieg in die Sucht

a) Der Konsum von Genussmitteln und Drogen kann durch eine Gewöhnung zu Abhängigkeit und Sucht führen.

b) Alkoholhaltige Getränke zählen zu den Genussmitteln. Durch regelmäßigen Konsum kann es zu einer körperlichen und seelischen Gewöhnung kommen. Wenn der Konsument den Alkohol in seinem Alltag nicht mehr weglassen kann, ist bereits eine Abhängigkeit und ein Suchtverhalten eingetreten.

2 Drogenübersicht

Individuelle Lösung; die Lösung entspricht der tabellarischen Zusammenfassung auf S. 132.

3 Legale und illegale Drogen

Der Text kann individuell verfasst werden.
Mögliche Inhalte:

pro	contra
Man wird bei Alkohol und Nikotin nicht durch den ersten Konsum süchtig.	Legale Drogen beinhalten auch einen Suchtstoff (Alkohol, Nikotin).
Alkohol und Nikotin sind gesetzlich erlaubt.	Legale Drogen können auch in die Sucht führen (Medikamente, Alkohol, Nikotin).
Alkohol ist in Bier bereits ab 16 Jahren erlaubt.	Folgeschäden sind nach ständigem Konsum auch lebensschädlich.
Die Folgeschäden bei gelegentlichem Konsum sind überschaubar.	Der Entzug gestaltet sich genauso schwierig wie bei illegalen Drogen.
Legale Drogen kann man überall kaufen.	Die Grenze zwischen legal und illegal ist nicht festgelegt (Beispiel: Marihuana in der Schmerzmitteltherapie)

4 Alkoholkonsum

Der gelegentliche Konsum von Alkohol ist noch eher ungefährlich. Wird Alkohol aber konsumiert, um gegen Langeweile, Sorgen oder Stress anzukämpfen, kann eine Gewohnheit daraus werden. Der Trinker braucht bald seine tägliche Dosis, um seinen Rauschzustand aufrecht zu erhalten. In nüchternem Zustand kommt es zu Entzugserscheinungen. Körper und Geist verlangen nach mehr. Kontrollverlust und eine fehlende Kraft, das Verhalten wieder zu ändern, sind die Folge.

5 Tabakkonsum

Nikotin kann eine Sucht auslösen, weil es auf das Belohnungszentrum des Körpers wirkt. Zudem wirkt sich Nikotin negativ auf das Herz- und Kreislaufsystem, auf die menschlichen Organe und das Gehirn aus. Außerdem lagert sich der Teer einer Zigarette auf den Lungenbläschen ab.

6 Stoffungebundene Süchte

Alkohol ist eine stoffgebundene Sucht.
Magersüchtige streben danach, dünn zu sein, und haben ständig Angst davor, zuzunehmen.
Spielsüchtige können nicht einfach zu spielen aufhören, denn sie bekommen dann Entzugserscheinungen.
Ein Smombie nutzt sein Smartphone sehr viel.

7 Suchtprävention

a) Es besteht die Gefahr, dass man im Laufe der Zeit den Spielekonsum nicht mehr steuern kann und man spielsüchtig wird.

b) Es kommt nicht so sehr darauf an, ob jemand jede Woche spielt, sondern, ob derjenige den Konsum noch kontrollieren kann. Ist das nicht mehr der Fall, interessiert er sich nur noch für das Spiel und vernachlässigt seine Umwelt? Dann kann man davon ausgehen, dass er eine Abhängigkeit entwickelt hat.

c) Man kann sich vor Spielsucht schützen, indem man sich ein stabiles Umfeld und sinnvolle Freizeitbeschäftigungen sucht, sich nicht zum Glücksspiel verführen lässt und den richtigen Umgang mit Stress kennt.

Zu Seite 149

1 Der weibliche Zyklus

Im Uhrzeigersinn:
- Regelblutung (Menstruation)
- Heranreifen der Eizelle, Gebärmutterschleimhaut wird neu aufgebaut
- Eizelle wandert nach dem Eisprung in den Eileiter
- Findet keine Befruchtung statt, stirbt die Eizelle ab.

2 Nach der Befruchtung

A: Befruchtung, Spermium durchdringt die Zellhaut der Eizelle.
B : Erste Zellteilung (Zweizellstadium).
C: Durch weitere Zellteilungen entsteht ein Zellhaufen. Er ist auf dem Weg zur Gebärmutter.
D: In der Mitte des Zellhaufens hat sich ein Hohlraum gebildet. Es ist ein Keimbläschen entstanden.

3 Zufallstreffer?

Schwanger wird man, wenn sich eine befruchtete Eizelle in der Gebärmutterschleimhaut einnistet. Eine Befruchtung kann nur stattfinden, wenn Spermien auf eine Eizelle treffen, die auf dem Weg durch den Eileiter ist. Eine Eizelle ist etwa 24 Stunden nach dem Eisprung befruchtungsfähig. Mittel zur Empfängnisverhütung verhindern ebenfalls eine Schwangerschaft.

4 Versorgung im Mutterleib

1: Fruchtblase: Das Kind ist im Mutterleib von einer Fruchtblase umgeben. Sie ist mit Fruchtwasser gefüllt und schützt vor Licht, Lärm, Druck oder Stößen.
2: Plazenta: Sie ist für die Versorgung des Kindes zuständig.
3: Nabelschnur: Über die Nabelschnur wird der Embryo mit Nährstoffen und Sauerstoff aus dem mütterlichen Blut versorgt. Abfallstoffe und Kohlenstoffdioxid werden darüber abgegeben.

5 Entwicklung des Ungeborenen

Zeit	Bezeichnung	Entwicklung
1. Woche	Embryo	Entwicklung zum Keimbläschen
1. Monat	Embryo	Einfaches Herz schlägt, Entwicklungsbeginn von Kopf und Gliedmaßen
2. Monat	Fetus	Kopf und Körperumrisse, Entwicklungsbeginn von Lunge und Gehirn
3. Monat	Fetus	alle Organe sind gebildet und wachsen nun weiter
4. Monat	Fetus	Mutter spürt erste Kindsbewegungen
5., 6. Monat	Fetus	hört Geräusche
7., 8. Monat	Fetus	ab jetzt Überlebenschancen bei einer Frühgeburt
9. Monat	Fetus	Lage: mit Kopf nach unten in der Gebärmutter

6 Versorgung im Mutterleib

Individuelle Lösungsmöglichkeiten, zum Beispiel:
- Ernähre dich gesund!
- Nimm dir Zeit für Erholung und Entspannung!
- Verzichte auf Alkohol!
- Vermeide lange Urlaubsreisen!

7 Wechselnde Partnerschaften

Zum Beispiel:
Bei häufig wechselnden Partnerschaften wächst die Gefahr der Ansteckung mit Geschlechtskrankheiten. Außerdem können Gespräche über Schutzmaßnahmen und Verhütung Schwierigkeiten bereiten, wenn man sich noch nicht so gut kennt.

Zu Seite 159

1 Der Weg des Schalls

Eine Schallquelle erzeugt Schallwellen (z.B. eine schwingende Gitarrensaite); ein Schallträger (z.B. Luft) transportiert Schallwellen; Schallwellen kommen beim Schallempfänger (Ohr) an.

2 Lauschen im „Wilden Westen"

Schall breitet sich in Eisen deutlich schneller aus als in Luft (5 800 m pro Sekunde gegenüber 344 m pro Sekunde). Der Cowboy mit dem Ohr auf den Gleisen kann deshalb den Zug früher hören als sein Kollege.

3 Dosentelefon

Bei einem Dosentelefon bringt der Schall zunächst den Boden der ersten Dose zum Schwingen. Die Schwingungen werden über eine straff gespannte Schnur auf den Boden der zweiten Dose übertragen. Dieser schwingende Boden erzeugt Schallwellen, die dann wieder mit dem Ohr wahrgenommen werden können.

4 Je..., desto...

a) Je größer die Frequenz, desto höher ist der Ton.
b) Je tiefer der Ton, desto niedriger ist die Frequenz.

5 ➐ Je desto

a) Je größer die Amplitude, desto größer ist die Lautstärke.
b) Je geringer die Lautstärke, desto kleiner ist die Amplitude.

6 Oktoberfest

a) Eine dauerhafte Schallbelastung von 100 dB am Arbeitsplatz ist ohne Gehörschutz nicht zulässig.
b) Ab 80 dB müsste ein Arbeitgeber Gehörschutz zur Verfügung stellen und ab 85 dB müsste dieser getragen werden. Im Festzelt wäre mit einem Gehörschutz allerdings keine Verständigung mit den Gästen möglich.

7 An der Autobahn

Zum Beispiel:
Spezieller Straßenbelag, Lärmschutz-
wände, Tempolimits, Tempolimits zu bestimmten
Tageszeiten…

8 So schützt du dein Gehör

- Meide laute Schallquellen.
- Halte großen Abstand zu Lärmquellen.
- Drehe die Lautstärke deiner Musikanlage nicht zu
weit auf.
- Achte darauf, dass die Lautstärke nicht zu hoch ein-
gestellt ist, wenn du Kopfhörer verwendest.
- Schütze dein Gehör vor Lärm durch Gehörschutz-
stöpsel.

Zu Seite 177

1 Energiestufen

a) Ein Kohlenstoff-Atom besitzt 2 Elektronenschalen.

b)
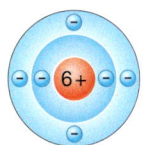

2 Valenzstrich-Schreibweise

3 Vom Atom zum Ion

a) Es handelt sich um Ionen.
b) Atome werden zu Ionen, indem sie Elektronen
aufnehmen oder abgeben.
c) NaCl
d) Natriumchlorid (Kochsalz)
e) Das Natrium-Ion ist das Kation, da es ein Elektron abgegeben hat und jetzt positiv geladen ist.
Das Chlorid-Ion ist das Anion, da es ein Elektron aufgenommen hat und jetzt positiv geladen
ist.

4 Chemische Reaktionen im Alltag

a) Wärmeentwicklung, Gasentwicklung, Farbänderung, Niederschlag
b) Das Kochen von Wasser ist keine chemische
Reaktion. Es entsteht kein neuer Stoff.
Ein Feuerwerk ist eine chemische Reaktion. Bei
der Explosion entstehen neue Stoffe mit neuen
Eigenschaften.

5 Stoffumwandlung

Abbildung 1 ist richtig, da vor der Reaktion genauso viele Atome vorhanden sind wie danach. Es
kommen weder neue dazu, noch verschwinden
welche.
Abbildung 2 ist falsch, da nach der Reaktion
weniger Atome vorhanden.
Abbildung 3 ist falsch, da bei Reaktionen keine
neuen Atome entstehen. Die vorhandenen Atome
ordnen sich nur anders an.

6 Vom Atom zum Ion

Synthese und Analyse sind umkehrbare Reaktio-
nen.
Bei der Analyse (Zersetzung) von Wasser wird die
Verbindung Wasser in die Elemente Wasserstoff
und Sauerstoff zerlegt.
Bei der Synthese (Bildung) von Wasser bildet sich
aus den Elementen Wasserstoff und Sauerstoff die
Verbindung Wasser.

7 Chemische Reaktionen

Es handelt sich um eine einfache Umsetzung.
Aus einem Element und einer Verbindung entsteht
ein anderes Element und eine neue Verbindung.

8 Erhalt der Masse und Energieumwandlung

Die Stahlwolle ist nach dem Verbrennen schwerer,
da während der Reaktion Sauerstoff aus der Luft
dazukommt.

Zu Seite 192 und 193

1 Sicherheit

a) Jacken und Mäntel gehören an die Kleiderhaken und nicht auf die Stuhllehnen.
Schultaschen müssen unter den Tisch oder an die Wand des Fachraums gestellt werden.
Beim Experimentieren ist eine Schutzbrille vorgeschrieben.
Gefährliche Chemikalienabfälle werden in besonderen Gefäßen gesammelt.
Die Gefahren-Piktogramme auf Behältern mit Gefahrstoffen müssen beachtet werden.

b) Hinweise zur Sicherheit befinden sich auf den Seiten 8 und 9 dieses Buches.

c) Der gelbe Not-Aus-Schalter unterbricht mit einem Knopfdruck alle Gas- und Stromleitungen im Raum.
Das grüne Schild zeigt die Richtung des Fluchtwegs.
Löschsand, Feuerlöscher und Löschdecke können einen kleinen Brand löschen. Bei größeren Bränden muss rasch die Feuerwehr verständigt werden.

2 GHS-Symbole

a) „Ätzend": Auf diesem Piktogramm sind die zwei Reagenzgläser zu sehen, aus denen gerade eine Flüssigkeit herausläuft.
„Entzündbar": Das Piktogramm mit dem Feuer.

b) Der Inhalt des Behälters hat eine reizende Wirkung. Es ist ein Gefahrstoff; also sollte man die Hinweise auf der Verpackung lesen und beachten.

3 Säuren im Alltag

Zum Entkalken eignen sich saure Lösungen, z. B. Colagetränk, Zitronensaft, Essig. Säuren reagieren mit dem Kalk und lösen ihn somit. Dabei wird CO_2 frei.

4 Der Umgang mit Laugen

a) Das zeigt, dass die Lauge die oberste Schicht der Haut ein wenig zersetzt.

b) Nein, denn Seifenlauge ist nicht stark basisch. Außerdem bleibt sie ja nur kurz auf der Haut..

c) Er sollte sich sehr vorsichtig verhalten, denn diese Lösung ist stark basisch; er sollte Schutzhandschuhe tragen, die Schutzbrille natürlich ohnehin Pflicht.

5 Indikatoren

Schwarztee enthält einen Farbstoff, der sich bei zugabe von Säure verändert. Man kann Schwarztee also als einfachen Indikator nutzen.

6 Blaukraut oder Rotkohl?

In Regionen, in denen das Gemüse mit sauren Zutaten gekocht wird, nennt man es Rotkohl – denn das Gemüse sieht dann eher rot aus. Das reine Kraut ohne saure Zutaten ergibt eher eine blauviolette Färbung; daher nennt man es dann Blaukraut.

7 Zum pH-Wert

a) Der pH-Wert ist ein Maß für die Stärke von sauren oder basischen Lösungen.

b) Die pH-Wert-Skala geht von 0 bis 14.

c) Säuren haben einen pH-Wert zwischen 0 und 7.

d) Laugen haben einen pH-Wert zwischen 7 und 14.

e) Wasser ist neutral bei pH 7.

8 Der pH-Wert in Alltag und Technik

a) Die Mikroorganismen im Abwasser können nur bei bestimmten pH-Werten leben und „arbeiten". Ändert sich der pH-Wert zu stark, können sie absterben.

b) Viele Pflanzen können nur in einem bestimmten pH-Bereich des Bodens leben. Fische brauchen zum Überleben ebenfalls einen bestimmten pH-Bereich.

c) Universalindikator (flüssig oder als pH-Papierstreifen), Blaukrautsaft, pH-Meter

9 Eier-Experiment

a) Es ist das Gas Kohlenstoffdioxid. Es wird frei, wenn Säuren mit Kalk reagieren. Eierschalen bestehen zum größten Teil aus Kalk (Calcium-carbonat).

b) Die Säure reagiert mit dem Kalk. Der entstandene Stoff liegt gelöst vor, deshalb sieht man ihn nicht. Der Kalk ist also nicht mehr vorhanden, deshalb ist auch keine Kalkschale zu sehen.

10 ⊙ Wichtige Stoffe

a) Löst sich Schwefeldioxid in Wasser, entsteht die Schweflige Säure, H_2SO_3.

b) Regenwasser nimmt immer auch etwas CO_2 aus der Luft auf. Daraus entsteht dann Kohlensäure. Wie der Name schon zeigt, reagiert sie sauer.

11 ⊙ Im Labor...

a) Kaliumlauge erhält man, wenn man Kaliumhydroxid in Wasser löst.

b) Calciumhydroxid in Wasser ergibt Calciumlauge.

c) Natronlauge: NaOH, Kohlensäure: H_2CO_3, Magnesiumlauge: $Mg(OH)_2$

12 Reinigungsmittel

a) Reinigungsmittel sollte man sparsam verwenden. Mittel mit stark sauren oder stark basischen Stoffen (z.B. Rohrfrei) sollte man möglichst vermeiden.

b) (Individuelle Lösung)

13 ⊙ Protonen abgeben oder aufnehmen

a) Es ist ein Protonen-Akzeptor (Beispiel: Ammoniak NH_3).

b) So ein Stoff heißt Protonen-Donator (Beispiel: HCl).

Zu Seite 207

1 Neutralisation

a) Kaliumlauge reagiert mit Salzsäure zu Kaliumchlorid und Wasser. Bei einer Neutralisation reagieren also eine basische und eine saure Lösung zu einem Salz und Wasser.

b) Bakterien in Kläranlagen reinigen das Abwasser. Stimmt der pH-Wert nicht, arbeiten sie nicht mehr richtig oder sterben sogar ab.

c) Calciumlauge und Salzsäure reagieren zu Calciumchlorid und Wasser.

d) Calciumlauge und Schwefelsäure reagieren zu Calciumsulfat und Wasser.
$Ca(OH)_2 + H_2SO_4 \rightarrow CaSO_4 + 2 H_2O$
Calciumsulfat heißt das entstandene Salz, also Gips. Man verwendet es im Innenausbau für Zwischenwände und beim Eingipsen von Knochenbrüchen.

2 Kochsalz im Alltag

a) Kochsalz wird vielfältig verwendet, zum Beispiel in der Küche zum Würzen, zum Haltbarmachen von Fisch, als Streumittel auf den Straßen im Winter, als Regeneriersalz in Geschirrspülmaschinen usw.

b) Salzen war früher die einzige Möglichkeit, Fleisch und Fisch haltbar zu machen.

c) Bei Blutverlust nach Unfällen oder Operationen gibt man Salzlösung, damit die Flüssigkeitsmenge wieder stimmt. Es stabilisiert auch den Blutdruck.

3 Eigenschaften von Kochsalz

a) Kochsalz ist hart und spröde. Es löst sich in Wasser. Eine Kochsalzlösung leitet den elektrischen Strom.

b) Steinsalz stammt aus Bergwerken. Meersalz gewinnt man aus Meerwasser. Siedesalz stammt aus salzhaltigen Quellen.

c) Eine Analyse der Stiftung Warentest ergab, dass Himalaya-Salz zu 97-99 Prozent aus gewöhnlichem Natriumchlorid (NaCl) besteht. Es ist damit sehr ähnlich zusammengesetzt wie herkömmliches Speisesalz; dies besteht zu etwa 98 Prozent aus Natriumchlorid.

Das Bayrische Landesamt für Gesundheit und Lebensmittelsicherheit hat bereits 2004 festgestellt, dass nur acht weitere Mineralstoffe enthalten sind, und das auch nur in minimalen Spuren (vor allem Eisenverbindungen). Für besonders positive Wirkungen auf die Gesundheit gibt es keine wissenschaftlichen Nachweise.

Der relativ hohe Preis von 10-20 Euro pro Kilogramm lässt sich aus wissenschaftlicher Sicht nicht rechtfertigen.

Himalaya-Salz ist also nicht besonders wertvoll.

4 ➊ Darstellung von Salzen

a) Kupferoxid und Schwefelsäure ergibt Kupfersulfat und Wasser.

b) $CuO + H_2SO_4 \rightarrow CuSO_4 + H_2O$

c) - Magnesiumhydroxid und Salzsäure reagieren zu Magnesiumchlorid und Wasser
- Magnesiumoxid und Salzsäure reagieren zu Magnesiumchlorid und Wasser
- Magnesium und Salzsäure reagieren zu Magnesiumchlorid und Wasserstoff.

d) Stelle die Formelgleichungen zu Aufg. c) auf.
- $Mg(OH)_2 + 2\,HCl \rightarrow MgCl_2 + 2\,H_2O$
- $MgO + 2\,HCl \rightarrow MgCl_2 + H_2O$
- $Mg + 2\,HCl \rightarrow MgCl_2 + H_2$

5 Salze in der Flamme

a) Barium ergibt eine grüne Flammenfärbung

b) Lärm, Umweltbelastung durch Abgase und Feinstaub, Brandgefahr und Unfallgefahren sind die wichtigsten Nachteile beim Feuerwerk.

c) Die Grafik zeigt klar, dass die Feinstaubmenge an Silvester enorm hoch ist im Vergleich zum Rest des Jahres.

6 ➊ Ein Salz bestimmen

a) Den Metall-Anteil kann man durch die Flammenfärbung ermitteln: Kalium färbt die Flamme rotviolett; Natrium ergibt eine gelborange Färbung.

Den Nichtmetall-Anteil kann man durch eine Nachweisreaktion feststellen: Chlorid mit Silbernitrat-Lösung, Carbonat mit Salzsäure, Sulfat mit einer Bariumchlorid-Lösung.

b) Lithium kann man durch die Flammenfärbung nachweisen, Carbonat durch die CO_2-Bildung mit Salzsäure.

7 Streusalz

Streusalz belastet die Natur und ist auch schädlich für die Pfoten von Hunden und Katzen. Salz fördert den Rost an Autos und Stahlträgern und greift sogar Beton an. Außerdem kostet das Streuen auch Geld.

Stichwortverzeichnis

|adpic Bildagentur, Köln: A. Trautmann 6.1, 160.1, 160.1. |alamy images, Abingdon/Oxfordshire: CHROMORANGE / Ohde, Christian 121.1; dnaveh 204.2; Hecker, Frank 88.5; imageBROKER/Hopf, Dieter 88.2; Pictorial Press Ltd 162.2; PjrStudio 48.3; SPL 137.1; Stocktrek Images, Inc. 149.1; Tetra Images 125.3. |APA-PictureDesk GmbH, Wien: Caro 139.1; IAN LANGSDON / EPA 70.2; Siepmann, Martin/Westend61 68.2. |Bundeszentrale für gesundheitliche Aufklärung (BZgA), Köln: Mit freundlicher Genehmigung der Bundeszentrale für gesundheitliche Aufklärung im Rahmen der rauchfrei-Jugendkampagne/www.rauch-frei.info 130.2; Nutzung mit freundlicher Genehmigung der Bundeszentrale für gesundheitliche Aufklärung im Rahmen der „Alkohol? Kenn dein Limit."-Kampagne 130.1. |Bundeszentrale für gesundheitliche Aufklärung (BZgA) - Ref. 1-12 Prävention von HIV/AIDS und anderen sexuell übertragbaren Infektionen (STI), Köln-Ehrenfeld: Mit freundlicher Genehmigung und Unterstützung der Bundeszentrale für gesundheitliche Aufklärung 147.1. |Colourbox.com, Odense: Razvodovskij, Sergej 150.3. |dreamstime.com, Brentwood: Barsik 54.3; Dannyphoto80 20.1. |Druwe & Polastri, Cremlingen/Weddel: 13.1, 33.1. |epd-bild, Frankfurt/M.: Christ, Pat 145.2. |Europäische Kommission, Berlin: © European Union, 2020 63.1. |Fabian, Michael, Hannover: 43.3, 43.4, 168.6. |Focus Photo- u. Presseagentur GmbH, Hamburg: 103.1, 115.2; eye of science 85.1, 89.4, 105.4; w.o.s./Özel/ eye of science 89.2. |fotolia.com, New York: 111.2, 150.5, 159.1; Alenavlad 155.2; Alexander Raths 108.3, 108.3, 115.1; alswart 135.3; benjaminnolte 35.3; bilderzwerg 138.2; blackday 150.8; Brode, Darren 140.1; contrastwerkstatt 108.5; Daniel Ernst 199.3; delmonte1977 177.4; dima_pics 86.2; ExQuisine 94.4; fotoliaxrender 114.1; fotoperle 88.3; Gerhard Seybert 61.3; Jackal, Sandor 4.1, 84.1, 98.2; jaddingt 20.2; kleinermann82 148.1; Kostic, Dusan 205.1; Kzenon 64.1; Lohrbach, Marina 86.5; Mainka, Markus 111.4; Merzlyakova, Natalia 59.1; Miredi 156.2; Monkey Business 54.4; Mossop, Abe 179.2, 179.3, 179.4, 179.5, 179.5, 181.4; photophonie 111.1; Printemps 70.1; Shirinov, Angela 168.2; Smileus 150.4, 177.5, 177.5, 200.1; stefan1179 42.3; Syda Productions 85.2; toscana 105.3; unlimit3d 137.2; view7 86.3; Vincek, Dani 95.5; wladi 192.2; © Astarot 122.2. |Getty Images (RF), München: Jeffrey Coolidge 14.1. |Imago, Berlin: imageBROKER/ManfredxBail 157.4; imagebroker/saurer 36.2. |iStockphoto.com, Calgary: abishome 33.2; AndreasReh 93.3; Bolot 108.1; clubfoto 142.2; CREATISTA 124.3; EdnaM 113.1; Getty Images 3.1, 11.1, 11.4, 11.5, 16.1, 22.1, 23.1, 24.1, 25.1, 29.1, 41.1, 42.1, 43.1, 46.1, 47.1, 60.1, 61.1, 68.1, 69.1, 78.1, 79.1, 80.1, 81.1, 92.1, 94.1, 98.1, 105.1, 106.1, 107.1, 110.1, 124.1, 125.1, 127.1, 135.1, 135.1, 138.1, 138.1, 142.1, 143.1, 146.1, 150.1, 151.1, 152.1, 153.1, 154.1, 155.1, 156.1, 157.1, 162.1, 163.1, 166.1, 167.1, 174.1, 175.1, 182.1, 190.1, 195.1, 196.1, 197.1, 201.7, 202.1, 203.1, 228.1; Gorlov, Kyryl 205.2; Graudins, Arturs 47.5; HomePixel 61.2; keport 177.1, 177.2, 177.3, 177.3; Makkonen, Erkki 150.2; Mantonature 88.4; milindri 118.2; Tommousney 86.4, 88.7. |Jaenicke, Joachim Dr., Rodenberg: 90.2, 97.4. |KEINE MACHT DEN DROGEN, München: 130.3. |Keis, Heike, Rödental: 154.2. |laif, Köln: Langrock/Zenit 68.3. |mauritius images GmbH, Mittenwald: 72.1; ACE 108.6; Andreas Schätzle 94.2; dieKleinert 42.2; Havel, Ladislav 99.3; imagebroker/Hargus, Stefan 197.3; Photononstop 55.1; Phototake 88.6, 88.6, 97.1, 114.2. |Mettin, Markus, Offenbach: 37.1. |Minkus Images Fotodesignagentur, Isernhagen: 34.2, 108.2, 153.2. |OKAPIA KG - Michael Grzimek & Co., Frankfurt/M.: Holt Studios/Cattlin, Nigel 89.5; imageBROKER/Bahnmüller, Dr. Wilfried 109.1; ISM/Révy, J. C. 90.1, 97.6; Kage Mikrofotografie 86.1, 86.1, 88.8, 97.3; Lowell Georgia/Science Source 86.6; Michler 94.3, 97.2; NAS/Bjornberg, Chris 89.1; NAS/Longcore, Bill 90.4; NAS/Scimat 89.3; Sauer, Dr. Frieder 99.2; Scimat/NAS 80.3; Theissen, Harald 169.1. |PantherMedia GmbH (panthermedia.net), München: decius 157.2; Deli, Csaba 100.1; Monkeybusiness 128.1; vladislavgajic 161.1, 161.1, 199.1. |Perscheid, Martin, Wesseling: 118.1. |PHYWE Systeme GmbH & Co. KG, Göttingen: 16.3. |Picture-Alliance GmbH, Frankfurt/M.: Beyond 144.1; CHROMORANGE/Tscherwitschke, R. 32.2; dpa 83.1, 121.2, 126.1, 130.4; dpa Themendienst 55.3; Jens Büttner 119.2; Photoshot 104.1; Rainer Hackenberg 133.1; Schmidt, Christoph 124.2; ZB/Steffen Füssel 85.3. |plainpicture, Hamburg: Westend61 140.3. |Schuchardt, Wolf, Göttingen: 45.1. |Science Photo Library, München: Degginger, Phil 18.3, 24.4; eye of science 100.3, 114.3; Gschmeissner, Steve 90.3, 97.5; SPL 185.1. |Shutterstock.com, New York: auremar 159.2; Beliy, Misha 127.3; carroteater 105.2; guentermanaus 13.2, 13.3, 64.2, 64.2; Jason Mark M 139.2; martynowi.cz 112.1; Maxx-Studio 27.1; MJTH 144.2; Monkey Business Images 145.1; napocska 111.3; TanyaRozhnovskaya 80.2; Trofimov Denis 150.7. |Simper, Manfred, Wennigsen: 14.2, 14.3, 14.4, 14.5, 14.6, 14.7, 14.8, 16.2, 17.2, 18.1, 24.2, 25.2, 26.2, 26.3, 29.3, 33.3, 36.3, 38.1, 38.2, 47.2, 47.3, 49.1, 49.2, 53.3, 60.2, 60.3, 62.1, 62.2, 62.3, 62.4, 70.3, 71.2, 72.2, 75.1, 75.2, 94.6, 95.1, 95.2, 95.3, 95.4, 164.3, 168.1, 168.3, 168.5, 168.8, 170.1, 170.2, 170.3, 176.1, 178.1, 179.1, 182.3, 182.4, 183.1, 183.2, 186.1, 187.1, 188.1, 188.3, 189.2, 191.2, 191.4, 192.3, 192.4, 192.4, 193.1, 196.2, 197.2, 198.1, 198.2, 198.4, 199.2, 200.2, 202.4, 204.1, 204.3, 206.6. |stock.adobe.com, Dublin: Adiano 134.1; angellodeco 93.1; berkut_34 46.2; bierwirm 48.1; bluedesign 99.1; bobo1980 47.4; bohbeh Titel; Daxenbichler, Patrick 56.4; den-belitsky 3.2, 12.1; dima_pics 56.5; Drobot Dean 125.2; eyetronic 120.1, 168.7; Gina Sanders 181.1; Haja, Sonja 142.3; hedgehog94 140.2, 141.1; Herr Loeffler 55.2; industrieblick 94.7; Jurapix 88.1; kab-vision 181.2; Leika production 127.2; Leßmann, Robert 86.7; Mahnke, Uwe 17.3; Meyer, Ievgenii 135.2; miss_mafalda 108.4; moquai86 71.3, 73.1; Neumann, Robert 122.1; Oberfrank-List, Doris 56.1, 56.2; oneinchpunch 119.1; Pavlo Vakhrushev 184.1; Photographee.eu 140.4; PhotoSG 192.1; R.R.Hundt 54.2; rdnzl 157.3; Reitz-Hofmann, Birgit 48.2; Rieperdinger, Michael 56.3; Robert 78.4; Sascha 54.1; Schwier, Christian 116.1; SINNBILD Design 36.1; Söllner, Thomas 32.1; sonnenflut products 207.2; Sukjai Photo 93.2; wildworx 129.1; WITTAYAYUT 19.1; worradirek 26.1. |StockFood, München: 94.5; Eising Studio - Food Photo & Vid 100.2. |Tegen, Hans, Hambühren: 13.4, 17.1, 18.2, 20.3, 21.1, 21.2, 21.3, 23.2, 24.3, 25.3, 25.4, 25.5, 25.6, 28.1, 29.2, 30.1, 30.2, 31.1, 34.3, 35.1, 35.2, 36.4, 38.3, 38.4, 38.4, 40.1, 43.2, 44.1, 44.2, 46.3, 51.1, 52.1, 52.2, 53.1, 53.2, 53.4, 57.1, 58.1, 74.1, 74.2, 74.3, 76.1, 76.2, 76.3, 78.2, 78.3, 81.2, 82.1, 150.6, 151.2, 161.2, 164.1, 164.2, 164.4, 169.2, 170.4, 170.5, 170.6, 174.2, 180.1, 181.3, 182.2, 183.3, 185.2, 186.2, 186.3, 187.2, 188.2, 189.1, 191.1, 191.3, 193.2, 198.3, 201.1, 201.1, 201.2, 201.3, 201.4, 201.5, 201.6, 202.2, 202.3, 202.5, 203.2, 203.3, 206.1, 206.2, 206.3, 206.4, 206.5, 207.1. |TelefonSeelsorge, Bonn: 129.2. |Tönnies, Frauke, Laatzen: 168.4. |vario images, Bonn: 146.2, 147.2.